V&R

Rainer Zech

Gelingendes Leben in einer unsicheren Welt

Ein ethischer Kompass

Vandenhoeck & Ruprecht

Für meinen Vater

Mit einer Tabelle

Bibliografische Information der Deutschen Nationalbibliothek:
Die Deutsche Nationalbibliothek verzeichnet diese Publikation in der Deutschen Nationalbibliografie; detaillierte bibliografische Daten sind im Internet über https://dnb.de abrufbar.

Umschlagabbildung: Paul Klee, Der Ballon im Fenster, 1929/akg-images/André Held

Satz: SchwabScantechnik, Göttingen
Druck und Bindung: ⊕ Hubert & Co. BuchPartner, Göttingen
Printed in the EU

Vandenhoeck & Ruprecht Verlage | www.vandenhoeck-ruprecht-verlage.com

ISBN 978-3-525-40795-0

Inhalt

Vorwort zur Warnung an die Leserschaft

»In Wirklichkeit ist jeder Leser, wenn er liest, eigentlich ein Leser seiner selbst. Das Werk des Schriftstellers ist lediglich eine Art von optischem Instrument, das der Autor dem Leser reicht, damit er erkennen möge, was er selbst in sich selbst vielleicht sonst nicht hätte sehen können.«[1]
(Marcel Proust)

Die Auseinandersetzung mit Literatur – sei sie wissenschaftlicher, philosophischer oder belletristischer Art – erlaubt uns, unsere eigene Sichtweise zu erweitern bzw. uns aus alten Denkgewohnheiten zu befreien. Sie erlaubt uns – um mit Michel Foucault zu sprechen –, nicht der Gleiche zu bleiben, ein anderer zu werden.[2] Das gilt insbesondere für das Schreiben eines Buches über ein Leben in einer unsicheren Welt, über gelingendes Leben und Sterben. »Wenn Sie ein Buch beginnen und wissen schon am Anfang, was Sie am Ende sagen werden, hätten Sie dann noch den Mut, es zu schreiben? [...] Das Spiel ist deshalb lohnend, weil wir nicht wissen, was am Ende dabei herauskommen wird.«[3]

Für mich war das Schreiben dieses Buches eine Reise ins Neuland. Es ist also gewissermaßen ein Reisebericht. Ich lade Sie ein, mich auf dieser Reise zu begleiten und dabei gedanklich Ihre eigene Reise zu unternehmen. Sie, als Leserinnen und Leser, können im Verlauf des Buches sehen, welche Stationen und welche Sehenswürdigkeiten ich besucht habe und wohin mich die Reise geführt hat. Wenn Sie meine Einladung annehmen und anhand des Buches Ihre *eigene* Reise unternehmen, dann habe ich mein Ziel erreicht. Ich wende mich also an eine Leserschaft, die sich – um die Kant'sche Standarddefinition der Aufklärung zu verwenden – ihres eigenen Verstandes ohne die Anleitung eines anderen bedienen will, um sich Antworten auf ihre eigenen Fragen für ein Leben in einer unsicheren Welt zu geben. Meine Gedanken können dabei bestenfalls als Anregung zum Selberdenken dienen.

Dieses Buch handelt vom Leben und vom Sterben. Es geht um den Umgang mit Unsicherheiten – gesellschaftlichen Krisen, Zerstörung der Natur, der Unsicherheit, die die Bedingung des Lebens ist, und der größten Unsicherheit, die wir dem Tod gegenüber empfinden. Es geht um eine Ethik des Lebens und des Sterbens, allerdings um eine Ethik, die uns nicht mit Sollensforderungen erdrückt, sondern um eine Ethik, die zum Können ermutigt. Es geht um ein Gelingen des Lebens und um ein Gelingen des Sterbens, wobei das Können im Sterben ein Lassen ist.

Ich habe das Buch zwar geschrieben, aber es sind erst Sie als Leserinnen und Leser, die die Botschaft entstehen lassen, indem Sie sich auf ihre eigene Reise einlassen. Sie sind es, die den Sinn des Textes für sich selbst erzeugen. Wie ich als Leser und Schreiber meinen Sinn mit diesem Buch geschaffen habe, so sind Sie es, die nun gefordert sind, den Ihren zu schaffen. Das Buch hat seinen Wert nur durch die Teilhabe der Leserinnen und Leser an seinem Sinn, durch ihre Bereitschaft, eine andere bzw. ein anderer zu werden, so wie das Schreiben dieses Buches mich verändert hat. Bedeutung generell entsteht in Beziehungen und durch den Kontext. Der Text des Buches öffnet sich daher erst durch den Kon-Text, durch das, was Sie dem Text durch Ihr Lesen und Ihre Erfahrungen hinzufügen. Manche mögen sich vielleicht fragen, was dies für ein merkwürdiges Buch ist. Ist es Wissenschaft, Philosophie, ein persönlicher Bericht oder gar ein Ratgeber? Es ist alles zugleich, ein Hybrid, ein Buch, das sich weigert, in eine eindeutige Schublade abgelegt zu werden. Es ist so unordentlich wie die Wirklichkeit, die sich auch nicht mehr an die starren Grenzen der Vergangenheit hält, was eben eine der wesentlichen Ursachen der gegenwärtigen Verunsicherungen ausmacht. Am wenigsten möchte es ein Ratgeber sein; es sei denn, Sie raten sich selbst.

Das erste Kapitel des Buches – »Umrisse einer Ethik für ein Leben in einer unsicheren Welt« – skizziert meine Gelingensethik, beginnend mit den Unsicherheiten der aktuellen Krisen der Gegenwartsgesellschaft: Klimawandel, Finanzkrisen, Terrorismus, Demokratiekrise; im Verlauf der Entstehung des Buches kam dann noch die Covid-19-Pandemie mit weltweit katastrophischen Zuständen hinzu. Das Kapitel »Von einer Ethik der Arbeit zu einer Ethik des Lebens« analysiert und kritisiert die impliziten und expliziten Normen und Werte unserer gegenwärtigen Marktgesellschaft. Es begründet den Übergang von einer Ethik der Arbeit zu meiner Ethik des Lebens. Im Kapitel »Ethik als existenzielle Haltung und Praxis in einer mehr als menschlichen Welt« verschiebt sich dann der Blick auf die Unsicherheiten. Es geht nicht mehr nur um die selbstproduzierten Unsicherheiten unserer Wirtschaftsweise und unserer Gesellschaftsform, sondern jetzt erweiternd und ergänzend um die grundsätzliche Unsicherheit, die mit dem Leben an sich verbunden ist – mehr noch, die die Voraussetzung überhaupt für Leben ist, das nur fern vom Gleichgewicht entstehen und sich erhalten kann. Aus der notwendigen Unsicherheit des Lebens sowie der Fluidität und prozesshaften Veränderung des menschlichen Selbst werden dann im Kapitel »Die Doppelstruktur des summum bonum und die ethischen Herausforderungen des Menschen« die Herausforderungen und Aufgaben abgeleitet, denen ethisch verantwortliches Handeln genügen muss, das nicht nur die eigene Würde, sondern die Würde alles Lebendigen im Blick hat. Das Kapitel »Sorge und Spiel – die beiden grundlegenden Handlungsformen der Ethik in einer unsicheren Welt« widmet sich den grundsätzlichen menschlichen Handlungsformen Sorge und Spiel, die geeignet sind, kreativ und gestaltend den Unsicherheiten zu begegnen, ihnen sogar etwas Positives, Schöpferisches abzugewinnen. Das Kapitel »Gelingendes Leben und Sterben und die Einheit des Wahren, Guten und Schönen« hat das gelingende Leben als Ziel der Ethik im Zentrum und behandelt die größte Unsicherheit des Lebens, den Tod, und wie ein gelingendes Sterben möglich sein könnte. Es wird garniert mit der Einheit des Wahren, Guten und Schönen, die für ein gutes Leben existenziell ist. Das Schlusskapitel – »Ein Blick zurück« – wirft mit einem kurzen Resümee einen Blick zurück auf die abgeschlossene Reise. Ein Epilog berichtet darüber, wie mein Vater sich auf seinen Tod vorbereitet hat. Er hat mich durch sein praktisches Vorbild gelehrt, was gelingendes Sterben heißen kann. Ihm ist das Buch gewidmet.

Ich bin einigen Menschen zu Dankbarkeit verpflichtet: Meiner Frau Claudia Dehn, die mich zu diesem Buch ermutigt, die alle seine Teile mit mir diskutiert und mir wichtige Anregungen gegeben hat. Sondra Czarnecki, Michael Krüger und Jürgen Schunter, die das Manuskript dieses Buches mit mir diskutiert und mir ebenfalls hilfreiche Rückmeldungen gegeben haben. Schließlich möchte ich dem

Verlag Vandenhoeck & Ruprecht danken, der nun schon ein viertes Buch von mir angenommen hat. Hier ist es insbesondere Günter Presting, der alle meine Bücher im Verlag verantwortet, dem mein Dank gilt. Das Coverbild hat Ulrike Rastin gefunden, der ich auch für ihre Lektoratsarbeiten danke. Es ist ein Bild von Paul Klee, das gut den Aufbruch ins Offene symbolisiert.

Auch wenn es in diesem Buch um Unsicherheiten geht, soll es keine vorschnelle Sicherheit vermitteln. Vielmehr soll es zu einem kreativen und konstruktiven Umgang mit den Unsicherheiten des Lebens ermutigen und im besten Fall befähigen. Für mich bestand eine Annäherung an das Sterben als Teil der Lebenskunst auch darin, mich durch das Schreiben über Leben und Tod mit der letzten großen Unsicherheit anzufreunden. Ich würde mich freuen, wenn einige Leserinnen und Leser nun ihrerseits das Buch nutzen, um sich mit ihrer eigenen Haltung dem Leben und Sterben gegenüber auseinanderzusetzen. Sind Sie also bereit, die Reise anzutreten? Dann kann sie beginnen.

Rainer Zech

Einleitung – Umrisse einer Ethik für ein Leben in einer unsicheren Welt

Wir stehen jetzt am Anfang der Reise, die, wenn Sie nicht unterwegs aus der Reisegruppe aussteigen, am Ende zu den Möglichkeiten eines gelingenden Lebens und Sterbens führen soll. Diese Einleitung ist quasi ein Überblick über das Programm der Reise, die ich nun hinter mir und die Sie gegebenenfalls vor sich haben. Dieses Buch war ein Abenteuer für mich, an dem teilzuhaben ich Sie mit der Programmvorstellung einlade. Als ich es begann, wusste ich nicht, wo es mich hinführen würde. Es war genau diese Unsicherheit, die mich zu diesem Buch motiviert hat. Aber beginnen wir am Ausgangspunkt der Reise.*

Umfassende Unsicherheit als Ausgangspunkt

Die Welt ist unsicher geworden, sagen uns täglich unsere Medien. Auch in der Parteienpolitik hat das Thema »Innere Sicherheit« Konjunktur, wenn man das Wahlvolk zur Stimmabgabe für die eigene Partei motivieren will. Vermutlich allerdings war Leben nie besonders sicher; lange Zeit war uns dies bloß nicht mehr bewusst. Uns wurde vorgegaukelt, und wir haben es geglaubt, die natürlichen Gefahren und selbstproduzierten Risiken seien technologisch beherrschbar. Dabei ist es gerade die Kontrolle, die mit Hilfe mechanisch-linearer Technologien Sicherheit verspricht und als Feedback vergrößertes Risiko erntet. »Risikogesellschaft« war das Schlagwort von Ulrich Beck[4] zum Zustand der von ihm so genannten reflexiven Moderne. Gerade unsere Art und Weise, die Unbeherrschbarkeit zu kontrollieren, führte zu vermehrtem Kontrollverlust. Die altbekannten Phänomene der Unsicherheit sind schnell benannt:

* Eine Vorform dieser Einleitung wurde veröffentlicht in Zech 2020. Der Text wurde für dieses Buch komplett überarbeitet und ergänzt.

Klimawandel, Finanzkrisen, Terrorismus, politischer Rechtspopulismus und Demokratiekrise. Als weiteres Risiko für unser globales Überleben ist seit 2020 die Pandemie der Viruserkrankung Covid-19 hinzugekommen, die weltweit dystopische Zustände mit Millionen Erkrankten und Toten ausgelöst hat.

Das Unsicherheitsgefühl der Menschen in der gegenwärtigen Situation hat aber auch tiefere, strukturelle Gründe. Die Moderne zeichnet sich insbesondere dadurch aus, dass sie die Gegenwart nicht mehr aus der Perspektive der Vergangenheit beobachtet, sondern aus der Perspektive der Zukunft. Und die Zukunft ist per definitionem das, worüber wir nichts wissen; Zukunft ist prinzipiell unsicher! Die Moderne kann geradezu als die gesellschaftshistorische Epoche der permanenten Produktion von Unerwartetem und Innovativem bezeichnet werden. Ob in der Wirtschaft, den Medien oder der Wissenschaft, das Althergebrachte hat keinen guten Ruf. Es gilt als überholt, nur Neues hat Konjunktur. Die einzelnen Menschen sind gefordert, im ständig Unerwarteten zumindest vorübergehend feste Erwartungsstrukturen aufzubauen, um orientierungs-, planungs- und handlungsfähig zu sein. Das alles kann schon verunsichern!

Aber die Unsicherheit liegt noch einmal tiefer; sie ist ontologisch im Werden begründet. Dass Leben grundsätzlich immer unsicher, d. h. nur fern vom Gleichgewicht überhaupt möglich ist, zeigen uns Evolutionsbiologie und Mikrophysik (siehe S. 51 ff.). Außerdem belehrt uns die Kybernetik zweiter Ordnung[5] über die prinzipielle Unvorhersagbarkeit von natürlichen und sozialen Ereignissen und Sachverhalten, die uns gesellschaftlich und individuell nichts anderes übriglässt, als uns auf die paradoxe Komplexität der Welt einzulassen. Eine wirkliche Kontrolle der nichtlinearen Dynamik der Welt ist eine Illusion – allerdings eine verhängnisvolle.

Die Ursache der gesellschaftlichen Krise ist im Grunde bekannt: die Ideologie des unbegrenzten Wachstums in einer Welt der begrenzten Ressourcen, die hinter unserem kapitalistischen Wirtschaftssystem steht. Sogar die Viruspandemie ist durch menschliches Tun mitverursacht, weil aus Profitinteresse die Lebensräume der Tiere immer weiter eingeengt und zerstört werden, sodass sich die vormals nur tierischen Viren im Menschen neue Wirte suchen. Man könnte meinen, die Natur würde aufhören, sich natürlich zu verhalten und sich gegen die menschliche Natur wenden. Nichtsdestotrotz heißt die Antwort von Wirtschaft und Politik auf die zerstörerische Wachstumskrise: Wachstum! Sind Hybris und Gier noch größer als gedacht? Oder steckt dahinter nicht vielmehr ein ökonomischer Mechanismus, der Wirtschaft nicht als Befriedigung gesellschaftlicher Bedarfe versteht, sondern als ein Verwertungsprinzip, um aus Geld mehr Geld zu machen – wie dies bereits 1848 von Marx[6] herausgearbeitet wurde?

Dieser kapitalistischen Wirtschaftsweise ist eine radikalindividualistische und rücksichtslose Ethik implizit, die Menschen ausschließlich auf ihr Eigeninteresse verweist und meritokratisch nur nach ihrem ökonomischen Beitrag zum Bruttosozialprodukt bewertet (siehe S. 33 ff.). Die Wirtschaft folgt nicht mehr dem Bedarf, sondern der Bedarf folgt der Wirtschaft, stellt Niklas Luhmann pointiert fest.[7] Er hat darüber hinaus aufgezeigt, dass in die spätmodernen gesellschaftlichen Funktionssysteme ein prinzipieller Steigerungsmechanismus eingebaut ist, der nicht nur die Wirtschaft betrifft, sondern z. B. auch die Wissenschaft und die Kunst. Zudem zeichnet sich die Moderne durch ein instrumentelles Verhältnis zur Natur sowie im Umgang mit anderen Menschen und des Menschen mit sich selbst aus, wie Max Horkheimer und Theodor W. Adorno[8] schon 1944 festgestellt haben.

»Hybris ist heute unsre ganze Stellung zur Natur, unsere Natur-Vergewaltigung mit Hülfe der Maschinen und der so unbedenklichen Techniker- und Ingenieur-Erfindsamkeit«, schrieb schon Nietzsche.[9] Dabei handelt der Mensch sogar in göttlichem Auftrag, wenn er sich die Erde untertan macht. So steht bereits am Beginn eine Trennung: Der Mensch versteht sich nicht als Teil der Welt, sondern als ihr übergeordnet. Er ist nicht eingebunden in die Natur, sondern deren Herrscher. Pech nur, dass die Kräfte, die er bei seinen Beherrschungsversuchen freigesetzt hat, seiner Kontrolle entglitten sind und sich nun gegen ihn wenden. Jetzt steht der Zauberlehrling vor dem Scherbenhaufen seiner Zauberkunststücke und starrt ängstlich in eine Zukunft, die er vielleicht nicht mehr hat. Aber Angst ist ein schlechter Ratgeber; sie macht anfällig für einfache Antworten. Das ist der Nährboden für den sich ausbreitenden politischen Populismus und Autoritarismus.

Auf der subjektiven Seite der Krisenauswirkungen finden wir die Phänomene, die hinlänglich bekannt sind: Verunsicherung, Ratlosigkeit, Angst, Erschöpfung, Depression – die beiden letzten als unmittelbare Folge neoliberaler Marktvergötterung, wie Alain Ehrenberg[10] bereits vor Jahren aufgezeigt hat. Der gesellschaftsstrukturelle Hintergrund ist eine radikalisierte Individualisierung, die die einzelnen Individuen zwingt, die Verantwortung für ihr Leben weitgehend auf individuelle Entscheidungen zurückzuführen. Entscheidungen sind aber doppelt unsicher. Zunächst muss zwischen Alternativen gewählt werden, die nicht vollends überblickt werden können, weil sich ihr Ergebnis erst in der Zukunft zeigt. Nach der Entscheidung bleibt die Unsicherheit, ob nicht doch die abgewählte Alternative die bessere gewesen wäre. Man wird es niemals herausfinden. In Zeiten der Unsicherheit boomt deshalb die Ratgeber- und Beratungsbranche, die sich allerdings in der Regel dadurch auszeichnet, dass komplexe Sachverhalte in markt- und handelsfähige Begriffsformen gepresst werden, die verunsicherten Kunden mit vorschnellen Lösungsversprechungen angeboten werden können. Man könnte dies als ein mythologisches Vorgehen verstehen, die Unbeherrschbarkeit durch Namensgebung zu beherrschen. Rumpelstilzchen lässt grüßen. Der mythische Sammelbegriff der Beratung für den derzeitigen Weltzustand heißt VUCA – ein Akronym aus den Anfangsbuchstaben für Volatility, Uncertainty, Complexity, Ambiguity –, wofür Agilität und Resilienz die versprochenen Lösungen sein sollen. Nicht die Ursachen sollen bekämpft, sondern die Widerstandskräfte sollen gestärkt werden. Vakzine gegen lebensgefährliche Viren haben wir bereits; vielleicht sollten wir auch einen Impfstoff gegen Selbstzerstörung entwickeln.

Was wir brauchen sind aber keine simplen Rezepte oder zweifelhaften Sicherheitsversprechen, sondern *eine Ethik, die uns hilft, mit der Unsicherheit zu leben und konstruktiv, d. h. ursachenbekämpfend, mit ihr umzugehen.* Wir brauchen eine geeignete Ethik, weil in Zeiten gesellschaftlicher Umbrüche und Krisen die moralischen Normen, wie sie für stabile Gesellschaften kennzeichnend sind, ebenfalls in die Krise geraten und ihre handlungsleitende Funktion verlieren; der individuelle und gesellschaftliche Orientierungsbedarf, vor allem in Entscheidungssituationen, wächst. Hier stellen sich Aufgaben ethischer Reflexion auch für die Beratung. »Der Gestaltung der Selbstverhältnisse, aber auch der ethischen Beratung fallen dadurch neue Aufgaben und Chancen zu.«[11]

Wechseln wir die Perspektive und betrachten wir die grundsätzliche und nicht beherrschbare umfassende Unsicherheit nicht als Problem, sondern als Bedingung der Lösung. Begrüßen wir also die Unsicherheit als Möglichkeit eines experimentellen Lebens, das nicht länger die Problemursache des ungebremsten Wachstums als Lösung anbietet, sondern nach *neuen* Lösungen sucht. Wir wissen auch aus den Naturwissenschaften um die Unvorhersagbarkeit mikrophysikalischer Ereignisse – die Heisenbergsche Unbestimmtheitsrelation[12] (siehe S. 51 ff.) –, aber auch, dass der Zustand größter Unordnung die Voraussetzung emergierender Neuordnung ist; »emergence takes place at critical points of instability« and »results in the creation of novelty«.[13] Der Versuch, Unsicherheit komplett zu vermeiden, reduziert unsere Freiheit. Machen wir diesen Gedanken daher zum Ausgangspunkt einer Ethik für ein Leben in einer unsicheren Welt.

Der Mensch als Teil der Welt

Zunächst gilt es, eine *erste ethische Grundentscheidung* zu treffen, die Heinz von Foerster[14] als solche benannt hat. Wir müssen uns entscheiden, ob wir uns als Teil der Welt verstehen oder ob wir durch ein Guckloch auf die Welt schauen wollen, die wir als getrennt von uns betrachten. Letzteres ist unsere klassische westliche Perspektive, die bereits in der Frühzeit der Moderne von René Descartes (1596–1650) formuliert wurde und die sich als enorm wirkmächtig herausgestellt hat. Er unterteilte die Welt in eine *res cogitans* und eine *res extensa* – also in ein Denken, das sich vom Sein getrennt erlebt.[15] Der Mensch als denkende Sache steht der Welt als ausgedehnte Sache abstrakt gegenüber. Descartes zweifelt an allem, nur nicht an sich, der Tatsache seines Denkens: *cogito ergo sum* – ich denke, also bin ich!

Sowohl die modernen Kognitionswissenschaften als auch traditionelle Weisheitslehren wie der Buddhismus oder der Daoismus haben zu der Erkenntnis geführt, dass wir über kein substanzielles, von der Umwelt getrenntes Ich verfügen, obwohl wir es so sehr als Grundlage unseres alltäglichen Handels unterstellen (siehe

S. 79 ff.). Das erlebte Selbst ist vielmehr die emergente Eigenschaft aller unserer je konkreten Erfahrungen, Wahrnehmungen, Gefühle etc. – ein kontinuierlicher, fluider Prozess, kein festes Ding, sondern das sich wiederholende Muster unseres gewohnheitsmäßigen Handelns. »Ego-self, then, is the historical pattern among moment-to-moment emergent formations.«[16] Unser Selbst, unser Ich, unser Ego – wie immer wir es nennen wollen – ist kein Ding, keine Sache (»res«), sondern ein sich in ständiger Entwicklung befindender Prozess, fluide und nicht fix, so sehr wir uns etwas auf unsere Identität auch einbilden. Identität ist ein Verfahren erkennungsdienstlicher Identifizierung und keine Eigenschaft von Menschen.

Westliches Denken hat sich nun traditionell damit befasst, nach einem festen Grund zu suchen – von Decartes' cogito bis zur Apelschen Letztbegründung[17]–, im Prinzip schon seit der griechischen Substanzphilosophie oder der platonischen Ideenlehre. Nach einem inneren oder äußeren festen Grund zu suchen in der Angst, ihn nicht zu finden, ist – nach Varela, Thompson, Rosch – die Quelle unserer Frustrationen und modernen Beunruhigungen. Ganz populär wurde diese Grundsuche in der seit den 1970er Jahren beliebten Selbstsuche psychotherapeutischer oder spiritueller Art, die ja auch nicht dazu geführt hat, ein wahres Selbst zu finden, sondern nur zu weiterer Suche Anlass gab und weiterhin gibt. Die neoliberale Variante dieser Selbstverwirklichung ist die aktuelle Form der Selbstoptimierung, wie sie ausgehend von ökonomischem Wettbewerbs- und Konkurrenzdruck angepriesen wird. An der Welt zu zweifeln, mag ja noch angehen, aber das eigene Ich in Zweifel zu ziehen, ist für den westlichen Menschen offenbar zu viel, obwohl bereits Sigmund Freud[18] gezeigt hatte, dass unser Ich nicht Herr im eigenen Haus ist. »In a way, ›knowing yourself‹ or ›finding yourself‹ can be dangerous. […] It can close you off to inner potential and outer opportunities.«[19]

In Bezug auf unseren Ausgangspunkt der allumfassenden Unsicherheit spätmoderner Lebensverhältnisse wird die Erkenntnis, dass Welt und Selbst nicht getrennt gegeben sind, sondern sich in einem Prozess evolutionären Driftens immer wieder neu in wechselseitiger Koproduktion hervorbringen, in der Regel nicht als Befreiung von einem uns behindernden Identitätszwang erlebt, sondern als zusätzliche Verunsicherung. Der Verlust eines fixen Ichs könnte aber auch die Voraussetzung einer Befreiung von hergebrachten Glaubensvorstellungen und damit die Voraussetzung einer Offenheit für neue, ungewohnte Erfahrungen bieten. Der Verlust von Fixierungen bietet die Möglichkeit für ein anderes Selbst- und Weltverhältnis: »An open-hearted sense of compassionate interest in others can replace the constant anxiety and irritation of egoistic concern.«[20]

Sorge und Spiel

Es geht um eine Ethik, die uns hilft, mit der Nichtlinearität komplexer Systeme, die sich einer unmittelbaren Steuerung entziehen, zu leben. Fritjof Capra und Pier Luigi Luisi[21] haben evolutionsbiologisch aufgezeigt, dass unser Planet ein zusammenhängendes Ganzes bildet, ein großes, sich selbst organisierendes, autopoietisches System. Alle Teile dieses Systems – geologische Struktur, Atmosphäre, Klima, Pflanzen, Tiere und ja, auch die Menschen – sind miteinander vernetzt. James Lovelock[22] bezeichnet die gesamte Erde daher als Lebewesen (siehe S. 73 ff.). Eingriffe in dieses lebendige System können nicht lokal begrenzt werden, sondern haben immer Auswirkungen auf das Gesamtsystem. Tausende von Jahrmillionen hat sich dieses System herausgebildet und selbst gesteuert, bis der Mensch als Herr der Schöpfung durch seine vermeintliche Naturbeherrschung dieses System aus seinem dynamischen Gleichgewicht gebracht hat. Alles, was wir entscheiden und tun, hat seine Folgen und kommt auf die eine oder andere Weise auf uns zurück. Mittlerweile sind diese Eingriffe in die sich selbststeuernde Natur so gravierend, dass der natürliche Selbstregulationsmechanismus gestört ist. Die Erderwärmung aufgrund unserer rücksichtslosen Industriepolitik hat inzwischen einen Klimawandel ausgelöst, der die gesamten Lebensgrundlagen unseres Planeten bedroht – und eine Lösung ist nicht in Sicht. Die Natur, in welcher Form auch immer, wird überleben – im Zweifel ohne den Menschen.

Die Frage ist, welche ethische Grundhaltung dieser volatilen, unsicheren, komplexen, ambigen Welt gegenüber angemessen ist. Mit »play and care« hat Pat Kane die beiden Komponenten dieses Ethos benannt. »An ethic of play, in effect, an ethic which makes a virtue, even a passion, out of uncertainty.«[23] *Play* nicht im Sinne eines regelgeleiteten Spiels, sondern einer Offenheit für Erfahrungen und ungewohnte kreative Lösungen. *Care* im Sinne einer gewissermaßen Heideggerischen Sorge für das Dasein, einer nachhaltigen Pflege unserer (zwischen-)menschlichen und natürlichen Lebengrundlagen (siehe S. 99 ff.).[24] Ein entsprechendes Denken und Handeln erfordert die Verkörperung der Sorge für die anderen menschlichen und nichtmenschlichen Lebewesen, mit denen wir unsere gemeinsame Welt hervorbringen (siehe S. 57 ff.). Ein sorgender Umgang mit unseren natürlichen Lebensgrundlagen erfordert ein Verständnis für die systemischen Zusammenhänge unseres Ökosystems, dessen Teil wir sind. »Ecoliteracy« haben Capra und Luisi[25] diese Fähigkeit genannt in Anlehnung an unsere Kundigkeit im Umgang mit Sprache und Schrift. Die Fähigkeit, uns als Teil des Ökosystems zu begreifen und entsprechend zu handeln – eben *ecoliteracy* –, erfordert eine *reflektierte Reflexivität,* also bewusst abwägend zu bedenken (reflektiert), was wir durch unser Handeln auslösen und wie dies auf uns zurückwirkt (Reflexivität).[26]

Sorge und Spiel als neue Grundunterscheidung soll Kane zufolge die bisherige Grundunterscheidung von Arbeit und Freizeit ersetzen – eine Unterscheidung, die uns auf beiden Seiten der Fremdbestimmung unterwirft und die durch die kapitalistische Arbeitsethik immer wieder befestigt wird (siehe S. 33 ff.). Kapitalistische Arbeitsorganisation beruht auf der Ausbeutung der natürlichen Lebensgrundlagen und der menschlichen Arbeitskraft, verbunden mit dem trügerischen Versprechen, dass man sich durch Arbeit selbstverwirklichen würde. Freizeit ist kein freies Spiel im Schiller'schen Sinne des Menschseins – der Mensch ist »nur da ganz Mensch, wo er spielt«[27] –, sondern bestenfalls Reproduktion von Arbeitskraft, wenn nicht sogar konsumistische Zweitausbeutung durch die Kultur- und Modeindustrie.

Auch Pekka Himanen schlägt eine neue Ethik vor, die unsere klassische protestantische Arbeitsethik ersetzen soll. Arbeit sollte nicht länger als Pflicht und Zwang organisiert werden, sondern als freies und disponibles Spiel kreativer Kräfte – nicht nur aus humanen Gründen, sondern auch aus pragmatischen, weil sich nur so unkonventionelle Lösungen finden lassen, die nicht nur Vorhandenes in die Zukunft verlängern, sondern wirklich alternative Wege des Produzierens, Konsumierens und Zusammenlebens ermöglichen. Auch für Himanen[28] ist eine Haltung der Sorge die notwendig ergänzende Seite des spielerisch kreativen Arbeitens: »Caring is the beginning of all ethical behavior.« Für Himanen ist der Ausgangspunkt einer solchen Ethik die Frage, »what it means to be human«.[29] Und Menschsein heißt für ihn, eine sorgende Verantwortung für unsere gemeinsame Welt zu übernehmen. Eine *Ethik der Sorge und des Spiels* ist die angemessene Haltung in einer Welt, in der es um unser Überleben geht, eine Ethik »as source of human energy; as perpetual engagement with the world; as mentality capable of living with uncertainty and risk, as an attractive form of collective identity; as an imaginative, symbolic freedom; as a spirit of honesty and integrity; as a saving sense of humour and subversion.«[30] Es geht um eine Ethik des gelingenden Lebens unter Unsicherheitsbedingungen und mit Blick auf die eigene Endlichkeit (siehe S. 123 ff.).

Responsefähigkeit

»If everything is uncertain, then the future is open to creativity, not merely human creativity but creativity of all nature«, schreibt auch Immanuel Wallerstein.[31] Dafür braucht es eine neue Handlungsfähigkeit, die sich nicht ängstlich an Vorhandenes klammert, sondern offen ist für eine ungewisse Zukunft, eine »strong agency and vigorous imagination in the face of radical uncertainty«[32]. Im Zentrum dieser neuen Handlungsfähigkeit steht eine Verantwortlichkeit für die Welt als Ganzes. Sorge und Spiel sind ihre grundlegenden Handlungsformen (siehe S. 98 ff.).

Der Verantwortungsbegriff hat im Deutschen eine gewisse Schwere, wie es für teutonischen Geist nicht unüblich ist, der sich selbst als tief gegenüber allem vermeintlich Oberflächlichen geriert. Im deutschen Sprachgebrauch wird man zur Verantwortung gezogen, wenn man etwas falsch gemacht hat. Hier ist es entgegen der neoliberalen Propaganda eine Obrigkeit, die wacht und sorgt, und nicht die Kompetenz des Einzelnen gegenüber seinem Leben. Verantwortung wird nach oben delegiert und nach unten sanktioniert. Anders klingt es im Englischen, wo *responsibility* schon vom Wortstamm her die Fähigkeit (ability) bezeichnet, eine angemessene Antwort (response) auf Herausforderungen zu geben, die das Leben für uns bereithält. Responsefähigkeit habe ich diese Kompetenz bereits vor etlichen Jahren genannt.[33] Dabei geht es um eine Grundhaltung, dass der Mensch sich als Befragter versteht, befragt durch das Leben, und als Verantwortlicher für die Antwort, die er dem Leben gegenüber gibt. Mensch und Welt sind hierbei nicht getrennt, sondern System und Umwelt gibt es nur im Doppelpack als zwei Seiten einer Medaille, so wie es bereits der systemische Ansatz von Humberto Maturana[34] in der Biologie vorgezeichnet und die Systemtheorie von Niklas Luhmann[35] für die Soziologie ausgearbeitet hat. Ein System existiert nicht in einer unabhängigen Umwelt, die vom System getrennt richtig oder falsch kogniziert werden kann, sondern das System ist seine eigene Unterscheidung zu einer Umwelt, die als seine erst durch die Unterscheidung hervorgebracht wird. Beide Seiten entstehen in koordinierter Koproduktion und sind untrennbar. Die Umwelt ist die jeweilige Umwelt des Systems und keine objektive Gegebenheit. Varela, Thompson und Rosch[36] nennen diesen Vorgang »enaction«; der Geist ist in der Welt und die Welt im Geist verkörpert (»embodied mind«). Die seit Jahrhunderten wirkmächtige Unterscheidung in res cogitans und res extensa von Decartes, in Geist und Körper, Leib und Seele wird damit naturwissenschaftlich aufgehoben. Der Mensch ist Teil der Welt, er guckt nicht durch ein Guckloch auf etwas außerhalb von ihm und kann sich somit auch nicht seiner Verantwortung für das Ganze entziehen. Langfristiges Überleben erfordert eine wohlwollende Reziprozität, betont Howard Gardner[37], eine Wechselseitigkeit zwischen dem Menschen und seiner natürlichen, d. h. seiner menschlichen und mehr als menschlichen, Umwelt. »The test of ethics is resposibility independent of one's own particular niche or stake in the outcome.«[38] Die Erkenntnis, dass wir die Welt, in der wir leben, selbst hervorbringen, könnte die Motivation schaffen, uns für Erhaltung und Entwicklung dieser Welt zu engagieren (siehe S. 51 ff.).

Der und das Andere als mein ethisches Maß

Unser Selbst, unser Ich ist eine, wenn auch hartnäckige, Illusion, wie alte Weisheitslehren und moderne Kognitionswissenschaften bestätigen. Was wir als unser zeitfestes Selbst erleben ist lediglich ein sich ständig verändernder Prozess (siehe S. 79 ff.). Wenn unser vielgeliebtes identisches Ich also eine Illusion ist, was macht dann unsere Subjektivität aus?

Die radikalste Antwort auf diese Frage hat wohl Emmanuel Lévinas[39] mit seiner Ethik des anderen gegeben, obwohl die Verantwortung für den anderen Grundlage jeder Ethik ist. Sinn ist nicht für sich; der Sinn von etwas beruht generell auf seiner Beziehung zu etwas anderem. Die Relationen bestimmen die Relata (siehe S. 51 ff. und 71 ff.). Der Sinn eines Hammers, wenn man so will, besteht z. B. in Bezug auf das Einschlagen eines Nagels; ein Hammer an sich ist sinnlos. Mein Sinn besteht dann in der Verantwortung für den anderen und das andere, für den anderen Menschen, für die nichtmenschlichen Lebewesen und für die Natur als Ganzes. Lévinas[40] spricht »von der Verantwortung als der wesentlichen, primären und grundlegenden Struktur unserer Subjektivität« und von der »Verantwortlichkeit als Verantwortung für den Anderen«. Lévinas benennt also die eigentliche menschliche Identität von der Verantwortlichkeit her, die jeder und jede für das gedeihliche Überleben aller übernehmen muss. Bereits der menschliche Säugling würde seine ersten Wochen nicht überleben, wenn seine Eltern nicht für ihn Verantwortung und Sorge tragen würden. Auch wenn man sich später als Erwachsener als autonom und unabhängig gerieren kann, ist ein gelingendes Leben (siehe S. 131 ff.) ohne wechselseitig förderliche Interdependenz nicht möglich. »In der Tat ist Verantwortlichkeit kein bloßes Attribut der Subjektivität, so als würde diese bereits vor der ethischen Beziehung in sich selbst existieren. Die Subjektivität ist nicht ein Für-sich; sie ist, um es zu wiederholen, ursprünglich ein Für-den-Anderen.«[41] Dieser andere tritt mir, gemäß Lévinas, als Antlitz gegenüber, das mich anspricht; deshalb ist die Beziehung zum Antlitz von vornherein ethischer Art.[42] Es ist der andere, der mich anspricht und damit das menschliche Gespräch ermöglicht. Es ist sein Antlitz, dem gegenüber ich mich in meiner Antwort verantworte.

Für dieses menschliche Gespräch – dem Dialog, dem Ich-Du im Sinne von Martin Buber[43] – braucht es wechselseitige Resonanz und auf jeder Seite die entsprechende Reponsefähigkeit. Vor allem der Dialog mit Andersdenkenden ist dabei die größte Herausforderung; dennoch wird es nicht ohne ihn gehen. Die Tatsache, über kein substanzielles Selbst zu verfügen und sich auch nicht krampfhaft an sein vermeintliches Ich mit seinen festen Standpunkten zu klammern, könnte sich für so ein menschliches Gespräch als vorteilhaft erweisen. Ermöglicht dies doch sehr viel mehr Unvoreingenommenheit gegenüber einem zu akzeptierenden Anderssein des anderen, eine vorurteilfreiere Wahrnehmung seiner Besonderheit – bei allem Bewusstsein diesbezüglicher Grenzen. »Uncertainty removes our judgement of others; it preempts the unnecessary stereotyping and biases«.[44] Die Potenz des Nichtwissens ist als eine produktive Haltung z. B. auch der systemischen Beratung bekannt.

Philosophische Ethiken

Die radikale *Ethik des Anderen* von Emmanuel Lévinas, die Play-Ethics von Pat Kane und die Hacker-Ethik von Pekka Himanen wurden schon behandelt. Die buddhistische Ethik des Dalai Lama kommt weiter unten zu Wort. Im Vorfeld werden noch weitere relevante, eher klassische Vertreter der philosophischen Ethikdiskussion vorgestellt.

An erster Stelle ist wohl der Klassiker, die *Tugendethik* von Aristoteles[45] zu nennen, wie sie vor allem in der »Nikomachischen Ethik« ausführlich niedergelegt ist. Dabei geht es darum, bestimmte Einstellungen, Haltungen und Verhaltensweisen – eben Tugenden – herauszubilden, die sowohl zum Seelenheil der Einzelnen als auch zu einem gerechten und gedeihlichen gesellschaftlichen Zusammenleben – genannt *eudaimonia* – führen. Das oberste Gut – das summum bonum (siehe S. 131 ff.) – ist bei ihm die Gerechtigkeit, und diese bildet mit der Wahrheit und der Schönheit eine Einheit, wie dies bereits bei Platon[46] der Fall war. Ein moderner Vertreter der Tugendethik ist z. B. Alasdair MacIntyre[47].

Jeremy Bentham[48] ist der Begründer des Utilitarismus und hat eine sogenannte *Nützlichkeitsethik* entwickelt, deren Ziel und Kriterium das größte Glück der größten Zahl der Mitglieder einer Gesellschaft ist. Handlungen werden nach ihren Folgen bewertet; sie sind moralisch gut, wenn sie der Allgemeinheit, jedenfalls dem größten Teil der Allgemeinheit, nützen. Die Handlungsmotive spielen dabei keine Rolle.

Das Gegenteil ist bei Immanuel Kant[49] der Fall. In seiner *Pflichtethik* bzw. *deontologischen Ethik* oder *Gesinnungsethik* sind es die

Handlungsgründe, die entscheidend sind. Es haben bestimmte ethische Maximen unbedingt zu gelten, denen man sich aus Pflicht, nicht aus Neigung, zu unterwerfen hat. So darf man z. B. nicht lügen, selbst dann nicht, wenn man damit einen Freund vor Verfolgung schützen würde. Auf Kant geht der *kategorische Imperativ* zurück, der besagt, dass diejenigen Handlungen moralisch gut sind, von denen man wollen kann, dass sie allgemeines Gesetz werden.

Eine Handlungsfolgenethik moderner Provenienz ist die *Verantwortungsethik* von Hans Jonas[50]. Diese betont, dass dem Menschen aufgrund seiner nahezu unbegrenzten technischen Möglichkeiten und den damit verbundenen unabschätzbaren Risiken, die das Überleben der gesamten Menschheit gefährden, die Verantwortung für die Folgen seines Tuns auch für kommende Generationen zukommt. Ihr Imperativ fordert, dass so zu handeln ist, dass ein gedeihliches menschliches Leben auch in Zukunft möglich ist. Dafür sind auch die Eigenrechte der Natur zu wahren.

Glücksethiken – auch *Ethiken des guten Lebens* genannt – gibt es z. B. klassisch von Epikur[51], dem nicht Gerechtigkeit als höchstes Gut gilt, sondern individuelle Lust. In moderner Version hat Martin Seel[52] diese Diskussion wieder aufgenommen. Glück liegt für ihn allerdings nicht in der unmittelbaren individuellen Lustbefriedigung, sondern in einem guten bzw. gelingenden Leben (siehe S. 131 ff.). Ein gelingendes Leben sucht nicht in erster Linie Lust, sondern Sinn. Wohlverstandenes Eigeninteresse spielt dabei eine Rolle, aber nur wenn es mit dem Allgemeininteresse vermittelt ist. Ein im Ganzen gelingendes Leben besteht durchaus nicht nur aus Annehmlichkeiten, sondern auch in Anstrengungen und Entbehrungen, wenn sie dem Guten – einem gelingenden Leben in einer gerechten Gesellschaft – nützen.

Eine Ethik des Lebens in einer unsicheren Welt

Vor allem aber braucht es eine Ethik, die in unsicheren, volatilen Lebensverhältnissen Orientierung leistet. Ein klassischer moralischer Kodex mit fixen Regeln und Verhaltensvorschriften hilft dabei heute nicht mehr weiter. Fixe moralische Kodizes haben nur noch die Funktion, uns vor der Widersprüchlichkeit und Unkalkulierbarkeit zu schützen, indem sie uns das Denken abnehmen und unsere Urteilskraft erlahmen lassen. Gerade aufs Selberdenken kommt es aber heute an. Das ist bereits die klassische Position der Aufklärung, die noch immer uneingelöst ist. »Care about the world«, »the principle of global responsibility« steht auch bei der säkularen Ethik des Dalai Lama im Zentrum.[53] Für den Buddhismus ist »compassion [...] the core principle on which an entire ethical approach can be build«[54]. Compassion ist dabei mehr als Mitleid, sondern eine aktive, tätige Unterstützung der anderen. Ergänzt werden muss dieses sorgende Handeln durch Urteilskraft (»discernment«) und »ethical awareness [...] of what will benefit both oneself and others«[55]. Auf der Basis einer solchen ethischen Urteilskraft muss unser Handeln frei sein, um spontan auf wechselnde Anforderungen einer sich ständig wandelnden Welt angemessen zu reagieren. Die Kunst, mit Volatilität, Unsicherheit, Komplexität und Ambiguität zu leben, erfordert ein aufgeklärtes ethisches Bewusstsein und eine flexible Handlungsfähigkeit, die sich vor allem in Sorge und Spiel als grundlegende Handlungsformen in einer unsicheren Welt realisieren (siehe S. 98 ff.).

Auch für Francisco Varela[56], selbst vom Buddhismus beeinflusst, besteht ethisches Können nicht in der Verfolgung von Regeln, sondern in der Achtsamkeit hinsichtlich dessen, was die jeweilige Situation erfordert. Ethisches Können ist ein wertebasiertes Handeln gemäß je konkreten situationalen Erfordernissen in der Perspektive einer gedeihlichen Existenz für alle Lebewesen. Fixe Vorstellungen stehen dabei eher im Wege. Ein leeres Selbst ist die Voraussetzung eines solchen Könnens. Nun könnten Formulierungen wie situationale Erfordernisse und leeres Selbst zu dem Missverständnis führen, hier würde den Menschen empfohlen, sich von äußeren Bedingungen ohne eigene Beteiligung fremdbestimmen zu lassen. Verständlich wird dies, wenn wir den gedanklichen Hintergrund solcher Aussagen berücksichtigen. Im östlichen Denken steht eben nicht ein Subjekt einer äußeren Welt gegenüber, die bestimmt oder zu bestimmen ist, sondern der Mensch wird als Teil der Welt gedacht (vgl. den Exkurs zum Daoismus auf S. 127 ff.). Was als Leere bezeichnet wird, ist deshalb eigentlich eine Fülle, ein Gefühl der Empathie und Verbundenheit, eine aufmerksame Achtsamkeit für die Wirklichkeit, deren Teil man ist. So ein »Bewußtsein der Leere ist allen Könnern wohlbekannt«[57] – z. B. Spitzensportlern oder virtuosen Musikern. Ein Spitzenspieler im Fußball *ist* gewissermaßen das Spiel; er hat es so weit verinnerlicht, dass er intuitiv weiß, was zu tun ist, er braucht seine einzelnen Verhaltensweisen nicht mehr bewusst zu planen und zu entscheiden. Mihaly Csikszentmihalyi (1999) hat dies Handeln im *flow* genannt. Bei einem solchen *ethischen Können* helfen bestimmte Grundprinzipien, die »einem in jeder Lage gewissermaßen spontan sagen, wie man sich zu verhalten hat«[58].

An welchen Grundprinzipien kann man sich bei der Beurteilung einer Situation mit ihren jeweiligen Handlungserfordernissen nun orientieren? Um entsprechende Kriterien zu gewinnen, könnte man die – etwas aus der Mode geratene – klassisch-ethische *Einheit des Wahren, Guten und Schönen* reaktivieren (siehe S. 143 ff.), wie sie von Platon[59] für ein gutes Leben ursprünglich entwickelt und z. B. von Howard Gardner für professionelle Berufe aktualisiert wurde. Professionelles Handeln im Allgemeinen ist für Gardner[60] exzellent im Anspruch auf Qualität, persönlich sinnvoll und insofern engagiert sowie ethisch verantwortungsvoll. Dabei verweist die Exzellenz auf das *Wahre,* womit einerseits situationsangemessenes Wissen und Erkennen, andererseits auch Wahrhaftigkeit im Handeln gemeint ist. Das *Gute* liegt im Anspruch an Qualität, aber auch mittelbar in Bezug auf das grundlegende ethische Kriterium eines gelungenen Lebens in einer gerechten und nachhaltigen Gesellschaft. Das *Schöne* sieht Gardner[61] im persönlich stimmigen Sinn und dem entsprechenden Engagement ausgedrückt, die interessant, erinnerungswürdig und einladend sind (»interesting, memorable and inviting«). Man kann diese Kriterien meines Erachtens sehr gut auf die Beurteilung von jeglichem situationsadäquaten Handeln anwenden.

Auch Andrej Ule und Matthias Varga von Kibéd haben in der Interpretation von Ludwig Wittgensteins »Tractatus«[62] die Einheit aus Logik, Ethik und Ästhetik rekonstruiert: »Logic […] shows a person a formal picture of his/her world with reference to a logic space«, »ethics is destinated to show a ›quality‹ to a person reflecting on his/her world or life«, »aesthetics shows the quality of the intuition of a world as a hapyy-making or not happy-making to the reflecting person«.[63] Die Einheit von Logik Ethik und Ästhetik zeigt sich – den Autoren zufolge – in fünf Aspekten:[64]

- Logik, Ethik und Ästhetik sind Aspekte einer ungetrennten Ahnung und Anschauung der Welt unter dem Gesichtspunkt der Ewigkeit (»sub specie aeternitatis«).
- Logik vermittelt das Wahre als Wert, Ethik das Gute und Ästhetik das Schöne eines als limitierte Ganzheit wahrgenommenen Lebens.
- Der dritte Aspekt der internen Beziehung von Logik, Ethik und Ästhetik liegt folglich darin, dass alle drei die internen Eigenschaften willentlicher Totalitäten behandeln, die die Beziehung einer Person zu den Werten konstituieren. Logik behandelt die korrekte Zuweisung der Werte wahr/falsch, Ethik die Zuweisung der Werte gut/schlecht bzw. böse, Ästhetik die Zuweisung der Werte schön/hässlich bzw. – wie es gleichgesetzt wird – »beautiful (happy-making) or ugly (not happy-making)«[65].
- Der vierte Aspekt der inneren Beziehung von Logik, Ethik und Ästhetik beruht auf der Referenz auf ein Willenssubjekt (das nicht empirisch, sondern transzendental, d. h. als Bedingung der Möglichkeit von Aussagen gedacht wird). Das Subjekt ist der Träger von Willensäußerungen in Bezug auf Wahrheit, Güte oder Schönheit, die keine Fakten, sondern Eigenschaften von Sprachspielen sind.
- Der letzte und in gewisser Weise bedeutendste Aspekt der Einheit von Logik, Ethik und Ästhetik besteht darin, dass alle drei auf eine glückliche Welt oder ein glückliches Leben verweisen, das in sich selbst gerechtfertigt ist bzw. als richtiges Leben erscheint.

Dass Logik, Ethik und Ästhetik eine Einheit bilden, hat man lange überholten Vorstellungen antiker Philosophen zugeordnet; mit der Moderne sei diese Einheit aufgelöst worden, was bereits Max Weber[66] als Trennung der Wertsphären konstatiert hat. Das mag stimmen, doch zu welchen Kosten? Zweckrationales Handeln ohne moralische Verantwortungsübernahme hat uns genau in die Situation versetzt, unter der wir heute leiden. Und immer noch wird technisch das meiste gemacht, weil es geht, nicht, weil es gut ist. Capra und Luisi[67] haben allerdings evolutionstheoretisch aufgezeigt, dass »reflective consciousness«, »organized social relations« und »the search for beauty and harmony, and the corresponding artistic creativity« in der Entwicklung zum Menschen zur gleichen Zeit entstanden sind bzw. sich zusammen herausgebildet haben. Logik, Ethik und Ästhetik gehören in der menschlichen Handlungsfähigkeit offensichtlich doch eng zusammen; die Trennung ist künstlich, einer bestimmten historischen Entwicklung geschuldet und Mitursache unserer aktuellen Probleme.

Die Anwendung der Werte Wahrheit, Güte und Schönheit für die Beurteilung des eigenen gelungenen Lebens und in Bezug auf die eigene Handlungsfähigkeit in unsicheren Situationen könnte z. B. zu folgenden Fragen führen (siehe S. 143 ff.):

- *Logik* (Werte wahr/falsch): Habe ich für die Bewältigung der sich mir stellenden Herausforderungen ein angemessenes und viables Wissen um meine individuellen und gesellschaftlichen Lebensbedingungen?
- *Ethik* (Werte gut/schlecht): Kann ich meine Handlungen moralisch vor mir selbst und gegenüber anderen begründen und rechtfertigen? Stehen meine Taten im Einklang mit meinen postulierten Werten?
- *Ästhetik* (Werte stimmig/unstimmig): Hat mein Leben eine schöne Form im Sinne der Konsistenz eines lebbaren Ganzen (»happy-making«) oder ist mein Leben von Widersprüchen und Brüchen durchzogen, die mich belasten (»not happy-making«)?

Logisch geht es um Kognition und Wissen; ethisch um Verantwortung für sich selbst, für andere und für die Natur sowie ästhetisch um Gefühle, Intuitionen, Stimmigkeit, Fantasie und Visionen. Tatsächlich kann man den Menschen nicht zerteilen. Die Reflexion der Einheit des Wahren, Guten und Schönen in Bezug auf das eigene Handeln würde zu einer Sensibilisierung und Motivierung für ethische Fragen einer konsistenten Lebensführung führen. Die eigenen Lebensziele könnten überdacht und gegebenenfalls geändert werden. Und die daraus folgenden Mittel und Wege des eigenen Handels könnten bewusst in der Weise gewählt werden, dass sie den eigenen ethischen Ansprüchen entsprechen.

Man kann sich nun eine Kombination der Werte Wahrheit, Gutheit und Schönheit mit den bereits erwähnten grundlegenden Handlungsformen in einer unsicheren Welt vorstellen. Die Sorge verweist zweifellos auf die ethische Verantwortungsübernahme für das Leben und damit auf das Gute. Die Schönheit steht im Zentrum des ästhetischen Spiels, wie es von Friedrich Schiller[68] in seiner »ästhetischen Erziehung des Menschen« – im Sinne einer moralischen Bildung – ausgeführt wurde (siehe S. 143 ff.). Eine Orientierung an Wahrheit, im Sinne der gültigen, wenn auch grundsätzlich fallibel bleibenden wissenschaftlichen Erkenntnis, ist unverzichtbar, um sowohl die geeigneten Objekte des Sorgeverhaltens zu identifizieren als auch sicherzustellen, dass das Spiel der Entwicklung kreativer Lebensformen dient und nicht bloß der kulturindustriellen Zerstreuung und Zweitausbeutung der Arbeitnehmerkonsumenten.

Das summum bonum der Ethik

Welches könnte das *summum bonum* (höchstes oder Grundgut) einer solchen Ethik sein, die auf ein Leben in einer unsicheren Welt vorbereitet bzw. bei dessen Bewältigung hilft?

Individuelle Subjektentwicklung muss generell die *Möglichkeit der selbstbestimmten Veränderung* unterstellen, sonst wäre man den gegebenen Umständen hilflos ausgeliefert. Folgen wir der bereits erläuterten Theorie des *enactment*, dass sich also Selbst und Welt – System und Umwelt – wechselseitig in koordinierter Koproduktion hervorbringen, dann wird sich diese Veränderung immer auf die *eigene Person in ihrem Weltverhältnis* beziehen. Selbst und Welt werden also immer zusammen verändert. Auch hier wieder: System und Umwelt sind nicht zweierlei, sondern das System gibt es nur in seiner Umwelt. Veränderung und permanente Justierung dieser dynamischen Instabilität ist der Normalzustand – wenn man es paradox formulieren will. Wenn wir zusätzlich unterstellen, dass die Umwelt wiederum aus den vielfältigsten Formen des Lebens besteht, die die Existenzvoraussetzungen des Systems bilden, dann gilt die Sorge der Veränderung sowohl dem eigenen Selbst wie auch der Welt. Es kommt nicht darauf an, entweder die Umwelt oder sich selbst zu verändern, sondern den autopoietischen Prozess in der Entwicklungseinheit Ich-Welt bzw. System-Umwelt möglichst bewusst und reflektiert zu steuern (siehe S. 90 ff.). Doch mit welchem Ziel?

Reiner Selbsterhalt wäre zu wenig, zumal Selbsterhalt kein Ziel, sondern als Autopoiese zentrales Kriterium von Leben überhaupt ist. Selbstverwirklichung kann man als Ziel ausschließen, wenn wir erkannt haben, dass das Selbst ein sich ständig wandelnder fluider Prozess ist, es also kein substanzielles Selbst gibt, das sich verwirklichen könnte. Das individuelle Selbst ist in jedem Augenblick bereits wirklich und unwirklich zugleich. Selbstoptimierung, wie sie in neoliberalen Zeiten der verschärften Ausbeutung propagiert wird, fällt schon deshalb weg, weil die damit unterstellte Fortschritts- und Wachstumsideologie zu den Ursachen unserer Krise gehört, als Lösung also ausfällt. Mehr ist nicht gleich besser! Das letztendliche Ziel ist ein von Gemeinsinn getragenes gelingendes Leben, was auch die Auseinandersetzung mit dessen Endlichkeit nicht scheut (siehe S. 131 ff.).

Als *Grundgut der Ethik* in unsicheren Verhältnissen bleibt also nur *die beständige ethische Transformation der Form des Selbst-Welt-Verhältnisses,* ohne dass dabei das Selbst auf eine bestimmte inhaltliche Ausgestaltung festgelegt wird. Wir können uns hier an Michel Foucaults »Ästhetik der Existenz«[69] orientieren, deren Ethik darin besteht, in einem Prozess der Selbstsorge die Voraussetzung dafür zu schaffen, immer wieder ein anderer zu werden. Ein gelungenes Leben wäre demnach ein Leben, das sich flexibel hält, auf neue Herausforderungen mit einem veränderten Selbst bzw. mit neuen Formen der Handlungsfähigkeit zu reagieren. Das »Play« dieser Ethik bezieht sich dabei sowohl auf die spielerische Selbstgestaltung wie auch auf kreative Umweltverhältnisse, das »Care« auf das Engagement für die Welt und für den anderen, aber auch als Selbstsorge auf die eigene Person (siehe S. 98 ff.).

Eine wichtige Tugend: Selbstüberraschungsfähigkeit

Zurück zum Ausgangspunkt unserer Überlegungen: Das Leben ist prinzipiell unsicher; zusätzlich ist uns die systematische Unsicherheitsproduktion unseres kapitalistischen Wirtschaftens lebensbedrohlich bewusst geworden. Welches ist die dieser umfassenden Unsicherheit angemessene Eigenschaft oder Haltung, die auch Grundlage der beiden Handlungsformen Sorge und Spiel sein muss, um nicht fest zu stehen, sondern immer wieder neu beginnen zu können? Über welche wichtige *Tugend* sollten wir dafür verfügen?

Unser Selbst ist – wie wir sahen – kein fixes Gebilde, sondern lediglich das wiederholte Muster je gegenwärtigen Erlebens (siehe S. 79 ff.). Unser gewohntes Verhalten ist allerdings »changed to the past by cycles of conditioning, and it results in further enslavemant to habitual patterns in the future«[70] oder in systemtheoretischer Formulierung: Unsere Handlungen sind strukturdeterminiert durch die Handlungserfolge unserer Vergangenheit. Das heißt, wir handeln in Bezug auf neue, unerwartete Herausforderungen zunächst einmal mit dem Muster unserer Vergangenheit. Was aber, wenn die überkommenen Denk- und Handlungsformen der Vergangenheit in der Gegenwart nicht mehr angemessen sind, wenn in unseren gegenwärtigen Zeiten die alten Lösungen Ursache der aktuellen Probleme sind? Wie schwer es ist, gewohnte Handlungsmuster zu durchbrechen, kann jeder und jede aus eigener Erfahrung ermessen, der sich das Rauchen abgewöhnen will oder die eine Diät macht. Unmöglich ist es trotzdem nicht; es bedarf aber einer besonderen Kompetenz, die Peter Fuchs und Enrico Mahler[71] einmal *Selbstüberraschungsfähigkeit* genannt haben.

Etwas wahrzunehmen, was wir nicht kennen, ist kein leichtes Unterfangen, weil alle aktuelle Wahrnehmung beeinflusst ist von unseren vergangenen Erfahrungen. Wir sehen in erster Linie das, was wir schon kennen, und interpretieren unsere Beobachtungen auf der Folie unserer bisherigen Interpretationen. Das scheint uns Sicherheit zu geben. Was die Selbstüberraschungsfähigkeit dagegen auszeichnet, sind also Erwartungsmuster, die offen sind für Neues, Überraschendes. Ganz ohne Erwartungsmuster bzw. Wahrnehmungsschemata können wir überhaupt nicht beobachten, wie psychologische, aber auch ethnologische Untersuchungen zeigen. Zur Herausbildung für Neues offener Beobachtungsschemata könnte es hilfreich sein, wenn man sich von einer fixen Identitätsvorstellung bezogen auf das eigene Ich verabschiedet. Stattdessen sind *Gewahrsamkeit* (»mindfulness«) und *Achtsamkeit* (»awareness«) von besonderer Bedeutung, wie Varela, Thompson und Rosch unter Rückgriff auf buddhistische Meditationstechniken zeigen. Beides kann trainiert werden; Gewahrsamkeit führt zu einer bewussteren Wahrnehmung des eigenen geistigen und körperlichen Zustands und Achtsamkeit führt zu einer sensiblen Wahrnehmung auch kleinerer Differenzen in unserer Umwelt.

Mit Bezug auf Karl E. Weick und Kathleen Sutcliffe[72] referiert Fabian Brückner[73] fünf Gestaltungsprinzipien für den kompetenten Umgang mit unerwarteten Ereignissen, die ich verändere und für unseren Zweck des Handelns in einer unsicheren Welt ausgestalte:

1. *Aufmerksamkeit für Abweichungen:* Neues entsteht selten im Zentrum, weil es neben der Dominanz des Faktischen kaum eine Chance auf Durchsetzung hat. Man erkennt alternative Möglichkeiten daher vor allem in Abweichungen, auch minimalen, vom Bestehenden.
2. *Keine vorschnellen und vereinfachenden Interpretationen:* Die Interpretation unserer Beobachtungen geschieht auf der Folie unserer vergangenen Erfahrungen. Diese mögen für die unvoreingenommene Beurteilung von Unerwartetem nicht mehr unbedingt geeignet sein. Neues erkennt man am besten, wenn man klar zwischen Beobachtung, Interpretation und Bewertung trennt.
3. *Präsenz im Hier und Jetzt:* Aufmerksamkeit für die Gegenwart des Geschehens und für die Gefühle, die das Geschehen hervorruft. Eine wache Präsenz in der Welt und in unseren Handlungen hilft gegen die Vergangenheitskonditionierung unserer aktuellen Erfahrungen und ermöglicht uns eine offene Wahrnehmung.
4. *Flexible Handlungsfähigkeit:* Routinen haben in Zeiten ständigen Wandels ihre sichernde Funktion verloren. Im Gegenteil, sie verhindern flexible und situationsangemessene Lösungen. Kreativität ist ein spielerisches Herangehen an die Welt, das ausprobiert und sich vom Scheitern nicht entmutigen lässt.
5. *Zweifel an unserem Wissen:* Wie bereits ausgeführt, ist ein zu großes Vertrauen in unser (bisheriges) Wissen ein Verhinderungsfaktor bei der angemessenen Reaktion auf Unerwartetes. Potenz zeigt sich vor allem in dem, was wir nicht bzw. noch nicht wissen, wenn diese Erkenntnis dazu führt, unser Wissen durch Lernen ständig zu erweitern.

Eine hilfreiche Methode, sich gegen die eigenen Vorannahmen zu wappnen, besteht darin, auf Hypothesen weitgehend zu verzichten, und wenn sich einem Hypothesen schon aufdrängen, sie offenzulegen und auf der Basis der Hypothesen gegen die eigenen Hypothesen zu fragen. Wenn eine Hypothese zutrifft, wird sie diesen systematischen Zweifel vertragen, wenn sie falsch ist, dann umso besser, wenn man sie so schnell wie möglich loswird, damit sie die nötige Offenheit in der Wahrnehmung des anderen nicht behindert.

»Certainty is the enemy of growth. […] That's why accepting the inevitable imperfection […] is necessary for any growth to take place. Instead of striving for certainty, we should be in a constant search of doubt, doubt about our beliefs, doubt about our feelings, doubt about what our future may hold for us unless we get out there and create it for ourselves. Instead of looking to be right all the time, we should be looking for how we are wrong all the time. Because we are. Being wrong opens us up to the possibility of change.«[74] Der Zweifel an vorschnellen und tückischen Sicherheiten ist die Voraussetzung für ein entwicklungsfähiges Selbst und einer flexiblen Handlungsfähigkeit der verantwortlichen Sorge und des schöpferischen Spiels in einer prinzipiell unsicheren Welt.

So zweifelnd und offen für das Unerwartete und Neue wollen wir jetzt die Reise beginnen. Zuvor werfen wir aber noch einmal einen Blick auf das, was wir hinter uns lassen müssen bei der Reise zu einer Ethik des Lebens in einer unsicheren Welt.

Von einer Ethik der Arbeit zu einer Ethik des Lebens

Im Reiseprogramm (siehe S. 11 ff.) hatte ich argumentiert, dass wir in *unsicheren Zeiten* leben und dies zum Ausgangspunkt einer dieser Tatsache angemessenen Ethik machen müssen. Unsichere Zeiten sind Zeiten, in denen wir ein Gefühl für unsere ontologische Verletzlichkeit entwickeln, das wir sonst gern verdrängen. Insbesondere die Covid-19-Pandemie hat gezeigt, wie gefährdet unser Leben ist. Unsichere Zeiten sind Zeiten, in denen die bisherigen moralischen Normen fragwürdig werden und ihre handlungsleitende Funktion einbüßen. Unsichere Zeiten sind ebenfalls Zeiten, in denen sogar die Begriffe, mit denen wir unsere kulturelle Selbstverständigung vom guten Leben und damit unsere Subjektivität konstruieren, unscharf oder sogar unbrauchbar werden können. Unsichere Zeiten sind Zeiten, in denen das, was bisher als Tugend galt, in die Krise gerät, ohne dass bereits neue Tugenden sichtbar sind. »Man kann nämlich wohl sagen, daß so etwas wie die moralische Problematik überhaupt immer dann entsteht, wenn jene fraglose und selbstverständliche Vorgegebenheit von sittlichen Normen des Verhaltens im Leben einer Gemeinschaft nicht mehr vorhanden ist«, schreibt Theodor W. Adorno in seiner Moralphilosophie.[75] Es geht hierbei nicht – jedenfalls nicht in erster Linie – um psychologische Probleme von Individuen, sondern um solche der gesellschaftlichen Lebensform, innerhalb derer Individuen psychologische Probleme haben. Und die gibt es gerade in unsicheren Zeiten zuhauf.

Wenn die Rede von einer der unsicheren Welt angemessenen Ethik ist, die zudem noch mit einem gewissen Neuheitsanspruch auftritt, dann ist zu berücksichtigen, dass der bestehende gesellschaftliche Kontext bereits explizite und implizite Normen und Werte aufweist, auch wenn diese fragwürdig werden. Der Anspruch, etwas anders zu machen, ist nicht frei von dem, was bisher galt; und auch das Subjekt der Veränderung muss berücksichtigen, dass es sich nicht vom Bestehenden freisprechen kann, durch das und in dem es sozialisiert wurde. Was »das Zentralproblem jeder Moralphilosophie ausmachen muß« ist »das Verhältnis zwischen dem Besonderen, den besonderen Interessen, den Verhaltensweisen des einzelnen, besonderen Menschen und dem Allgemeinen, das dem gegenübersteht«[76]. Ethik und Gesellschaftskritik sind daher zwei Seiten der gleichen Medaille. »Die moralische Überlegung bezieht sich immer schon auf konkrete geschichtliche Umstände und vor allem auf ein Verständnis der Ordnungsmuster, das für Handlungen im derzeitigen gesellschaftlichen Horizont gilt.«[77] Überlegungen zu einer neuen Ethik, wie ich sie in diesem Buch anstelle, und Kritik der bestehenden gesellschaftlichen Normen und Werte, gegen die sich diese Ethik wendet, sind notwendig verknüpft.

Spätestens seit Beginn der Globalisierung in den 1980er Jahren ist der Kapitalismus die weltweit dominante Gesellschafts- und Wirtschaftsform. Das wird heute kaum jemand mehr bestreiten, auch wenn es zwischenzeitlich als ungehörig galt, dies offen auszusprechen. Uneinig ist man sich höchstens, ob dies eher gut oder eher schlecht ist, ob der Kapitalismus das Problem oder die Lösung ist. Die Kritik am Kapitalismus hat in den vergangenen Jahren wieder deutlich zugenommen, nachdem man die Schäden, die ein auf die Spitze getriebener Neoliberalismus nach vierzig Jahren hinterlassen hat, täglich besichtigen kann. Dass es die Art und Weise unseres Natur und Mensch ausbeutenden Wirtschaftens ist, die ursächlich für die Krisen und Unsicherheiten der modernen Gesellschaft ist, wird allerdings immer offensichtlicher. Dennoch geht es mir im ethischen Kontext nicht um eine grundsätzliche Kritik der wirtschaftlichen Eigentums- und Produktionsverhältnisse und deren praktische Folgen; das geschieht an anderer Stelle vielfach und kompetent.[78] Worum es ergänzend dazu geht, ist, die *Normen und Werte* explizit auf den Begriff zu bringen, die den Kapitalismus zum großen Teil implizit, aber deshalb nicht weniger nachhaltig, bestimmen. Man kann eine Ahnung von diesen Werten erhaschen, wenn salbungsvoll über Leistung, die sich wieder lohnen muss, von Selbstverantwortung der Individuen für ihren Erfolg oder Misserfolg und von einer Politik des Förderns und Forderns gesprochen wird, um im Effekt den Gürtel derer, die ohnehin schon wenig haben, noch enger zu schnallen. Halb sichtbar steckt darin der Geist einer meritokratischen Gesellschaft, die denen gibt, die bereits viel haben, und die denen, die wenig haben, die ausschließliche Verantwortung für ihre Situation zuschiebt. Welche zerstörerischen Auswirkungen dies für das Gemeinwohl hat, wurde von Michael J. Sandel[79] aufgezeigt – auch inwieweit meritokratische Einstellungen tief bei Personen verwurzelt sind, die sich vorgenommen hatten, die Gesellschaft demokratischer zu machen (siehe S. 44 ff.). Es hat eben doch nicht jeder Einzelne den Marschallstab im Tornister; für gerechte Lebensbedingungen braucht es auch die notwendigen *Verwirklichungschancen,* die unterschiedliche und ungerechte Ausgangsbedingungen von Einzelnen ausgleichen, wie Amartya Sen[80] in seinem Capabilities-Ansatz nachgewiesen hat (siehe S. 131 ff.).

Um den *ethischen Geist des Kapitalismus* zu rekonstruieren, möchte ich im ersten Schritt zeigen, dass Arbeit, wenn sie nicht erzwungen werden kann, mit einem Sinnversprechen verknüpft werden muss. Danach werde ich neben der protestantischen Arbeitsethik die Ethik des Kapitalismus von Ayn Rand analysieren. Der nächste Schritt besteht darin, mit Michael J. Sandel zu zeigen, dass die Rand'sche Einstellung, dass die Reichen und Armen nur das bekommen, was sie aufgrund eigener Leistung bzw. deren Fehlen jeweils verdienen, eine alte protestantisch-ethische Denkform ist, die seit dem Beginn des wirtschaftlichen Neoliberalismus durch Ronald Reagan und Magaret Thatcher wieder Hochkonjunktur hat. Der Schluss dieses Kapitels markiert dann den Übergang dieser kapitalistischen Arbeitsethiken zu einer Ethik des Lebens in einer unsicheren Welt, die in den folgenden Kapiteln ausgearbeitet wird.

Arbeitsethik: Macht – Arbeit – Sinn?

»[W]o von bürgerlicher Moral die Rede ist, muß man immer in erster Linie an die Disziplin der Arbeit denken«, schreibt Adorno in seiner Moralphilosophie.[81] In der Tat verdichten sich in der Arbeitsethik wie in einem Brennglas die Normen und Werte der modernen kapitalistischen Gesellschaft. Deshalb lässt sich an ihr beispielhaft aufzeigen, welche Moral unser Leben im Grundsatz bestimmt.

Arbeiten scheint das Normalste und Selbstverständlichste auf der Welt zu sein, schließlich muss der Mensch ja essen. Und weil wir nach der Vertreibung aus dem Paradies nicht mehr in einem Schlaraffenland leben, müssen wir eben für unseren Lebensunterhalt arbeiten. Arbeiten allerdings für etwas Positives zu halten, das wir sogar freiwillig tun, und dabei noch zu glauben, wir würden uns selbstverwirklichen, ist nicht so normal und selbstverständlich, wie es dem modernen Menschen erscheint.[82] Das Wort Arbeit ist in fast allen Sprachen etymologisch gleichbedeutend mit Mühsal und Qual. Im Duden[83] wird seine ursprüngliche Bedeutung mit »schwere körperliche Anstrengung, Mühsal, Plage« angegeben. Diese Bedeutung spiegelt die historische Lebenserfahrung der Menschen wider, die weitgehend ohne große Technik gezwungen waren, ihren täglichen Bedarf an Lebensmitteln der Natur abzuringen. Fast in der gesamten Menschheitsgeschichte war Arbeit elende Plackerei. Die Menschen arbeiteten, um zu leben; erst in der Moderne scheint ein Zustand eingetreten zu sein, wo Menschen leben, um zu arbeiten. Das war tatsächlich nicht immer so. Im griechisch-römischen Altertum war *Muße* der höchste Lebenszweck.[84] »Wir opfern unsere Muße, um Muße zu haben«, heißt es bei Aristoteles[85], denn im Altgriechischen hat es für die Tätigkeiten der Bürger noch nicht einmal den Oberbegriff »Arbeit« gegeben. Noch im 13. Jahrhundert erklärte Thomas von Aquin ausdrücklich, dass nur die Notwendigkeit zur Arbeit zwinge und Gottes Gebot der körperlichen Arbeit nicht allgemein verpflichtend sei.[86] Es war der Protestantismus, der Arbeiten mit Erlösung verband. Calvin und Luther dehnten die Arbeitspflicht auf alle aus. Ihrer Lehre lag der Arbeitsbegriff des Neuen Testamentes zugrunde: Arbeit war Gottesdienst als Fortsetzung von Gottes Schöpfungswerk und dem Beten gleichgestellt (ora et labora). »[W]enn jemand nicht arbeiten will, der soll auch nicht essen«, gebot Paulus den Thessalonichern.[87] Müßiggang wurde jetzt als Faulheit imaginiert und abgelehnt. Trotzdem war Arbeit noch lange nicht etwas, das man mit Freude erledigt, die Bedeutungstradition von Mühe und Qual wirkte bis weit ins 18. Jahrhundert nach.[88]

Eine grundsätzliche Änderung vollzog sich erst, als der Protestantismus seine Liaison mit dem entstehenden Kapitalismus einging. Die protestantische Prädestinationslehre und innerweltliche Arbeitsaskese vermählten sich mit der allgemeinen Arbeitspflicht zum Geist des Kapitalismus.[89] Nun waren in den Köpfen alle gesellschaftlichen Halterungen gekappt, die die Wirtschaft im Zaum gehalten hatten, und die Arbeit konnte sich zur allgemeinen Form entwickeln, die sich alle anderen Tätigkeitsformen subsumierte. Die katholische Kirche hielt der Arbeitseuphorie etwas länger stand, was dazu führte, dass katholische Landstriche bei der industriellen Revolution etwas nachhinkten. Mittlerweile ist aber auch die katholische Kirche voll auf der ideologischen Linie der Selbstverwirklichung des Menschen durch Arbeit, wie man in der »Enzyklika LABOREM EXERCENS« von Papst Johannes Paul II. aus dem Jahr 1981 nachvollziehen kann: »Der Mensch soll sich die Erde untertan machen, soll sie beherrschen, da er als ›Abbild Gottes‹ eine Person ist, d. h. ein subjekthaftes Wesen, das imstande ist, auf geordnete und rationale Weise zu handeln, fähig, über sich zu entscheiden, und auf Selbstverwirklichung ausgerichtet. *Als Person ist der Mensch daher Subjekt der Arbeit.* Als Person arbeitet er und vollzieht die verschiedenen Handlungen, die zum Arbeitsprozeß gehören; unabhängig von ihrem objektiven Inhalt müssen diese alle der Verwirklichung seines Menschseins dienen, der Erfüllung seiner Berufung zum Personsein, die ihm eben aufgrund seines Menschseins eigen ist.«[90]

Wenn man Menschen nicht zur Arbeit zwingen kann, wie es über die Jahrtausende üblich war, dies sich aber mit dem Freiheitsversprechen der Moderne nicht vereinbaren lässt, dann muss man zur Arbeit motivieren. Das geschieht am besten, wenn man arbeiten mit dem Sinnversprechen der Selbstverwirklichung verbindet. »Der heutige, zur Herrschaft im Wirtschaftsleben gelangte Kapitalismus also erzieht und schafft sich im Wege der ökonomischen *Auslese* die Wirtschaftssubjekte – Unternehmer und Arbeiter – deren er bedarf.«[91] Max Weber ging es um die Frage, welche subjektiven Einstellungen der gesellschaftlichen Individuen die Entwicklung des Kapitalismus gefördert haben. Jede Gesellschaft braucht für ihre Arbeits*weise* auf der subjektiven Seite die entsprechende Arbeits*gesinnung*. Daher hat auch jede Gesellschaft ihre jeweilige Ökonomie in eine umfassende Kosmologie eingeordnet, um sie zu legitimieren. Für frühe Gesellschaften war dies die Religion, die von Priester oder Gottkönigen stellvertretend repräsentiert wurde. In der griechisch-römischen

Antike war es ein bestimmtes Verständnis der Natur, die den unterschiedlichen gesellschaftlichen Gruppen naturgemäß ihren jeweiligen Platz zuwies; das war unveränderlich festgelegt. Ideologisch legitimiert wurde dies dadurch, dass den Seelen der Herrschenden und den Beherrschten unterschiedliche Metalle zugeordnet wurden, Edelmetalle der Seele der Herrschenden, gewöhnliche Metalle den Beherrschten.[92] Das Mittelalter legitimierte seine Produktionsweise durch den Ständestaat, der jedem Individuum seine gottgewollte und unveränderbare Position zuwies. Die arbeitenden Bauern gehörten zum Boden wie das Vieh, das darauf weidete.

Die Tatsache der Legitimations*verpflichtung* der Wirtschaft hat sich in der Neuzeit nicht verändert; gewandelt hat sich allerdings die Art und Weise der Legitimations*beschaffung*. Arbeiten ist heute mit dem Versprechen verbunden, dass man durch sie und nur durch sie sich *selbst verwirklichen* könnte. Arbeit macht Sinn – oder besser: Der Arbeit wird ein ideologisches Sinnversprechen untergeschoben.[93] Diesen Sinn herzustellen und in den Köpfen der Arbeitenden festzusetzen, ist die Aufgabe der *Arbeitsethik*, deren ideologische Machtwirkungen das Bewusstsein der Arbeitenden prägen. Wie gut das funktioniert hat, sieht man daran, dass inzwischen jede menschliche Tätigkeit als Arbeit bezeichnet wird, z. B. Trauerarbeit für die Verarbeitung eines Verlustes, Erziehungsarbeit für die unterstützte Entwicklung der folgenden Generation, Schularbeit für Lernen und Lehren, politische Arbeit für die Beteiligung an der Gestaltung des Gemeinwesens, künstlerische Arbeit für den freien kreativen Selbstausdruck und sogar als Gipfel des Grauens Beziehungsarbeit für die Pflege der zwischenmenschlichen Liebe und Partnerschaft. Kaum ein gesellschaftliches Tätigkeitsfeld, das mittlerweile nicht arbeitsförmig umcodiert wurde.

Arbeit ist zur Pathologie geworden, die sämtliche Bereiche des menschlich-gesellschaftlichen Lebens kolonialisiert hat. Inzwischen arbeiten sogar die Tiere, die Maschinen, das Geld und das Holz. 1828 führte Gaspard-Gustave Coriolis erstmals den physikalischen Allgemeinbegriff Arbeit als Bezeichnung für die Kraft ein, die erforderlich ist, um einen Gegenstand so zu beschleunigen, dass er eine bestimmte Strecke zurücklegt.[94] Seitdem gilt jede Energie verbrauchende und übertragende Bewegung als Arbeit, womit uns allerdings der Blick verkleistert wurde für die qualitative Unterschiedlichkeit unserer verschiedenen Tätigkeiten, die moralisch durchaus einen unterschiedlichen Wert haben. Die Arbeitsethik hat ihre Funktion zu hundert Prozent erfüllt: Der Arbeitszwang wurde verinnerlicht und heute freiwillig ausgeführt.

Unser Arbeitsbegriff entstand im Kontext dessen, was in der griechischen Antike für den Erhalt des *oikos,* das ist die Haus- und Wirtschaftsgemeinschaft, geleistet werden musste. Für diese Aufgabe waren überwiegend die Heloten und die Sklaven zuständig. Die Griechen nannten diese subsistenzsichernde landwirtschaftliche Tätigkeit *ponos,* die werkschaffende Tätigkeit der in der Regel freien Handwerker und Künstler *poiesis,* die auf die Gestaltung des sozialen Zusammenlebens in der Polis bezogene Tätigkeit des Adels *praxis* und die tätige Muße der (Selbst-)Bildung der Philosophen *scholé.*[95] Wie andere alte Völker und Kulturen, z. B. die Ägypter, kannten die Griechen keinen Allgemeinbegriff für Arbeit; dieser ist eine moderne Erfindung. Die subsistenzsichernde Tätigkeit im Oikos kommt unserem heutigen Arbeitsbegriff noch am nächsten. Von Oikos kommt auch unser moderner Begriff der Ökonomie. Daher schlage ich vor, den Begriff der Arbeit wieder auf den Sinnkontext zu beschränken, in dem er einst entstanden ist: als wirtschaftliche Reproduktion des Einzelnen und der Gesellschaft. Andere Tätigkeiten sollten wir als das benennen, was dort inhaltlich geschieht: Bildung statt Bildungsarbeit, malen, tanzen, musizieren statt künstlerische Arbeit, Probleme in einer Beziehung besprechen und liebend für den anderen sorgen statt Beziehungsarbeit. Vor allem sollten wir die Arbeit von dem Erlösungs- und Selbstverwirklichungsversprechen befreien bzw. dieses als das erkennen, was es ist: ideologische Leistungsmanipulation, d. h. Ausbeutung.

Damit wir uns nicht daran erinnern, dass wir arbeiten, um zu leben und vielleicht sogar unsere Lebendigkeit außerhalb von Arbeit und Konsum verwirklichen, braucht der Kapitalismus gute Argumente, mit denen die Bevölkerung immer wieder neu davon überzeugt werden kann, sich für ihn anzustrengen. Zwei moderne kapitalistische Arbeitsethiken sollen deshalb im Folgenden diskutiert werden: die sogenannte objektive Ethik von Ayn Rand aus dem 20. Jahrhundert und die Ethik der Meritokratie aus der aktuellen Zeit der Globalisierung und des wirtschaftlichen Neoliberalismus.

Die Ethik des selfmade man of wealth

Um zu zeigen, wie eine apologetische Ethik des Kapitalismus argumentiert, nehme ich beispielhaft eine Autorin und Philosophin, die im kontinentalen Europa weitgehend unbekannt ist, deren Bücher in den Vereinigten Staaten von Amerika nach der Bibel allerdings zu den meistgelesenen Schriften gehören: Ayn Rand (1905–1982). Man mag ihre philosophischen Schriften für flach und oberflächlich halten, sollte aber ihren Einfluss nicht unterschätzen. In den USA verfügt sie auch heute noch über einflussreiche Bewunderer, z. B. Alan Greenspan, von 1987 bis 2006 Vorsitzender der weltweit einflussreichen US-Notenbank und der »Hohepriester des Glaubens an die Märkte«[96], und Donald Trump, der als Präsident der USA von 2016 bis 2020 seine politische Führungsrolle in erster Linie als Geschäftemacher (deal maker) betrachtete.

Bereits die Titel von Ayn Rands Kapitalismusphilosophie sprechen ihre Ethik deutlich aus: »The Virtue of Selfishness. A New Concept of Egoism« (1964) und »Capitalism: The Unknown Ideal« (1966). Rand nennt ihre Ethik objektiv (»The Objectivist Ethics«), denn sie geht davon aus, dass der Mensch allein mit Hilfe seines Verstandes, der sich nicht durch irrationale Gefühle oder subjektive Launen beeinflussen lassen darf, die Welt, so wie sie wirklich ist, erkennen kann. Über einen gesonderten Begriff von Gesellschaft verfügt Rand nicht, »society is only a number of individual men«[97]. Da es für Rand so etwas wie eine Gesellschaft gar nicht gibt, gibt es kein *Gemeinwohl.* »›The common good‹ is a meaningless concept.«[98] Folglich hat der Einzelne auch keine sozialen Pflichten.[99] Eine soziale Fürsorge gegenüber Schwachen kann daher keine staatliche Aufgabe sein, sondern höchstens freiwillige private Wohltätigkeit. »The small minority of adults who are *unable* rather than unwilling to work have to rely on voluntary charity.«[100]

Altruismus hält Rand für eine der gefährlichsten Angelegenheiten, weil dieser nur dazu führt, dass sich Plünderer und Parasiten, die selbst lebensunfähig sind (»looters and parasites incapable of survival«), auf Kosten der wirtschaftlichen Leistungsträger bereichern.[101] »Altruism holds *death* as its ultimate goal and standard of value – and it is logical that renunciation, resignation, self-denial, and every other form of suffering, including self-destruction, are the virtues it advocates.«[102] »[I]f civilization is to survive, it is the altruist morality that men have to reject.«[103]

Das gesamte Universum ist für sie durch eine einzige Alternative gekennzeichnet: Selbsterhaltung oder Untergang. »It is only a living organism that faces a constant alternative: the issue of life or death. Life is a process of self-sustaining and self-generated action.«[104] Moral bzw. Ethik hat für sie den einzigen Zweck, den Existenzkampf des Einzelnen anzuleiten und zu unterstützen. »It is a code of values to guide man's choices and actions – the choices and actions that determine the purpose and the course of his life. Ethics, as a science, deals with discovering and defining such a code.«[105]

Allein der freie Wille des Einzelnen, sich im eigenen Interesse zu entscheiden, ist sein Gott: »Man has to be man – by choice; he has to hold his life as a value – by choice; he has to learn to sustain it – by choice; he has to discover the values it requires and practice his virtues – by choice. A code of values accepted by choice is a code of morality.«[106] Es ist durchaus bezeichnend, wenn Frau Rand immer von »man« und »he« spricht. In ihrem kapitalistischen Universum gibt es keine Frauen, auch die Helden ihrer Romane sind immer Männer. Welche Normen und Werte sollen nun in Rands objektiver Ethik die Entscheidungen des Mannes leiten? Sie unterscheidet zwischen grundlegenden Werten und diesen entsprechenden Tugenden. Ihr ultimativer Lebenszweck ist, wie wir eben sahen, das je eigene individuelle Überleben. Dabei helfen die *Werte* »Reason, Purpose, Self-Esteem« mit den korrespondierenden *Tugenden* »Rationality, Productiveness, Pride«[107]. Aus dem Gesamtkontext ihres Textes würde ich die Werte übersetzen mit Verstand, Zweck und Selbstwert und die Tugenden mit Rationalität, Produktivität und Leistungsstolz, denn ihr geht es immer nur darum, was der Einzelne aufgrund seiner eigenen Fähigkeiten erreichen kann: »man is a being of self-made wealth«[108].

Rand betont zwar, dass der Einzelne seine Ziele nicht mit unfairen Mitteln und auf Kosten anderer erreichen darf, aber ein Handeln zugunsten anderer ist für sie nicht vorstellbar. Handeln ist Handel im Sinne eines Äquivalententauschs. »The Objectivist ethics holds that *human* good does not require human sacrifices and cannot be achieved by the sacrifice of anyone to anyone. It holds that the *rational* interests of men do not clash – that there is no conflict of interests among men who do not desire the unearned, who do not make sacrifices nor accept them, who deal with one another as *traders,* giving value for value. The principle of *trade* is the only rational ethical principle for all human relationships, personal and social, private and public, spiritual and material. It is the principle of *justice.«*[109] Auch Liebe, Freundschaft, Respekt und Bewunderung sind nur Handelswaren, die die erhalten, denen dies aufgrund eigener Leistung zusteht. Der Staat hat einzig die beiden Aufgaben, nach außen für Schutz und nach innen für Freiheit und Vertragssicherheit zu sorgen; darüber hinaus hat er sich in nichts einzumischen. »When I say ›capitalism‹, I mean a full, pure, uncontrolled, unregulated laissez-faire capitalism – with a separation of state and economics.«[110]

Nun mag man einwenden, so schlimm sei der Kapitalismus doch gar nicht, immerhin gebe es doch in Deutschland so etwas wie Soziale Marktwirtschaft. In der Tat war selbst der US-amerikanische Kapitalismus für Ayn Rand noch nicht radikal genug. Sie kämpfte z. B. gegen den New Deal, mit dem Präsident Franklin D. Roosevelt in den Jahren 1933 bis 1938 versuchte, die Folgen der Weltwirtschaftskrise zu lindern. Roosevelts Politik war für sie der von ihr gehasste blanke Sozialismus. Die Wirtschaftstheorie von Milton Friedman und deren praktische Folgen, die Naomi Klein[111] als »Schock-Strategie« beschreibt, sowie die Politik von Donald Trump samt seiner Kritik an den Demokraten in den Jahren seit 2016 atmen immer noch den gleichen Geist. Auch Paul Ryan – einer der einflussreichsten Finanz- und Wirtschaftspolitiker der Republikanischen Partei und von 2015 bis 2019 Sprecher des Repräsentantenhauses der Vereinigten Staaten – ist »a devotee of the libertarian writer Ayn Rand. Ryan, a critic of the welfare state, distinguished between ›makers‹ (those who contribute the most to the economy) and ›takers‹ (those who receive more in government benefits than they pay in taxes). He worried that, as the welfare state grew, the so-called ›takers‹ were coming to outnumber the ›makers‹.«[112] Sprache und Geist gleichen sich wie ein Ei dem anderen auch sechzig Jahre nach dem Erscheinen von Rands Schriften.

Wer den unregulierten Laissez-faire-Kapitalismus predigt, sei es Ayn Rand, Milton Friedman oder Paul Ryan, will die komplette Vermarktlichung der Gesellschaft. Märkte sind aber nicht ethisch neutral, wie von den Apologeten behauptet wird, sondern können moralische Werte korrumpieren und zersetzen, wenn sie in Bereiche eindringen, wo sie nicht hingehören. »Werden die guten Dinge des Lebens mit einem Preis versehen, können sie korrumpiert werden. Das liegt daran, dass Märkte nicht nur Güter zuteilen, sondern auch bestimmte Einstellungen gegenüber den gehandelten Gütern ausdrücken und diese verstärken.«[113] Manches kann man gar nicht kaufen, wie Freundschaft oder Liebe. Anderes kann man wohl durch Geld erreichen, z. B. einen Ehrendoktortitel durch eine großzügige Spende an die Universität, es verliert aber vollkommen seinen Wert, wenn dies herauskommt. Wieder anderes verändert nicht nur seinen Wert, wenn es bezahlt wird, sondern wird sogar zerstört. Zum Beispiel hat sich gezeigt, dass ehrenamtliches Engagement abnimmt, wenn es mit Geld honoriert wird. Aus der Motivation, Gutes zu tun, wird dann ein Geschäft. Die ökonomische Norm zerstört die moralische Norm zum Nachteil des Gemeinwohls. »[D]as Plädoyer zugunsten der Märkte kann eben nicht abgelöst werden von der umstrittenen Frage, wie die ausgetauschten Güter angemessen zu bewerten sind.«[114]

Die Marktideologie fordert einen hohen Preis. Sie wirkt zerstörend auf den Gemeinsinn der Bürgerinnen und Bürger und führt zur einer technokratischen Politik, die das Gemeinwohl nur noch in ökonomischen Größen misst. »Sobald der Staatsdienst aufhört, die Hauptangelegenheit der Bürger zu sein, und sie ihm lieber mit ihrem Gelde als mit ihrer Person dienen, ist der Staat schon seinem Untergange nahe.« Das schrieb Jean-Jacques Rousseau[115] bereits 1762. Diesen Untergang einer lebendigen, gemeinwohlorientierten Demokratie können wir in Form der Tendenz zu technokratischer und autoritärer Politik sowie in der Selbstbereicherung von Politikern gegenwärtig besichtigen. »Eine Debatte über die moralischen Grenzen der Märkte würde uns die gesellschaftliche Entscheidung ermöglichen, in welchen Bereichen Märkte dem Gemeinwohl dienen und wo sie nichts zu suchen haben. Außerdem würde sie unsere Politik beleben, weil konkurrierende Begriffe des guten Lebens in der Öffentlichkeit diskutiert würden.«[116] Wenn wir die Diskussion, in was für einer Gesellschaft wir leben wollen, nicht führen, dann entscheiden die Märkte für uns.

Die meritokratische Ethik

Dass der Geist der radikalen Marktideologie bis heute sehr lebendig geblieben ist, zeigt Michael J. Sandel in seinem Buch »The Tyranny of Merit. What's Become of the Common Good?« aus dem Jahr 2020[117]. Sandel rekonstruiert den meritokratischen Geist ausgehend von der christlichen Prädestinationslehre und Max Webers »Protestantische Ethik und der Geist des Kapitalismus«[118]. Die Gemeinsamkeit beider besteht darin, dass Erfolg mit Erlösung verknüpft wird. Die Prädestinationslehre ging davon aus, dass Gott die Auserwählten von Anfang an bestimmt hat, dass man sich also durch ein frommes Leben oder Ablasshandel keinen Platz im Himmelreich erkaufen konnte. Das war der Unterschied, mit dem sich der Protestantismus von der Praxis der katholischen Kirche kritisch absetzte. Dennoch ist verständlich, dass die Menschen schon gern im ersten Leben wissen wollten, was sie im zweiten erwartete. Man brauchte einen Maßstab, an dem man erkennen konnte, ob man zu den Auserwählten gehörte. Diesen lieferte die protestantische Arbeitsethik. Es war die weltliche Leistung eines arbeitsamen und frommen Lebens, die das Kriterium der eigenen Auserwähltheit lieferte. Das Leistungskriterium ist es auch, das die alte Arbeitsethik mit der modernen meritokratischen Ethik verbindet. »These days, we view success the way the Puritans viewed salvation – not as a matter of luck or grace, but as something we earn through our own effort and striving. This is the heart of the meritocratic ethic. It celebrates freedom – the ability to control my destiny by dint of hard work – and deservingness. If I am responsible for having accrued a handsome share of worldly goods – income and wealth, power and prestige – I must deserve them. Success is a sign of virtue. My affluence is my due.«[119]

Die meritokratische Ethik geht davon aus, dass mir zusteht, was ich aufgrund meiner eigenen Leistung erreiche; der Erfolg ist daher ausschließlich meiner, was den Nachteil hat, dass ich für meinen Misserfolg auch keine externen Gründe zur Entlastung anführen kann. Die Ideologie ist, dass alle es durch eigene Anstrengung schaffen können aufzusteigen. Wer also unten bleibt, hat folglich selbst Schuld. Es waren vor allem eher sozialdemokratische Präsidenten und Ministerpräsidenten – Bill Clinton, Tony Blair und Gerhard Schröder, sogar Barack Obama –, die sich dieser Aufstiegsideologie besonders verschrieben hatten und die nach Ronald Reagan und Margaret Thatcher durch ihre Politik der Globalisierung und dem Neoliberalismus zum Durchbruch verhalfen. Verbunden werden sollte diese sozialdemokratische Version der meritokratischen Ethik mit der Förderung derjenigen, die durch schlechtere Ausgangsbedingungen schlechtere Konkurrenzchancen haben. Es ist offensichtlich, nicht zuletzt durch extreme und zutiefst ungerechte Reichtumsverteilung, dass dieser Plan nicht funktioniert hat. Etwa ein Prozent der Menschen besitzen rund 40 Prozent des gesamten weltweiten Vermögens. Wer unten ist, der bleibt es in der Regel auch. Die Herrschaft der Finanzwirtschaft über die produktive Wirtschaft mit ihrem selbstverursachten Crash 2008 gehört auch zu den Folgen dieser Politik. Das kann man alles mit Untersuchungen und Zitaten belegt bei Sandel[120] nachlesen.

Es geht aber in meinem Kontext nicht um eine Kritik der wirtschaftlichen Probleme, sondern um eine interne Kritik des meritokratischen Gedankens an sich. Auch in dieser Hinsicht hat Sandel Entscheidendes geleistet. Die meritokratische Ethik lässt die Gewinner glauben, dass sie ihren Erfolg ihren eigenen Talenten und ihrer harten Arbeit verdanken. In einer Gesellschaft, in der alles in Geld gemessen wird, ist die Scheidewand zwischen finanziellem Wert und moralischem Wert denkbar dünn. Das führt zu Hybris bei den Erfolgreichen und zu einem Herabsehen auf die weniger Erfolgreichen. Die Verlierer im gesellschaftlichen Konkurrenzkampf müssen akzeptieren, dass ihr Scheitern ebenfalls nur ihr eigenes Verschulden ist. Sie produzieren weniger Wert und sind deshalb weniger wert. Sie fühlen sich durch die Überheblichkeit der Erfolgreichen gedemütigt und zweifeln an sich selbst. Zentral für die meritokratische Ethik ist der Glaube, dass jeder erhält, was er verdient. Dieser Glaube ist Gift für ein Handeln im Gemeinwohlinteresse der Gesellschaft. Das Gemeinwohl wird heute nur noch als Bruttosozialprodukt verstanden und nicht als Solidarität und gesellschaftlicher Gemeinsinn. »Those who celebrate the meritocratic ideal and make it the center of their political project overlook this moral question. They also ignore something more politically potent: the morally unattractive attitudes the meritocratic ethic promotes, among the winners and also among the losers. Among the winners, it generates hubris; among the losers, humiliation and resentment. These moral sentiments are at the heart of the populist uprising against elites.«[121]

Je mehr wir uns ganz im Sinne von Ayn Rands »man is a being of self-made wealth«[122] als selbstgeschaffen und autark erleben, desto weniger empfinden wir uns dankbar für das, was wir haben. Hier liegt unter anderem die Kontinuität, die Rands offen kapitalistische Ethik mit der eher verbrämten kapitalistischen Ethik der Meritokratie verbindet. Es ist der ungebrochene Glaube, dass unser Erfolg unserem moralischen Wert entspricht. »This way of thinking heightens the moral stakes of economic competition. It sanctifies the winners and denigrates the losers.«[123] Meritokratisches Denken und meritokratische Politik, auch wenn Letztere versucht, die Schwachen zu fördern, führt nicht zu mehr Gleichheit, sondern legitimiert gesellschaftliche Ungleichheit. Damit zerstört sie den gesellschaftlichen Zusammenhalt und fördert den Konkurrenzkampf jeder gegen jeden. Das hat negative psychische Folgen. In der Gesellschaft steigt der Erfolgszwang bereits in den Selektionsinstanzen Schule und Universität. Das führt nicht nur in Amerika zu verbreitetem Medikamenten- und Drogenmissbrauch. Die Erfolgreichen werden unter Dauerstress gesetzt; ihr Leben wird zum endlosen Assessment-Center. Eine Umfrage bei jungen Investmentbankern ergab Klagen über unmenschliche Arbeitsbedingungen bei der Investmentbank Goldman Sachs von 20 Stunden täglich; die Mitarbeiter forderten wenigstens eine 80 Stunden Woche.[124] Die Verlierer fühlen sich gedemütigt, werden depressiv, entwickeln Ressentiments gegenüber Eliten und negative Einstellungen oder sogar Gewalt gegen gesellschaftliche Minderheiten. »These two tyrannies share a common moral source – the abiding meritocratic faith that we are, as individuals, wholly responsible for our fate: If we succeed, it is thanks to our own doing, and if we fail, we have no one to blame but ourselves. Inspiring though it seems, this strenuous notion of individual responsibility makes it hard to summon the sense of solidarity and mutual obligation that could equip us to contend with the rising inequality of our time.«[125]

Zusammenfassend lässt sich die meritokratische Ethik folgendermaßen kritisieren:

1. Sie unterschlägt, dass Menschen mit unterschiedlichen genetischen Ausstattungen auf die Welt kommen – manche sogar mit besonderen Begabungen und andere mit Einschränkungen.
2. Sie übersieht den jeweiligen familiären Hintergrund, der sich unterschiedlich fördernd oder behindernd auswirkt.
3. Diese beiden ersten Punkte werden nur sehr unzureichend durch sozialpolitische Förderungsmaßnahmen kompensiert. Die Praxis zeigt, dass die Kinder derjenigen, die oben sind, oben bleiben, und die Unteren in der Regel unten.
4. Die meritokratische Ethik unterschlägt die Rolle, die Zufall und Glück beim Erfolg spielen; es ist eben nicht alles eigene Leistung.
5. Meritokratisches Denken führt zu Überheblichkeit und Hybris bei den Gewinnern und entwertet bzw. demütigt die Verlierer.
6. Die Fixierung von gesellschaftlichen Leistungen auf ökonomische Beiträge negiert und zerstört anderes, oft unentgeltliches, gesellschaftliches Engagement in sozialen Bereichen.
7. Eine Meritokratie verstärkt den Konkurrenzkampf der Menschen gegeneinander und zerstört Gemeinsinn und solidarisches Verhalten.
8. Die Nebenfolgen des meritokratischen Konkurrenzkampfes sind Vorteilsnetzwerke, Betrug und Korruption.

Um die gesellschaftsschädliche meritokratische Ethik zu überwinden, hält Sandel[126] es für wichtig, dass man der Arbeit – jeder Arbeit – ihre Würde zurückgibt, dass man den Wert der Arbeit nicht nur am finanziellen Erfolg misst und dass man aufzeigt, dass viele unterschiedliche Arbeiten erforderlich sind, um eine Gesellschaft zusammenzuhalten. »[W]ork, at its best, is a socially integrating activity, an arena of recognition, a way of honoring our obligation to contribute to the common good.«[127] Das ist sicher ein wichtiger Punkt – allerdings allein zu kurz gegriffen. Selbstverständlich sollten wir uns für humane Arbeitsbedingungen und für gerechte Entlohnung einsetzen, und zwar überall auf der Welt. Vor allem sollte allerdings die Arbeitszeit verkürzt und gleich verteilt werden. Der Ökonom John Maynard Keynes[128] hatte schon 1930 mitten in der Wirtschaftskrise ausgerechnet, dass moderne Gesellschaften mit drei Stunden Arbeit pro Tag und Person bzw. einer 15-Stunden-Woche auskommen könnten, um alle grundlegenden Bedürfnisse zu befriedigen. Die freiwerdende Zeit können wir dann für andere, befriedigende Tätigkeiten und für ein gemeinwohlorientiertes gesellschaftliches Engagement einsetzen. James Suzman hat in seiner menschheitsgeschichtlichen Studie »Sie nannten es Arbeit«[129] gezeigt, dass die Menschheit in 95 Prozent ihrer Geschichte mit diesen 15 Wochenstunden Arbeit auskam, um sich selbst und ihre unproduktiven Stammesgenossen zu ernähren. Das heißt, den größeren Teil ihrer wachen Stunden verbrachten die Menschen nicht mit Arbeit, sondern mit Freizeit, die sie für alle möglichen sozialen und kulturellen Tätigkeiten nutzten. »Daraus ergibt sich die faszinierende Idee, dass wir in evolutionstheoretischer Hinsicht vielleicht ebenso sehr ein Produkt unserer Muße wie unserer Arbeit sind.«[130] Erst mit der Umstellung auf Agrarwirtschaft und Verstädterung explodierte der Anteil der Arbeit auf unser heutiges Niveau. In der entwickelten Industriegesellschaft sollten diese 15 Stunden wieder ausreichen, meinte jedenfalls Keynes und mit ihm Benjamin Franklin, der Gründervater der Vereinigten Staaten: Vier Stunden Arbeit täglich sei genug, um die Gesellschaft mit allen Notwendigkeiten und Annehmlichkeiten des Lebens zu versorgen.[131]

Aber Sandel[132] geht es nicht nur um die Würde der Arbeit, er ist zudem der Meinung, dass es wieder einer gesellschaftlichen Diskussion bedarf, in der – durchaus auch kontrovers – erörtert wird, was als gutes und gerechtes Leben gilt, sodass alle ein erstrebenswertes und gedeihliches Leben führen können.

Bereits im ersten Kapitel wurden die Ethiken von Pekka Himanen[133] und Pat Kane[134] als explizite Alternativen zur protestantischen *Arbeits*ethik aufgezeigt. *Arbeit an sich hat überhaupt keinen Sinn* – wie uns die Arbeitsethiken glauben machen wollen. Arbeit hat nur einen *Zweck*, und das ist der gesellschaftliche und individuelle Lebensunterhalt. Eine Arbeitsethik, die Erfolg und Konsumsteigerung zum Zweck hat, führt zwangsläufig zum heute durchgängigen Wachstumsfetischismus unserer Wirtschaft und Politik. In der Folge wird die Natur rücksichtslos ausbeutet und zerstört, Tiere werden als Sachen behandelt und industriell als Nahrungsmittel unter unsäglichen Bedingungen produziert, die Menschen werden konkurrierend vereinzelt sowie psychisch und physisch belastet. Mit Arbeit könnte allerdings ein ganz anderer Sinn *verbunden* werden, und zwar dann, wenn die Arbeit einen Beitrag zu einem guten Leben aller empfindenden Wesen beiträgt (siehe S. 67 ff., 90 ff. u. 131 ff.). Voraussetzung dafür ist aber, dass wir den Begriff der Arbeit und die Arbeit selbst begrenzen, um geistig und praktisch Raum zu schaffen für die vielfältigen menschlichen Tätigkeiten, die zum Gelingen des individuellen und gesellschaftlichen Lebens beitragen.

Auf dem Weg zu einer Ethik des Lebens

Die Ethik des Kapitalismus hat bisher niemand besser auf den Begriff gebracht als Ayn Rand. Michael J. Sandel hat gezeigt, dass diese Ethik im meritokratischen Denken bis heute lebendig geblieben ist. Es ist eine radikal-individualistische Ethik der Selbsterhaltung des Einzelnen. Das entscheidende Problem einer solchen oder vielleicht jeder individualistischen Ethik ist, dass man kollektive Anstrengungen zum Erhalt der Welt gar nicht mehr denken kann. Die Ironie ist, dass sich die Einzelnen, indem sie ihren individuellen Selbsterhalt anstreben, faktisch einem naturwüchsigen Prozess der Selbstzerstörung unterwerfen. Denn es hat sich als eine verhängnisvolle Ideologie herausgestellt, dass – wenn alle ihre egoistischen Einzelinteressen verfolgen – die unsichtbare Hand das kollektive Wohlergehen herbeiführt. »Ein [weiteres] Problem, wenn man Selbsterhaltung zur Grundlage der Ethik macht, liegt darin, dass die Ethik dann eine reine Ethik des Selbst, wenn nicht gar eine Form des moralischen Narzissmus wird.«[135] Die meritorische Ethik macht dies auf erschreckende Weise deutlich. Ethik wendet sich zwar an die Einzelnen und ihre moralisch gebotenen Handlungen, ihr Ziel ist aber das gelingende und gedeihliche Zusammenleben aller. Deshalb muss eine Individualethik zwingend durch eine *strukturelle Ethik* ergänzt werden, die auch die gesellschaftlichen Realisierungschancen bzw. Behinderungsweisen reflektiert.

Dies deutlich werden zu lassen, ist die Funktion dieses Kapitels für die Ethik des Lebens in einer unsicheren Welt. Der Mensch wird deshalb (bereits im ersten Kapitel, aber auch in den folgenden) als Teil und Beteiligter einer gemeinschaftlichen lebendigen Welt betrachtet, der nicht nur seine individuellen Interessen verfolgen kann, sondern – sogar im individuellen Interesse – Verantwortung für das Ganze übernehmen muss. Eine Ethik, die die individuelle Selbsterhaltung zu ihrer alleinigen Norm erhebt, trennt den Menschen von der Welt und zerstört jedes ethische Engagement. Verantwortung bezieht sich niemals nur auf das eigene Ich, sondern immer auf den anderen und das andere, was die Gesamtheit der lebendigen Wesen und sogar die Gesamtheit der Dinge einschließt. Deshalb muss die Ethik auch eine Kritik der Art und Weise umfassen, wie unsere Gesellschaft eingerichtet ist, inklusive einer Kritik der Normen und Werte des Funktionierens dieser Gesellschaft. Eine »Ethics of Selfishness« oder eine »Meritocratic Ethic« zerstören die (Über-)Lebensfähigkeit der gesamten lebendigen Welt.

Eine erforderliche Selbsttransformation zu einem ethischen Subjekt, das sich für den Erhalt und die Pflege des Lebens einsetzt, ist nur möglich, indem wir uns kritisch zu den uns beschränkenden gesellschaftlichen Bedingungen verhalten, indem wir kritisieren, wie unsere wirtschaftliche Produktionsweise Leben und Lebendigkeit zerstört, und indem wir beginnen, uns individuell anders zu verhalten. Nicht jede gesellschaftliche Bedingung kann individuell geändert werden, aber auch die Verweigerung, nicht (mehr) alles mitzumachen, hat eine gesellschaftliche Wirkung – erst recht, wenn wir anfangen, und sei es im Kleinen, Verantwortung für den Erhalt und die Pflege des Lebendigen zu übernehmen. Deshalb wirft Judith Butler[136] die Frage auf, »ob ein richtiges Leben im falschen möglich ist und ob wir uns nicht an der Neugestaltung der gesellschaftlichen Bedingungen beteiligen können, indem wir uns miteinander und füreinander neu entwerfen«. Mit der Frage der Entwicklung einer ethischen Haltung in einer mehr als menschlichen Welt soll unsere Reise zu einer Ethik des Lebens deshalb fortgesetzt werden. Den Handlungsformen der Sorge und des Spiels (siehe S. 98 ff.) kommt dabei eine besondere Bedeutung zu.

Ethik als existenzielle Haltung und Praxis in einer mehr als menschlichen Welt

Nachdem wir uns im ersten Kapitel einen Überblick über die gesamte Reise verschafft haben und im darauffolgenden Kapitel die Normen und Werte kritisch analysiert wurden, die unserer gegenwärtigen Wirtschafts- und Lebensweise zugrunde liegen, soll im Folgenden der Gegenentwurf einer *Ethik für ein gelingendes Leben in einer unsicheren Welt* inhaltlich ausgearbeitet werden. Denn unsichere Zeiten sind auch Zeiten, in denen wir die Chance haben, noch einmal neu darüber nachzudenken, wie wir eigentlich leben, wer wir dabei sein wollen und ob unsere bisherige Lebensweise nicht sogar zu der aktuell bedrohlichen Unsicherheit geführt hat und deshalb verändert werden sollte.

Dieses Kapitel soll die angestrebte Ethik des Lebens *inhaltlich* begründen – und dies nicht rein spekulativ und nur auf das menschliche Miteinander bezogen, sondern in Bezug auf das Leben an sich. Ich werde versuchen zu zeigen, dass die gesamte Natur bzw. das, was wir unsere Wirklichkeit nennen, eine lebendige Potenzialität darstellt und dass menschliches Leben nur als Teil der lebendigen Welt richtig zu verstehen ist. Den Zauber unserer Welt, die wir mit anderen Lebewesen bewohnen, wahrzunehmen, kann uns motivieren, uns ethisch für den Erhalt dieses Lebens zu engagieren. Zum Ende des Kapitels werden dann aus den vorgetragenen Erkenntnissen einige Grundprinzipien einer Ethik in einer mehr als menschlichen Welt abgeleitet.

Neues entsteht in Krisenzeiten

Schalten wir zunächst noch einmal kategorial zurück, um die Frage dieses Kapitels herauszuarbeiten und zu präzisieren. Was zeichnet eine lebendige, funktionierende Kultur aus? Sie hat eine von allen geteilte Vorstellung vom guten Leben (siehe S. 131 ff.). Sie bietet den zusammenlebenden Individuen entsprechende soziale Rollenkonzepte an, mit denen sie sich identifizieren und in denen sie ihre Subjektivität ausbilden können. Sie bietet innerhalb dieser Rollen normative Maßstäbe bzw. Ideale, mit denen die Individuen prüfen können, in welcher Weise sie diese Rollen ausfüllen, d. h., ob sie sie gut oder auch bisher noch unzureichend ausfüllen. Die Ideale haben zugleich motivationale Funktion für ein Streben nach Entwicklung und Verbesserung. Das heißt, innerhalb dieser sozialen Rollen und mit Hilfe der entsprechenden ethischen Normen bilden die Individuen ihre jeweilige Subjektivität aus und gestalten sich zu anerkannten und respektierten Mitgliedern der Gesellschaft. Die einzelnen Individuen subjektivieren sich also innerhalb einer bestimmten gesellschaftlichen Struktur – inklusive der dabei wirksamen ideologischen Mechanismen der Subjektivation/Unterwerfung (siehe S. 79 ff.).

Alles dies kann in unsicheren Zeiten in die Krise geraten, d. h., dass in Zeiten, in denen kulturelle Selbstverständlichkeiten erodieren, die Individuen Schwierigkeiten haben zu bestimmen, wer sie sein wollen und wofür das Leben es wert ist, gelebt zu werden. Das sind dann Zeiten der verstärkten Sinnsuche, in denen allerlei mehr oder weniger tiefsinnige, spirituelle Angebote aufblühen und entsprechende Ratgeberliteratur den Buchmarkt überschwemmt. Dieses Suchen nach Neuorientierung ist aber nicht nur ein individuelles Phänomen, denn es kann beobachtet werden, dass besonders in gesellschaftlichen Krisenzeiten wissenschaftliche Durchbrüche und Neuorientierungen zu verzeichnen sind. Das gilt z. B. für die Krisenatmosphäre, die vor allem in Deutschland nach dem Ersten Weltkrieg herrschte. »Es hat den Anschein, daß zahlreiche junge Physiker jener Zeit und besonders Heisenberg die Einführung neuer begrifflicher Werkzeuge […] als eine ideologische Befreiung begrüßten.«[137] Die Quantenphysik konnte einen Durchbruch feiern. Was für die Naturwissenschaften gilt, passiert ähnlich auch in der Philosophie und den Sozialwissenschaften. Solche Wendepunkte haben dann Folgen, die über die Wissenschaften hinausgehen und die Kultur der ganzen Gesellschaft insgesamt verändern.

Unzweifelhaft zeigt unser westliches Lebensmodell deutliche Zeichen der Erschöpfung – in der Wirtschaft, weil uns die Ressourcen auszugehen drohen, in der Natur, weil der menschenverursachte Klimawandel zu einer Zerstörung unseres Ökosystems führt, sowie im individuellen Leben, weil depressive Störungen zur Volkskrankheit Nummer eins geworden sind. Spätestens seit dem Zweiten Weltkrieg beruht unsere Vorstellung von einem guten Leben nahezu ausschließlich auf Wirtschaftswachstum und materieller Wohlstandsmehrung. Der wirtschaftliche Neoliberalismus der vergangenen dreißig Jahre hat noch einmal versucht, die letzten natürlichen und menschlichen Ressourcen zu kapitalisieren mit erst recht desaströsen Folgen für Natur und Mensch. Ideologisch wurde dieser Prozess begleitet von erhöhten Anforderungen an die Individuen. Leistung sollte sich wieder lohnen, war die Parole, was sich aber für die Masse nicht ausgezahlt hat, wie die extreme gesellschaftliche Spaltung zwischen arm und reich zeigt. Verstärkt wurde dies durch die Anreizung egoistischer Denkformen im Sinne der Werbung der Postbank: »Unterm Strich zähl ich!« Dabei zählte Ichstärke im Sinne individueller Charakterbildung, die auf Selbstwirksamkeitserfahrungen beruht, gerade nicht, vielmehr wurde umfassende Konkurrenz verbreitet, was eher wechselseitiges Misstrauen beförderte. Der Zwang, sich zu individualisieren, führte nicht zu einer individuellen Besonderheit, sondern drückte sich in der Masse darin aus, mehr von den materiellen Gütern haben zu wollen, von denen die Werbung suggerierte, dass man sie besitzen muss. Als in der pandemischen Seuche der Jahre 2020/2021 Solidarität gefordert wurde, zeigte sich, dass auch diese Ressource arg verknappt war. Laut einer repräsentativen Umfrage des Allensbach-Instituts sind 72 Prozent der Deutschen verunsichert und haben mehr Ängste; 71 Prozent sagen, die Aggressivität habe zugenommen, und 52 Prozent machen sich Sorgen, weil Egoismus um sich greife.[138]

Denn ohne eine gesellschaftlich geteilte, substanzielle, d. h. nichtmaterielle, Vorstellung von einem guten Leben, die einen die vereinzelten Individuen übergreifenden Sinnzusammenhang stiftet, erodiert auch die praktische Vernunft. Dass gerade jetzt überall von Ethik und Sinn geredet wird, zeigt vor allem eins: dass sie fehlen! Es sieht also ganz so aus, dass es nicht mehr allzu lange möglich sein wird, unsere ausschließlich auf materiellen Wohlstand fixierte Lebensweise ohne katastrophale Folgen fortzusetzen.

Krisen sind aber nicht nur schwierige Zeiten, sondern auch kritische Wendepunkte im Sinne des griechischen *krinein* = scheiden, trennen. Das heißt, wir können in Krisen unterscheiden lernen, was wir wollen und was wir nicht (mehr) wollen, auch wenn wir nicht zugleich wissen, was wir stattdessen wollen. Wir haben die Chance, uns und unsere Vorstellungen vom guten Leben zu prüfen und zu verändern. Schon mehren sich auch wirtschaftspolitisch die Stimmen, die Kritik am Neoliberalismus, ja am kapitalistischen Wachstumsmodell generell äußern. Kritik am Alten ist zwar noch kein Plan für das Neue, wohl aber seine Voraussetzung. Hier ist *politökonomische Vernunft* gefragt, was ich aber hier nicht weiterverfolgen will, weil dies nicht mein Thema ist. Meine Frage richtet sich stattdessen und dafür grundierend oder mindestens damit korrespondierend auf die *praktische Vernunft,* d.h. auf unsere Vorstellung vom guten Leben und einer damit verbundenen Ethik, die uns helfen kann, Zeiten der Unsicherheit in Richtung auf eine Veränderung unseres gesellschaftlichen und individuellen Lebens zu nutzen. Fest steht allerdings, dass ein moralisches Leben der vielen Einzelnen nur in einer gerechten Gesellschaft wirklich möglich sein wird (siehe S. 131 ff.). Das verweist auf den *Zusammenhang von struktureller und individueller Ethik,* den wir nicht aus dem Blick verlieren sollten, auch wenn der Schwerpunkt der Überlegungen auf der Frage nach individuellen Möglichkeiten einer ethischen Orientierung liegt.

Dieses Kapitel ist ein Versuch, die inhaltlichen Voraussetzungen für ein gutes Leben neu zu bestimmen, um damit diese Ethik für ein Leben in einer unsicheren Welt zu begründen und zur Ausbildung einer entsprechenden ethischen Existenz und Handlungsweise zu motivieren. Später soll es dann darum gehen, die beiden grundlegenden Handlungsformen dieser Ethik zu bestimmen und zu begründen (siehe S. 98 ff.), um schließlich die Struktur eines gelingenden Lebens zu umreißen (siehe S. 123 ff.). Sollen allerdings impliziert Können; wenn wir also glauben, dass Menschen in diesen unsicheren Zeiten neue Wege finden sollten, nicht nur zu überleben, sondern *gut* zu leben, dann muss auch ausgewiesen werden, wie dies möglich sein kann. Die Maßstäbe des Guten müssen zu Maßstäben der *Selbst*steuerung der Individuen werden; dies aber ist kein einmaliger Akt, sondern impliziert eine lebenslange Übung, sich selbst zu einer solchen Person zu formen, also das, was die Griechen *Askese* nannten oder, wie wir heute sagen würden, *Selbstbildung* als lebenslanges Lernen. Nach diesem Verständnis ist die Herausbildung einer ethischen Subjektivität eine endlose Aufgabe.

Die inhaltlichen Voraussetzungen – die Begründung der Ethik in der Natur

Ausgangspunkt der folgenden Überlegungen ist die im ersten Kapitel bereits angeführte Behauptung, dass ein fixer ethischer Regelkanon einer hyperkomplexen und sich ständig ändernden Welt nicht mehr angemessen ist. Empfohlen wurde stattdessen eine allgemeine ethische Achtsamkeit und Situationsangemessenheit. Aber auch diese braucht einen Inhalt, der orientiert, worauf es wert ist zu achten und was dem Leben insgesamt, aber auch jeweils einzelnen Situationen angemessen ist. Eine Ethik braucht deshalb einen Bezugspunkt, eine *inhaltliche Bestimmung,* die diese Orientierung leistet. In Moral und Ethik geht es vor allem um die Frage, wie wir uns – gegenüber anderen und anderem – verhalten sollen. Nahezu alle Moralen und Ethiken verweisen auf den *anderen,* den Mitmenschen, dem unsere Sorge zu gelten hat. Der Dalai Lama[139] schlägt als Orientierungspunkte »compassion« und »discernment« vor, also tätiges *Mitgefühl/Barmherzigkeit* und *Urteilsfähigkeit* hinsichtlich dessen, was zuträglich und abträglich ist. Wir sahen das bereits im ersten Kapitel. Michael Tomasello rekonstruiert *Mitgefühl* und *Gerechtigkeit/Fairness* als zentrale Dimensionen in seiner »Naturgeschichte der menschlichen Moral«[140]. Im Prozess der Herausbildung des Menschen lernte dieser Mitgefühl im gemeinsamen Leben in Familien oder Gruppen, in denen die Einzelnen nur verbunden mit den anderen eine Überlebenschance hatten. Ein Empfinden für die Notwendigkeit von Gerechtigkeit/Fairness hat sich im kooperativen Verhalten, z. B. bei der Jagd, entwickelt, wo es auf alle in unterschiedlichen Funktionen (Treiber/Jäger) ankommt und alle daher einen Anspruch auf den gleichen Anteil an der Jagdbeute haben. Bei Hans Jonas[141] haben wir Verantwortung für die Zukunft und für die Generationen nach uns zu tragen. Pat Kane[142] schlug als zentrale ethische Dimensionen *play* und *care,* also *Spiel* und *Sorge,* vor – dem bin ich im ersten Kapitel weitgehend gefolgt und dies wird im folgenden Kapitel wieder aufgenommen. Im Kern geht es bei allen diesen Vorschlägen immer um die Sorge für andere, auch wenn das Sorgekonzept um den Gedanken der Selbstsorge und der Sorge um die Welt erweitert wird. Und alles Sorgen und Kümmern – ob nun um mich, den anderen oder die Welt oder um alles drei –, wenn es explizit zum Thema gemacht wird und nicht organisch in funktionierende Lebensformen wie familiärer Fürsorge eingebunden ist, geht implizit davon aus, dass irgendeine Beeinträchtigung oder ein Schaden vorliegt, für dessen Behebung wir eben Sorge zu tragen haben. Das ist sicher gut und richtig, aber immer liegt dabei die Motivation für ein ethisches Sorgeverhalten gewissermaßen in etwas Negativem, das verbessert oder behoben werden muss – selbstverständlich zum Wohle aller, aber dies Wohl liegt in einer noch nicht eingetretenen Zukunft und ist vielleicht auch noch zu sehr auf die Menschen als einzigem Bezugspunkt beschränkt. Gibt es keine Verankerung von Moral und Ethik im Erleben von etwas Positivem in der Gegenwart?

Der Blick auf den aktuellen Zustand unserer Welt war auch zunächst auf die Bedrohungen und Katastrophen gerichtet, wie sie uns täglich durch die Medien ins Haus und ins Bewusstsein gespült werden und die die umfassende Unsicherheit des individuellen und gesellschaftlichen Lebens ausmachen. In der Zeit, in der dieses Buch entstanden ist, beherrschte eine weltweite Viruspandemie das öffentliche und private Leben, die mit ihren täglichen in die Hunderttausende gehenden neuen Infektionszahlen, den unzähligen Schwererkrankten und den Millionen Toten, den entsprechenden Überlastungen der Gesundheitssysteme und den aus allem folgenden Beschränkungen für Privathaushalte und Unternehmen an dystopische Zustände aus Sience-Fiction-Filmen erinnert. Ist das Leben also nur grau, kalt und freudlos?

Max Weber[143] hatte bereits zu Beginn des 20. Jahrhunderts die Moderne als einen Prozess und einen Zustand der Entzauberung beschrieben, in dem alle Wunder, alle Spiritualität und aller Aberglauben aus der Lebenswelt der Menschen durch kalte Rationalisierung vertrieben wurden und der die materielle Welt instrumentell beherrscht, aber sinnentleert zurückgelassen hat. Wie kann aber eine kalte, durchrationalisierte und sinnentleerte Welt voller Katastrophen eine Haltung hervorbringen, die sich nicht enttäuscht oder sogar zynisch abwendet, sondern sich in kreativem Spiel und liebender Sorge für die Natur und für das solidarische Zusammenleben der Geschöpfe der Welt aktiv gestaltend zuwendet? Auf welche Ressourcen können wir zurückgreifen, um die Kraft zu finden, uns gegen Nihilismus zu wappnen und für ein ethisches Engagement zu motivieren? Gerade in unsicheren Zeiten braucht eine Ethik einen inhaltlich definierten Bezugspunkt, der begründet, was es wert ist zu schützen bzw. wofür es wert ist zu leben und zu kämpfen. Wenn die Welt uns überwiegend negativ gegenübertritt, braucht Ethik ein Erleben von *Positivem,* das uns stärkt und motiviert. Jane Bennett[144] nennt diesen positiven Bezugspunkt ihrer Ethik »Enchantment«, also Verzauberung, Bezauberung, Entzücken, die es ihrer Meinung nach auch in unserem modernen Leben gebe und die uns mit der Welt und dem Leben liebend verbinde.

Der Zauber des modernen Lebens

»[Y]ou have to love life before you can care about anything«, schreibt Jane Bennett daher gleich zu Beginn ihres Buches »The Enchantment of Modern Life«[145]. Ihr Buch ist eine alternative Gegenerzählung gegen den Entzauberungsdiskurs, wie er von Max Weber[146], Hans Blumenberg[147], Simon Critchley[148] und anderen Säkularisierungstheoretikern erzählt wird. Bennett behauptet, dass unsere Welt niemals völlig durchrationalisiert worden sei und auch niemals vollständig instrumentell beherrscht werden könne, dass es im Gegenteil trotz aller emotionalen Kälte und Sinnlosigkeitserfahrungen und trotz aller Probleme und Schrecklichkeiten immer noch bezaubernde, entzückende und bewundernswerte Aspekte (»moments of enchantment«) in dieser Welt gebe, die uns sinnlich affizieren und emotionale Kräfte freisetzen können, um sich in dieser Welt im Sinne einer ethischen Großzügigkeit zu engagieren. Die Welt wurde nicht entzaubert, der Zauber hat nur seine Form geändert, ist ihre These. Diesen Zauber gilt es zu erkennen, das Staunen wieder zu lernen, das Schöne und Erhabene sensibel wahrzunehmen, um verbunden und aktiv in und mit der Welt leben zu können. Bennett erkennt diesen quasi magischen Zauber der gegenwärtigen Welt nach wie vor in Naturerscheinungen, aber auch in der Technik, in den vielfältigen

Natur-Kultur-Hybriden, in den Künsten sowie in der nanotechnologischen Mikrophysik – und im unerwarteten Zauber alltäglicher Begegnungen und Erfahrungen. »[T]he more aware of wonder one is – and the more one learns to cultivate it – the more one might be able to respond gracefully and generously to the painful challenges posed by our condition as finite beings in a turbulent and unjust world. An enchantment tale disrupts the apocalyptic tenor of the news and the despair or cynicism that it breeds. Because the news media cultivate a crisis mentality, it is important to heighten awareness of our profound – and empowering – attachment to life.«[149]

Das emotionale Gestimmtsein, das Bennett *enchantment* nennt, entsteht vordergründig in überraschenden Begegnungen, im Aufscheinen von etwas, was man nicht erwartet hatte, das Entzücken oder Verstörung oder eine Kombination aus beidem hervorruft und auf das man nicht vorbereitet ist, um routiniert darauf zu reagieren. »Enchantment is a mood of lively and intense engagement with the world, and I have been thinking about how it plays into an ethical comportment of generosity toward others. Enchantment consists of a mixed bodily state of joy and disturbance, a transitory sensuous condition dense and intense enough to stop you in your tracks and toss you onto new terrain and to move you from the actual world to its virtual possibilities.«[150] Dieses widersprüchliche Gefühl der Verzauberung (»enchantment«) aus Freude und Verstörung (»joy and disturbance«) erinnert an Kants Theorie des Erhabenen, welches »Wohlgefallen« und »Grausen« erregt.[151] Bei Adorno erscheint »die Erfahrung des Erhabenen dann als Selbstbewußtsein des Menschen von seiner Naturhaftigkeit«, die etwas von der Versöhnung mit der Natur antizipiert.[152]

Verzauberung ist ein Gefühl der umfassenden Verbundenheit im momentanen Bejahen unserer Existenz, ein Gefühl, dass es gut ist zu leben. In solchen Momenten erleben wir uns aufgehoben als Teil der Welt, unsere kritische Rationalität tritt in den Hintergrund, und wir genießen die Fülle, die das Leben zu bieten hat. Wahrnehmung mit allen Sinnen ist für die Erfahrung von Verzauberung zentral, sie ist verbunden mit dem Erleben von Formen, Farben und Texturen, von Geschmäckern, Geräuschen und Gerüchen. Die Bereitschaft, sich durch Erscheinungen unserer Welt verzaubern zu lassen, kann man kultivieren, und Bennett sieht darin die Voraussetzung der Bereitschaft, sich ethisch in der Welt zu engagieren. Hier gibt es eine Verbindung zur *Selbstüberraschungsfähigkeit*[153], die darin besteht, die eigene Wahrnehmung für Unerwartetes zu öffnen (siehe S. 29 ff.). Man könnte auch einen Zusammenhang mit dem Prinzip der *Serendipität*[154] herstellen, womit zufällige Beobachtungen von etwas ursprünglich nicht Gesuchtem bezeichnet werden, die sich dann als weiterführende neue Entdeckungen erweisen.

Die zauberhafte Welt der dynamischen Materie

Hinter der Vorstellung einer nach wie vor verzauberten, entzückenden Welt steht eine Weltsicht – eine von Bennett[155] so genannte »weak ontology« –, wie sie im sogenannten *new materialism* der feministischen Forscherinnen um Donna Haraway[156], Karen Barad[157] und Jane Bennett[158] auf der Basis der modernen Mikrophysik ausgearbeitet wurde. Schwach wird diese Ontologie deshalb genannt, weil es nicht um Aussagen über die *Welt,* sondern um *Aussagen* über die Welt geht. Der in dieser schwachen Ontologie beschriebene Grundgedanke, dass unsere Welt im Kern aus einer dynamischen Potenzialität besteht, ist allerdings kein neuer Gedanke, denn bereits Lukrez hatte sich von einer diesseitigen Welt ohne Götter verzaubern lassen.

Lukrez[159] hatte in seinem ca. 55 v. u. Z. entstandenen Prosagedicht »Über die Natur der Dinge« eine monistisch-materialistische Auffassung formuliert, in der die Natur selbstorganisiert ohne das Eingreifen von Göttern funktioniert. Lukrez ging es darum, seinen Mitmenschen die Glücksethik von Epikur[160] nahezubringen, um ihnen die Angst vor den Göttern und dem Tod zu nehmen und ihnen ein Leben in innerer Ruhe *(Ataraxia)* zu ermöglichen. Gemäß Lukrez entwickelt sich die Welt ohne Hilfe der Götter, denn: »Nichts kann je aus dem Nichts entstehn durch göttliche Schöpfung.«[161] Lukrez will durch sein Aufklärungsdokument die innere Seele der Menschen reinhalten vom Aberglauben und »von der Schmach religiöser Glaubensbefleckung«[162].

Nach seiner Auffassung ist alles Bestehende aus unendlich kleinen, nicht sichtbaren, farb-, geschmacks- und geruchlosen Urelementen zusammengesetzt, in die auch alles in einem ewigen Entstehen und Vergehen wieder zerfällt. Diese Urelemente oder Atome zeichnen sich durch ein inneres Schwirren und wechselseitige Bewegung aus, sie haben unterschiedliche Formen (rund, eckig etc.) und unterschiedliche Texturen (glatt, rau etc.). Sie bewegen sich absichtslos durch die Leere des unendlichen Raumes, wo sie zusammenstoßen und sich gemäß ihren Eigenschaften zu unterschiedlichen Dingen und Erscheinungen – körperliche Dinge, aber auch Phänomene wie Winde und Feuer und sogar zu nicht sichtbaren Gedanken und Gefühlen bzw. zu Geist und Seele – verbinden. »Denn nicht mit Absicht haben die Urelemente der Dinge / Jedes der Reihe gemäß sich zusammengeordnet mit Spürsinn / Oder durch einen Vertrag die Bewegungen sämtlich vereinbart, / Sondern da viele von ihnen auf vielerlei Weise sich ändernd / Aus dem Unendlichen schwirren, wenn Stöße sie jagen, durch's All hin, / Kommen sie, allerlei Art der Bewegung und Bindung versuchend, / Endlich dabei wohl auch zu solchen Gestaltungen, wie sie / Unser bestehendes All zu seiner Erschaffung bedurfte«[163].**

Alles, was besteht, ist also durch bestimmte Verbindungen der Urelemente zusammengesetzt, deren Verbindung sich aber auch wieder auflöst, um zu Verändertem oder Neuem zusammenzufinden. »Mit den Dingen nun selbst stehts ebenso: wenn sich des Urstoffs / Ordnung, Lage, Gestaltung, Zusammenstoß und Bewegung / Ändern, dann müssen zugleich die Dinge sich selber verändern.«[164] Hierin ist bereits der Gedanke einer absichtslosen und zufälligen Evolution der Welt zu erkennen. »Überdies ist die Schöpfung der Welt ein natürlicher Vorgang, / Da sich die Keime der Welt von selbst und durch Zufall begegnen.«[165] »So wird unaufhörlich das eine entstehn aus dem andern.«[166] »Dazu kommt, daß Mutter Natur in die Urelemente / Wiederum alles zerstreut und Nichts in das Nichts wird vernichtet.«[167] »Völlig verschieden sie binden und ewiglich dauert der Urstoff«[168] – gewissermaßen ein früher thermodynamischer Satz zur Erhaltung der Energie – der gesamte Kosmos ein immerwährendes Werden und Vergehen.

** Der Slash / verweist jeweils auf den Zeilenumbruch des Prosagedichtes.

Der Mensch ist Teil des ewigen Entstehens und Vergehens der gesamten Natur; so wie er geboren wird, muss er auch wieder sterben und dient mit seiner Auflösung wieder der Entwicklung von anderem. »Nichts bleibt immer sich gleich: es wechselt und wandelt sich alles; / Alles verändert und zwingt die Natur zu steter Verwandlung. / Denn wenn das eine verfault und vor Altersschwäche dahinsiecht, / Wächst gleich andres empor und entsteigt dem verachteten Dunkel.«[169] Weil auch nichts von seiner vorübergehenden Existenz erinnerungsfähig übrigbleibt, braucht der Mensch den Tod nicht zu fürchten. »Da nun der Tod dies aufhebt und die Person nicht / Existieren mehr kann, die Übel zu treffen vermöchten, / Lernt man daraus, daß im Tode wir nichts mehr haben zu fürchten«.[170]

Mit diesen Schlussfolgerungen ist Lukrez wieder ganz bei seinem Lehrmeister Epikur, der in seinem Brief »An Menoikoeus«[171] seine auf einer materialistischen Physik aufbauende philosophische Ethik dargestellt hat. Auch Epikur ging bereits von der Selbstorganisation der Natur ohne Schöpfung durch Götter aus. Er unterschied das Notwendige des unberechenbaren Zufalls, für das wir nicht verantwortlich sind, von dem, was unserem Einfluss unterliegt. Er lehrte, »dass man nicht lustvoll leben kann, ohne vernünftig, anständig und gerecht zu leben, und dass man nicht vernünftig, anständig und gerecht leben kann, ohne lustvoll zu leben«[172]. Wir sollen daran denken, dass wir »die Zukunft weder ganz noch teilweise in unserer Gewalt haben«[173], damit wir das, was unserem Einfluss unterliegt, mit Bedacht gestalten und genießen, und das, was sich uns entzieht, frei von innerer Unruhe hinnehmen. Das Leben lustvoll genießen und den Tod nicht fürchten, ist Epikurs Rat »für das anständige Leben wie für das anständige Sterben«[174].

Diese 2500 Jahre alte Physik von Epikur/Lukrez ist erstaunlich modern und kommt schon damals ohne ein Meta, d. h. ohne ein Jenseits, aus. Das Weltall ist unendlich und überall vom selben atomaren Urstoff durchzogen; für Götter gibt es bei Lukrez keinen Platz. »Weiter nun muß man gestehn, daß es nichts gibt außer dem Weltall; / So gibt‹s auch kein Äußerstes hier, kein Maß und kein Ende«[175], die Natur betätigt »selbständig in allem sich ohne die Götter«[176].

Die Wirklichkeit als lebendige Potenzialität

Lukrez nannte den Existenzzustand des Urstoffs inneres Schwirren und wechselseitige Bewegung. Exakt diese Beschreibung wird nun durch die Erkenntnisse der avancierten Naturwissenschaft bestätigt. Auch hier wird die gesamte Wirklichkeit als lebendige Potenzialität gesehen.

Der Physiker und Chemiker Ilya Prigogine und seine Mitarbeiterin Isabelle Stengers haben Selbstorganisationsprozesse in offenen Systemen fern von Gleichgewichtszuständen erforscht, die anders reagieren als die stabilen Systeme, wie sie in der klassischen Physik untersucht werden. In ihrem gemeinsamen Buch »Dialog mit der Natur«[177] stellen sie die Ergebnisse ihrer Forschungen, für die Prigogine 1977 den Nobelpreis erhalten hat, vergleichsweise allgemeinverständlich dar. Sie beschreiben, dass nicht nur in lebenden Systemen wie Zellen, sondern z. B. auch in hochdynamischen Systemen der Thermodynamik oder in der Meteorologie die Materie sich *aktiv und selbstorganisiert* verhält.[178] Dabei nehmen sie explizit auf Lukrez Bezug[179], indem sie bestätigen, dass Turbulenzen, die auf der makroskopischen Ebene irregulär und chaotisch erscheinen, auf der mikroskopischen Ebene hochgradig organisiert sind. Es geht um Ordnung aus Chaos, so wie es Lukrez bereits mit seinem Schwirren der Urelemente, die durch Zusammenstoß unsere Welt bilden, beschrieben hatte. In instabilen Systemen wird eine mikroskopische Schwankung verstärkt, bis sie das ganze System erfasst und neue Ordnungen entstehen. »Deshalb haben wir den Begriff der ›dissipativen Struktur‹ eingeführt, um die zunächst durchaus paradoxe enge Verbindung zu betonen, die zwischen Struktur und Ordnung einerseits und Dissipation und Unordnung andererseits bestehen kann.«[180] Dissipative Strukturen sind eine Form supramolekularer Organisation, die fern vom Gleichgewicht dadurch entsteht, dass zunächst kleine Schwankungen sich gegenseitig so weit verstärken, dass ein Wende- oder Kipppunkt erreicht wird, an dem sich eine neue Struktur herausbildet. »Das Konzept der Ordnung durch Schwankung verwirft das statische Universum der Dynamik zugunsten einer offenen Welt, in der durch die Aktivität Neues entsteht, in der Entwicklung Innovation, Schöpfung und Zerstörung, Geburt und Tod bedeutet.«[181] »So weit sind wir vom ›clinamen‹ [dem

Schwirren, der geringfügigen Abweichung] des Lukrez nicht entfernt.«[182]

Der Physiker Hans-Peter Dürr[183], früher Mitarbeiter von Werner Heisenberg und später mehrfach geschäftsführender Direktor des Max-Planck-Instituts für Physik und Astrophysik, resümiert die Erkenntnisse der Quantenphysik in ähnlicher Weise: »[E]s gibt die Materie im Grunde nicht mehr. Es gibt letzten Endes nur noch eine Art Schwingung. Es gibt, streng genommen, keine Elektronen, es gibt keinen Atomkern, sie sind eigentlich nur Schwingungsfiguren.« »Eigentlich sollte ich überhaupt nicht vom ›A-tom‹ oder einem Mikro-Teilchen sprechen, das gibt es ja gar nicht mehr. Ich sollte vielmehr von der Vorstellung eines ›Passierchens‹ – etwas, das passiert, etwas Prozesshaftes – oder eines ›Wirks‹, einer kleinen Wirkung ausgehen. Das deutsche Wort ›Wirkung‹ für die Wirklichkeit ist ja viel besser als das der ›Realität‹.«[184]

Unsere Wirklichkeit besteht nach diesen Erkenntnissen also nicht – wie man noch in der klassischen Physik glaubte – aus unendlich kleinen toten Bausteinen, sondern ist ein Prozess in ständiger Bewegung und Veränderung. Auf Werner Heisenberg geht die Erkenntnis zurück, dass Atome keine Dinge sind, sondern die Möglichkeit, die Dinge, aus denen die Welt besteht, entstehen zu lassen. »Atome *haben* kein Aussehen, wie er keck annahm, sie *bekommen* ein Aussehen, und zwar durch die Physiker, die dabei als Künstler tätig werden und den Atomen eine Gestalt geben, mit deren Hilfe sie sich verstehen lassen.«[185] In der Quantenmechanik kann man jedenfalls keine Aussagen über irgendein Teilchen – z. B. ein Elektron – machen, bevor es beobachtet wird. Die Quantenphysikerinnen und -physiker sind sich im Wesentlichen über die Wellenförmigkeit der Materie einig. Erst durch technische Beobachtungsapparaturen erscheint die Materie als Teilchen.[186] Nie kann man aber Lage und Impuls eines Teilchens zur gleichen Zeit bestimmen. Das war die Erkenntnis Heisenbergs[187], die zur Formulierung seiner *Unbestimmtheitsrelation* geführt hat. Wenn ein Teilchen aber beobachtet wird, ist das, was wir zu sehen bekommen, von den Instrumenten und der Methode der Untersuchung bereits beeinflusst. Wir sehen also nie die Wirklichkeit, sondern immer nur ein technisches Bild, das wir uns von ihr gemacht haben. »Ein isoliertes Teilchen gehört nicht zur physikalischen Wirklichkeit. Es bleibt sinnlos, von seinem Zustand zu sprechen. Es hat gar keinen.«[188] Das Ganze – die Welt – ist daher nichts Starres, sondern befindet sich ständig in Bewegung. Dass wir unbewegliche Dinge wahrnehmen, liegt nur daran, dass wir nicht die Sensibilität und Wahrnehmungstiefe haben, um das Schwirren im subatomaren Bereich zu registrieren. Das Universum ist ein ungeteiltes Ganzes in einem dahinströmenden Fluss.[189]

Alles steht irgendwie mit allem in Verbindung, und es sind diese Verbindungen, aus denen alles entsteht. »Wenn aber das Wesentliche sich immateriell im Dazwischen abspielt, dann geht es uns bei der Analyse abhanden und fehlt uns aus Unkenntnis bei der nachfolgenden Synthese. Die Quantenphysik zeigt uns nun gerade das: Es gibt im Grunde nichts, was man greifen kann, sondern nur das, was dazwischen ist!«[190] Dürr spricht von einem *urlebendigen Dazwischen-Beziehungsgefüge einer sich ständig ändernden, lernfähigen Potenzialität.*[191] »Im Urgrund oder an der Urquelle ist etwas, das dem Lebendigen viel ähnlicher ist als der Materie. Es ist nämlich alles im ewigen Wandel, und es ist nur der Wandel, der sozusagen das Bauelement ist, und nicht ein Etwas, was verwandelt wird. Das Etwas gibt es gar nicht.«[192] Welche Bedeutung die Tatsache, dass unsere Wirklichkeit lebendige Potenzialität ist, für die Ethik hat, wird im folgenden Kapitel weiter ausgeführt.

Die Quantentheorie zeigt uns eine verschränkte, ganzheitliche Welt physikalischer Wechselwirkung, deren analytische Zerlegung in beobachtbare Teilchen gewissermaßen ein Artefakt der Beobachtung ist. Je nach Fragestellung des Physikers, seiner bei der Untersuchung verwendeten Methode und Technik werden wir also immer wieder neue Ansichten des Universums entdecken. Was feststeht, ist, dass unser Universum nur als Ganzes verstanden werden kann – ein Ganzes, dessen Teil wir sind. Wir sind allerdings kein passiver Teil, sondern eher ein *aktiver Teilnehmer,* d. h., unsere Handlungen beeinflussen das Ganze und wirken dadurch auf uns zurück. »Ich bin nicht ein Teil, sondern ein Beteiligter. Wir sind nicht nur passiv Teilnehmer und Teilhabende, sondern wegen der originär lebendigen, kreativen Form der Wirklichkeit auch Mitwirkende.«[193] Dieser Mitwirkungsstatus ist es, der uns verantwortlich macht und uns ethisch zu einem sorgenden Handeln gegenüber dem Ganzen verpflichtet. Im Prinzip stehen wir mit der ganzen Welt im Dialog. Die Welt ist ein selbstorganisierter, schöpferischer, kreativer Prozess, und wir sind Mitschöpfer.

»Es gibt keine Teilchen, die unzerstörbar sind, die mit sich selbst identisch bleiben, sondern wir haben ein ›feuriges Brodeln‹, ein ständiges Entstehen und Vergehen. In jedem Augenblick wird die Welt neu geschaffen, aber im Angesicht, im ›Erwartungsfeld‹ der abtretenden Welt. Die alte Potenzialität in ihrer Ganzheit gebiert die neue und prägt neue Realisierungen, ohne sie jedoch eindeutig festzulegen. In diesem andauernden Schöpfungsprozess wird ständig ganz Neues, Noch-nie-Dagewesenes geschaffen. Alles ist daran beteiligt. Das Zusammenspiel folgt bestimmten Regeln. Physikalisch wird es beschrieben durch eine Überlagerung komplexwertiger Wellen, die sich verstärken und schwächen können. Es ist ein Plus-Summen-Spiel, wo Kooperation zur Verstärkung führt.«[194]

Auf diesen Erkenntnissen der modernen Quantenphysik baut der bereits angeführte *new materialism* mit seiner entsprechenden Ethik auf. Der Materie wird eine grundsätzliche Wirkkraft – ein Vibrieren (»vibrant matter«[195]) – zugeschrieben, das zu den unterschiedlichsten Verbindungen führt. Die entscheidende Wirkkraft (»agency«[196]) wird dabei so genannten *Assemblagen* zugeschrieben, die aus Humanem und Nichthumanem zusammengesetzt sind, ohne verschmolzen zu sein. »On close-enough inspection, the productive power that has engendered an effect will turn out to be a confederacy, and the human actants within it will themselves turn out to be confederations of tools, microbes, minerals, sounds, and other ›foreign‹ materialities.«[197] Es wird eine Verwandtschaft von Humanem und Nichthumanem angenommen, die selbst uns und unsere Körper betrifft, die von einer unzähligen Menge mikroskopischer Lebewesen bevölkert sind. Was letztlich zu welchem Anteil für eine Wirkung ursächlich ist, ist kaum im Einzelnen zu bestimmen. Vielmehr sind es die kontingenten Muster, die in den Assemblagen entstehen und eine entsprechende Wirkkraft entfalten. Bei diesem Gedanken schließen sich die neuen Materialistinnen Bruno Latour[198] an, der mit dem Begriff des Netzes arbeitet und die Assoziierung von Menschen, nichtmenschlichen Wesen, Dingen und Technologien als

»Kollektiv« bezeichnet.[199] Dabei wird auch deutlich, dass Elemente nicht die Relationen, sondern die Relationen den jeweils spezifischen Charakter der Elemente bestimmen. Das gilt auch für die Menschen, die ebenfalls ihren Charakter und ihre Eigenschaften nicht substanziell mit sich herumtragen, sondern erst in und durch ihre unterschiedlichen Beziehungen erhalten, realisieren und verändern.

Diese Sicht führt nicht zu einem Verlust der Verantwortlichkeit individuellen Handelns, denn »the ethical responsibility of an individual human now resides in one's response to the assemblages in which one finds oneself participating«[200]. Ein entsprechendes ethisches Selbst würde veränderte mikropolitische und mikrosoziale Praktiken gegenüber Humanem und Nichthumanem erfordern, einen sorgenden Umgang mit Menschen, Tieren, Pflanzen, Dingen, Kulturen und Techniken. »One moral of the story is that we are also nonhuman and that things, too, are vital players in the world. The hope is that the story will enhance receptivity to the impersonal life that surrounds and infuses us, will generate a more subtle awareness of the complicated web of dissonant connections between bodies, and will enable wiser interventions into that ecology.«[201] Natur und Dingwelt wären damit nicht mehr Objekt, sondern Teil menschlichen Handelns. Tendenziell zerstörerische Eingriffe in die Natur beschädigen nicht nur diese, sondern auch uns. Unachtsamkeit bezüglich der Qualität der Dinge, die uns umgeben, ist daher ein sicheres Zeichen der Verantwortungslosigkeit des Menschen in seiner Welt.[202] Der Ausgangspunkt der Ethik ist daher die menschliche Teilhabe an der lebendigen, mehr als menschlichen Wirklichkeit. »The ethical task at hand here is to cultivate the ability to discern nonhuman vitality, to become perceptually open to it.«[203] Diese Fähigkeit umfasst sowohl intellektuelle als auch ästhetisch-sinnliche Wahrnehmungen und Erkenntnisse. Ein wichtiger Aspekt eines solchen kognitiv-ästhetischen Wahrnehmungsvermögens ist ein spielerisch-kreativer und achtsam-sorgender Umgang mit uns und unserer Welt (siehe S. 98 ff.).

Das Entscheidende – und für die Ethik ebenfalls Relevante – ist, dass die kartesianische Trennung von Materie und Geist naturwissenschaftlich überwunden wurde. Die gesamte Natur ist gewissermaßen mit Geist begabt. Lebendigkeit ist keine Eigenschaft, die erst hochorganisierter Materie zugesprochen werden kann, sondern ein Impuls, der der Materie an sich eigen ist. Deshalb konnte auch Dürr[204] behaupten, dass der kosmische Urgrund dem Lebendigen ähnelt (zum Lebendigen siehe S. 73 ff.).

Pflegschaft des Lebens – die Begründung der Ethik in der Natur

Menschlichem Handeln wird in Abgrenzung zu bloßem Verhalten Bewusstsein und Intentionalität unterstellt. Handeln ist immer auf etwas gerichtet, das erreicht oder auch nur vermieden werden soll. Dieses Handeln ist ohne einen Begriff des *Guten* respektive des *Schlechten* nicht denkbar. Auf jeden Fall spielt eine wie auch immer konkrete Vorstellung dessen, was für den Handelnden gut ist, eine entscheidende motivationale Rolle. Intentionales Handeln richtet sich immer auf ein Gut – und mag es das des kurzfristigen egoistischen Vorteils sein. Handeln muss sich daher begründen, wenigstens rechtfertigen können – und sei es nur vor dem Handelnden selbst. Wenn schon Handeln an sich im Prinzip begründungsfähig sein muss, dann erst recht ein moralisch richtiges vor dem Angesicht der anderen bzw. des anderen, deren und dessen Wohl das Ziel des Handelns ist. In der philosophischen Ethik gipfelt die Suche nach dem richtigen Gut in einem *summum bonum* – einem höchsten Gut, das das ethisch richtige Handeln begründen kann (siehe S. 90 ff.). Die gute Absicht ist die Absicht zum Guten, selbst wenn es nicht erreicht wird. Welches höchste Gut, das genügend Motivationskraft für aktives ethisches Engagement hat, kann die in diesem Buch entwickelte Ethik also aufbieten?

Antikes philosophisches Denken, das wurde am Beispiel Lukrez aufgezeigt, hielt den Kosmos als Ganzen für lebendig. Es waren erst die frühmodernen Naturwissenschaften, die damit Schluss machen. Materie wurde jetzt als leblos und träge betrachtet, *res extensa* und *res cogitans* wurden getrennt.[205] Materie und Geist gehörten nun zu verschiedenen Seinsformen, deren Zusammenhang bzw. das Entstehen des Letzteren aus dem Ersteren nicht geklärt werden konnte. Mit den Erkenntnissen der Quantenphysik löste sich der Klötzchencharakter der Materie zugunsten der Vorstellung einer energetischen Potenzialität auf. Das sogenannte Doppelspaltexperiment von Heisenberg[206] zeigte, dass über ein Elektron im unbeobachteten Zustand keine Aussagen gemacht werden können, dass es quasi nicht existiert. Wird es aber beobachtet, z. B. durch den Beschuss mit einem Photon, dann gerinnt die Potenzialität des Elektrons zu einem eindeutigen Zustand, der Möglichkeitscharakter der Materie ist zugunsten eines bestimmten Zustands aufgehoben. Es kann dann nicht mehr als Welle, sondern nur noch als Teilchen beobachtet werden. Das führte dazu, dass die Materie unseres Universums nicht mehr als leblose, träge Masse beschrieben wurde, sondern als »feuriges Brodeln«[207] oder »vibrant matter«[208] oder dahinströmender Fluss[209] – jedenfalls als etwas, das dem Leben ähnlicher ist als dem Leblosen. Materie wird heute als mit einem Impuls begabt betrachtet, einer inneren Bewegung – oder besser formuliert: Materie wird also als Bewegung betrachtet. Die Materiebewegungen führen nun nach Ansicht des neuen Materialismus durch die unterschiedlichsten Relationierungen zu sogenannten *Assemblagen,* denen die entscheidende Agentialität (»agency«) im Sinne des Hervorrufens von Wirkungen zukommt. Menschliches Leben ist einerseits selbst eine Assemblage unterschiedlicher Materieformen, andererseits sind menschliche Individuen wiederum Teil umfassender Assemblagen aus natürlichen, technischen und kulturellen Elementen. Gelegentlich können Individuen sich entscheiden, an welchen Assemblagen sie teilnehmen wollen, aber immer partizipieren sie an anderen Assemblagen, denen sie sich nicht entziehen können und bei denen sie verantwortlich für die Art ihrer Beteiligung sind. Der Mensch – also jeder und jede Einzelne von uns – ist Teil der Natur und Teilnehmerin am kosmischen Prozess des Werdens und Vergehens. Unsere ethische Verantwortlichkeit ist damit aber nicht aufgehoben, sondern bezieht sich auf die jeweiligen – moralisch richtigen – Beiträge innerhalb der Assemblagen, denen wir jeweils situativ angehören.

Damit sind wir wieder bei der Frage nach dem ethischen *summum bonum* angekommen, das die moralisch richtigen Beiträge individuellen Handelns begründen und motivieren kann. Wenn also Materie selbst in ihren niedrigsten Formen etwas wie auch immer Geistiges enthält, wenn Materie in jeglicher Form also als lebendig betrachtet werden kann, dann ist *Leben in jeder Form das höchste ethische Gut* (siehe S. 72 ff.). Es sind nicht gerade exakt diese Gedanken, aber doch sehr ähnliche, die Hans Jonas[210] dazu bewogen haben, die ethische Grundlage des menschlichen Sollens aus der philosophischen Spekulation in die Natur des Seins zurückzuverlegen. In seiner biologisch-philosophischen Revision der Idee der Natur, in der zwar nicht alle Materie als lebendig angesehen, aber jede – auch die niedrigste – organische Lebensform als mit Geist begabt betrachtet wird, ist *der Mensch als bewusster Teil der Natur* derjenige, dem die *Pflegschaft des Seins* aufgetragen ist. Dieser Anspruch erinnert an die im ersten Kapitel angesprochene und im Kapitel »Sorge und Spiel – die beiden grundlegenden Handlungsformen der Ethik in einer unsicheren Welt« ausgeführte Sorgekonzeption von Martin Heidegger[211], mit dem Unterschied, dass Jonas diese ethische Position des Menschen *naturwissenschaftlich* und nicht nur philosophisch begründet. *Das summum bonum der Ethik ist die Pflege des Lebendigen in jeglicher Form;* daraus resultiert die von Bennett und anderen geforderte Achtsamkeit im Umgang mit Menschen, Tieren, Pflanzen, Dingen, Kulturen und Techniken – eben mit allem, was unseren Kosmos im Kleinen wie im Großen ausmacht. Die Pointe einer solchen *im natürlichen Sein begründeten Ethik* ist, dass sich Ethik nicht mehr auf zwischenmenschliches Verhalten reduzieren lässt, sondern unser menschliches Handeln in Bezug auf die Natur bzw. die Welt als Ganze umfasst. Damit erfordert die Ethik eine *Veränderung unseres Subjektstatus,* der sich traditionell als außerhalb der Natur verortet, zum Teilnehmerstatus am Prozess des Entstehens und Vergehens des Lebendigen. »Von daher würde sich ein Prinzip der Ethik ergeben, das letztlich weder in der Autonomie des Selbst noch in den Bedürfnissen der Gesellschaft begründet wäre, sondern in einer objektiven Zuteilung seitens der Natur des Ganzen […] – von solcher Art, daß noch der Letzte einer sterbenden Menschheit ihr in seiner letzten Einsamkeit die Treue halten könnte.«[212]

Einige Grundprinzipien einer Ethik in einer mehr als menschlichen Welt

Im ersten Kapitel wurde bereits erwähnt, dass insbesondere eine Ethik, die auf einen fixen Moralkodex verzichtet, bestimmter Prinzipien zur Orientierung bedarf, deren inhaltliche Grundlage soeben ausgeführt wurde. Selbstverständlich dürfen keine konkreten Handlungsweisen vorgeschrieben werden, das würde der offenen Entwicklungsstruktur der Welt widersprechen. Dennoch bedarf die aus einem naturwissenschaftlichen Weltbild abgeleitete ethisch verantwortliche Pflegschaft des Lebendigen einer Konkretisierung. An welchen Prinzipien unterhalb der allgemeinen Aufforderung zum pfleglichen Verhalten *(caring)* könnte man sich orientieren, um das, was in einzelnen Situationen zu tun und zu lassen ist, zu begründen?

- Wenn Menschen der Natur nicht herrschaftlich übergeordnet, sondern Teil und Beteiligte einer einzigen ganzen Wirklichkeit sind, ist auch das Ganze der Gegenstand der Ethik. Achtsames und sorgendes Handeln beschränkt sich nicht nur auf den Mitmenschen, sondern umfasst das Lebendige an sich, und das meint – im Sinne des neuen Materialismus – auch Tiere, Pflanzen und natürliche wie künstliche Dinge.
- Wenn alles, was entsteht, durch und innerhalb von Relationen entsteht, dann wäre eine erste ethische Konsequenz, mehr Wert auf Beziehungen zu legen statt auf die vermeintlichen Eigenschaften der beteiligten Seiten der Beziehung. Generell würden infolgedessen Zusammengehörigkeit, Gemeinschaftsbildung und Kooperation als gesellschaftliche Werte ausgezeichnet und nicht Individualität und Einzelleistung. Man würde nach Mustern suchen, die verbinden, und nicht nach Unterschieden, die trennen.
- Wenn lebendige Potenzialität die Eigenschaft des Universums ist, sollte sich unser Blick viel mehr auf die Möglichkeiten als auf die Behinderungen richten. Es ginge darum, das Gute noch im Nichtgelungenen zu entdecken, statt sich durch die alltägliche Fixierung auf Krisen selbst zu lähmen oder Einzelne für ihre Fehler zu tadeln. Es sind die Momente des Entzückens (»moments of enchantment«), die das Potenzial haben, uns für ein ethisches Engagement zu motivieren.

- Wenn das Leben keine Stabilität kennt, sondern nur dynamische Instabilitäten, dann sollten wir nicht nach vermeintlichen Sicherheiten streben. Wir sollten stattdessen unsere Kreativität im Umgang mit offenen Situationen trainieren, denn das ist Freiheit. Neues emergiert an Punkten der höchsten Instabilität, die zugleich auch Punkte der höchsten Sensibilität sind. Ob etwas zur Gefahr wird oder als Chance genutzt werden kann, entscheidet sich in derselben Situation. Allerdings dürfen wir in solchen Situationen kein Risiko auf uns nehmen, dessen Konsequenzen wir nicht selbst, sondern auch andere ausbaden müssen.
- Wenn Selbstorganisation und Nachhaltigkeit die Lebendigkeit des ganzen Biosystems auszeichnen, dann gilt auch im Alltäglichen unser Streben dem Erhalt, der Reparatur, der Ressourcenschonung, der Pflege statt der Müllproduktion in einer Wegwerfgesellschaft.
- Wenn die Schöpfung nicht abgeschlossen ist, sondern sich in jedem Moment neu ereignet, dann sollten wir uns als Beteiligte am Ganzen verstehen, statt Mensch und Natur oder Materie und Geist weiterhin getrennt zu betrachten. Wir sind Mitschöpfer der Welt, in der wir leben! Und das impliziert die Verantwortung für diese Welt.
- Dafür brauchen wir eine offene Weltwahrnehmung für Neues, Serendipität für Zufälliges und Nichtgesuchtes oder Selbstüberraschungsfähigkeit für Nichterwartetes, also flexible Erwartungsschemata und Verzicht auf Bestätigungsversuche unserer bisherigen Einschätzungen. Wir müssen unsere eigenen Hypothesen prüfen und auf der Basis unserer Hypothesen gegen sie, nicht mit ihnen beobachten.
- Wenn wir uns, ob wir wollen oder nicht, immer in irgendwelchen Assemblagen wiederfinden, die Wirkungen in der Welt, in der wir leben, zeitigen, dann können wir uns der Verantwortungsübernahme für diese Welt nicht entziehen; wir können sie nur verweigern, aber auch das produziert Wirkungen. Ethik unterliegt nicht unserer Entscheidung, sondern ist – wie die neuen Materialistinnen es sehen – impliziter Teil des lebendigen Prozesses, der unsere Welt ist, oder – in den Worten von Hans Jonas – im natürlichen Sein begründet.

Die Doppelstruktur des summum bonum und die ethischen Herausforderungen des Menschen

Auf der vorangegangenen Station meiner Reise wurde die existenziell-ontologische Basis der Ethik in einer mehr als menschlichen Welt als ein bezauberndes Erleben der lebendigen Vielfalt und Schönheit dieser Welt (»enchantment«) herausgearbeitet. Damit wurde die Ethik in der Natur und nicht in philosophischer Spekulation begründet, so wie Hans Jonas[213] es vorgemacht hat. Aus dieser inhaltlichen Begründung und Verankerung der Ethik ergeben sich Schlussfolgerungen für das ethische Engagement der Menschen. Welche ethische Aufgabe stellt sich uns, worauf soll unser Handeln zielen? Darum soll es in diesem Kapitel gehen.

Ethisches Handeln bezieht sich immer auf ein *höchstes Gut,* das Ansporn und Motivationsquelle des Handelns ist – auch das wurde schon verschiedentlich angesprochen. Das größte Gut – das *summum bonum* – dieser Ethik wurde gerade im vorangegangenen Kapitel als *die Pflege des Lebendigen in jeglicher Form* bestimmt. Im ersten Kapitel wurde das Grundgute hingegen auch als *die beständige ethische Transformation der Form des ethischen Selbst-Welt-Verhältnisses* ausgewiesen. Ist das nun ein Widerspruch? Ich meine, nein, und will zeigen, dass diese beiden Formulierungen zwei untrennbare Seiten der gleichen ethischen Aufgabe und Verantwortung sind. Dafür wird zunächst ein Blick darauf geworfen, wie unterschiedlich und folgenreich die Frage nach dem, was Leben ist, beantwortet werden kann. Anschließend wird der Blick zurück auf uns selbst gerichtet. Hier wird das menschliche Selbst- und Subjektkonzept, wie es bereits im ersten Kapitel umrissen wurde, weiter entfaltet. Darauf aufbauend werden schließlich der Zusammenhang der beiden Seiten des summum bonum und die daraus folgenden Konsequenzen für unser ethischen Handeln herausgearbeitet.

Was ist Leben? – eine unbeantwortbare, aber folgenreiche Frage

Wenn *die Pflege des Lebendigen* das höchste Gut einer Ethik ist, stellt sich sofort die Frage, was das eigentlich ist, das als *Leben* bezeichnet wird. Soweit ich weiß, weiß es wohl niemand ganz genau.

Robert Hazen[214] hat sich in einem Aufsatz genau dieser Frage zugewendet und konstatiert, dass der Chemiker Noam Lahav bereits 1999 fünfzig unterschiedliche Definitionen als Antworten auf diese Frage aufgelistet hat. Hazen selbst resümiert als »›Arbeitsdefinition‹«[215] drei Aspekte: Leben verlangt ein chemisches System, Selbsterhalt durch Energie- und Materialaufnahme aus der Umwelt – also Stoffwechsel – und evolutionäre Veränderung hin zu komplexeren Formen. Dieses Leben entsteht – wie Ilya Prigogine und Isabelle Stengers[216] aufgezeigt haben – fern vom thermodynamischen Gleichgewichtszustand als natürlicher Prozess der Selbstorganisation einer dissipativen Struktur. »Wir wissen heute, daß sowohl die Biosphäre als Ganze wie auch ihre lebenden und unbelebten Bestandteile unter Bedingungen existieren, die weit vom Gleichgewicht entfernt sind. In diesem Kontext existiert das Leben, weit davon entfernt, außerhalb der natürlichen Ordnung zu liegen, als der höchste Ausdruck der sich selbst organisierenden Prozesse, welche unter diesen Bedingungen auftreten können.«[217]

Für Humberto Maturana und Francisco Varela[218] ist ein Lebewesen durch seine autopoietische Organisation charakterisiert, also durch seine Selbstproduktion aus eigenen Produkten im Kontext eines Energie- und Schadstoffaustauschs mit seiner Umwelt. Auch für Fritjof Capra und Luigi Luisi[219] in ihrem systemischen Blick auf das Leben beruht dieses auf einer autopoietischen Struktur, Umweltbezug und Wahrnehmung. Hans Jonas[220] sieht Leben ebenfalls in einer organischen Struktur der Selbstregulation, die auf einer perzeptiven Umweltoffenheit und einem Stoffwechsel mit ihrer Umwelt basiert. Für ihn ist jegliches Leben mit Wahrnehmung ausgezeichnet. Das sieht auch Fritjof Capra[221] so, wenn er schreibt: »Die Wechselwirkungen eines lebenden Systems mit seiner Umgebung sind kognitive Wechselwirkungen, und der Prozeß des Lebens ist ein Erkenntnisprozeß.«

Wie wir im vorangehenden Kapitel sahen, hielt antikes Denken[222] den Kosmos insgesamt für lebendig aufgrund der Schwingungsstruktur seiner Urstoffe. Dem hat sich heute die avancierte Quantenphysik mehr oder weniger wieder angenähert, wenn Materie als Welle und Bewegung verstanden wird.[223] Deshalb schreiben die neuen Materialistinnen[224] der Materie eine gewisse Lebendigkeit zu, die sie als »agency« bzw. »vibrancy« bezeichnen. »If matter itself is lively, then not only is the difference between subjects and objects minimized, but the status of the shared materiality of all things is elevated. All bodies become more than mere objects, as the thing-powers of resistance and protean agency are brought into sharper relief.«[225] Mit dem verzauberten Blick von Jane Bennett können wir Leben durchaus als ein Wunder der Natur betrachten.

So weit waren wir mehr oder weniger in den vorangegangenen Kapiteln des Buches gekommen. Bevor ich den Blick auf das, was Leben ist, weiter öffne, weil es sich hier nicht um ein naturwissenschaftliches Buch, sondern um eines über Ethik handelt, und darüberhinausgehende Sichtweisen vorstelle, soll doch noch einmal die Naturwissenschaft zu Wort kommen, die schon von ihrem Namen ihre Zuständigkeit für die Logik des Lebens ausweist.

»Die Biologie ist die Wissenschaft vom Leben – und weiß dennoch nicht genau, was ›Leben‹ eigentlich ist. Daher behilft sie sich mit Auflistungen der Eigenschaften, die lebendige von unbelebten Systemen unterscheiden sollen. Doch nicht immer ist die Grenze wirklich eindeutig zu ziehen«, gesteht der Biologe Olaf Fritsche[226] gleich zu Beginn seines Lehrbuchs »Biologie für Einsteiger. Prinzipien des Lebens verstehen« ein. Obwohl man heute bereits die genetische Struktur von Lebewesen gezielt verändern und sogar ganze Lebewesen klonen kann, ist auch die Biologie von einer Definition des Lebens weit entfernt. Mehr noch, je detaillierter das Wissen wird, »umso unsicherer werden wir bei der Beantwortung dieser Grundfrage«, räumt Fritsche[227] ein. Statt einer Definition behilft sich die Biologie daher mit einer Liste von Eigenschaften, die lebende Systeme auszeichnen, und zweifelt zugleich an, ob diese Liste denn ausreichend ist, da diese Eigenschaften auch bei nicht lebenden Systemen vorkommen. Zu den von Fritsche genannten Eigenschaften gehören: niedrige Entropie, Energieaustausch, Stoffwechsel, Informationsaufnahme und -verarbeitung, Fortpflanzung, Evolution.[228] Fest steht jedenfalls, dass Leben in ständigem Energie- und Informationsaustausch mit seiner jeweiligen Umwelt steht, d. h., Leben kann nur im System-/Umwelt-Verhältnis existieren oder gar nicht. Die Energie und Information aus ihrer Umwelt nutzen die Lebewesen, um ihre Strukturen zu bewegen, zu erhalten, zu reparieren, zu modifizieren und neue Strukturen aufzubauen. Energie und Materie mit der Umgebung auszutauschen, ist für Lebewesen daher absolut notwendig. Durch diesen Austauschprozess verändern Lebewesen wiederum die chemische Zusammensetzung ihrer Umwelt.[229] Leben entwickelt sich also in einem Koevolutionsprozess mit seiner jeweiligen Umwelt.

Da also sogar die Wissenschaft vom Leben dieses nicht definieren konnte, werden wir uns weiter umschauen, um die ethischen Herausforderungen für uns Menschen herauszuarbeiten.

Als Erstes soll Gregory Bateson erwähnt werden, der als Biologe und Ethnologe zeitlebens an einer Epistemologie des Lebendigen gearbeitet hat. Allerdings hielt er die Frage, *was* Leben *ist,* für falsch gestellt; stattdessen wollte er herausfinden, *wie* Leben *funktioniert.* Ihn interessierte »das funktionierende Gefüge des Lebens, des Lebens, das im weitesten Sinne den gesamten lebendigen Planeten im Verlauf seiner ganzen Evolution einschließt«.[230] Bateson vertrat einen monistischen Ansatz, der Geist und Natur nicht trennte. Für ihn war die Evolution ein geistiger Prozess, Denken und Evolution in einem wichtigen Sinne analog. Bateson erkannte im Aufbau von Lebewesen eine tiefe Symmetrie in formalen Relationen. Deshalb fragte er: »Welches Muster verbindet den Krebs mit dem Hummer und die Orchidee mit der Primel und alle diese vier mit mir? Und mich mit ihnen?«[231] Er suchte nach dem *Muster, das alles Lebendige verbindet,* denn in seinen Augen ist alles Leben eins. Muster ergeben sich aus ähnlichen Relationen zwischen symmetrischen Teilen, z. B. im Aufbau eines Lebewesens. Dann verglich er die Muster einzelner Lebewesen miteinander und kam so zu Metamustern, die er ähnlich der Russell'schen logischen Typentheorie zu Hierarchien ordnete. Seine zentrale These lautete: »Das *Muster, das verbindet, ist ein Metamuster.* Es ist ein Muster von Mustern.«[232]

So entdeckte er eine Art von allgemeiner Verbundenheit, die dem zugrunde liegt, was es bedeutet, lebendig zu sein. Für ihn war die gesamte Biosphäre inklusive des Menschen eine Einheit, deren Muster aus Mustern aus Mustern etc. man letztlich bis aufs ganze Universum hochrechnen könnte. Diese Muster evolvieren in der Zeit und ihre letzte Einheit ist in seinen Augen ästhetisch. Bateson hat Materie, Geist und Leben nicht getrennt; er suchte nicht nach Trennendem, sondern nach Verbindendem. Für Geist stellte er sechs konstitutionelle Kriterien auf:[233] Geist ist ein Aggregat aus zusammenwirkenden Komponenten bzw. Teilen. Die Wechselwirkung zwischen den Teilen wird durch Unterschiedswahrnehmungen ausgelöst. Der geistige Prozess verbraucht kollaterale Energie. Geist verlangt komplexe zirkuläre Rückkopplungsketten. Wahrgenommene Unterschiede werden zur internen Weiterverarbeitung digital codiert. Diese Transformationen enthüllen eine Hierarchie von logischen Typen, die den Phänomenen immanent sind. Bateson argumentierte, »daß die Phänomene, die wir *Denken, Evolution, Ökologie, Leben, Lernen* und so weiter nennen, nur in Systemen auftreten, die diesen Kriterien genügen«[234]. Für ihn ist *Geist ein Organisationsmuster,* keine Substanz, und dem gesamten Ökosystem immanent. Bateson wurde oft vorgeworfen, dass seine Arbeiten und seine Texte unsystematisch seien. Das ist auch nicht ganz falsch. Aber seine Interessen erstreckten sich über so viele Gebiete – von der Biologie über die Ethnologie, die Psychologie und Psychotherapie, Suchtphänomenen und Kriminologie, die Kybernetik und die Neurophysiologie bis hin zur Zoologie. In seiner für ihn charakteristischen Art der Kombination aus lockerem und strengem Denken hat er auch weniger Fragen beantwortet als eingefahrene Denkformen aufgebrochen und dadurch einen veränderten Blick auf die Phänomene ermöglicht. So hat Bateson unter anderem auch immer wieder seine Sympathie für die Gaia-Theorie geäußert.

Als nächster Denker, der einen ungewöhnlichen Blick auf das Leben geworfen hat, soll deshalb James Lovelock erwähnt werden – ein Naturwissenschaftler mit Abschlüssen in Chemie, Biophysik und Medizin –, denn er behauptet in seiner Gaia-Theorie[235], dass es sich bei unserer Erde insgesamt um ein Lebewesen handelt. Selbstverständlich weiß er, dass solche an alte Naturreligionen angelehnten Formulierungen nicht im strengen Sinne wissenschaftlich bewiesen sind. Es geht ihm um die Möglichkeit, einen anderen Blick auf unseren Planeten zu werfen als die landläufige Anschauung, dass die Erde zwar ein von Leben bewohnter, ansonsten aber lebloser Planet aus Gestein, Wasser und Luft ist.[236] Lovelock besteht aber auf der Wissenschaftlichkeit seiner Einzelanalysen, was er durch einige seiner Voraussagen, die Jahre später naturwissenschaftlich bestätigt wurden, gewährleistet sieht. Er sieht die Erde als ein selbstregulierendes System, als »eine Entität, die zumindest in dem Sinne lebendig ist, als sie wie jeder biologische Organismus ihren Stoffwechsel und ihre Temperatur selbst regelt und in den mehr oder weniger engen Grenzen hält, in denen das Leben bestehen kann«[237]. Um einen Organismus als lebend zu bezeichnen, ist es nicht erforderlich, dass er zu 100 Prozent aus lebender Materie besteht. Lovelock vergleicht die Erde mit dem Mammutbaum, der zu 97 Prozent aus totem Holz besteht und nur eine dünne Randschicht aus lebenden Zellen hat. Trotzdem besteht für uns kein Zweifel, dass der Baum lebt. Das Leben auf der Erde ist mit seiner Umwelt aus Meeren, Atmosphäre und Gestein so fest verkoppelt, dass die Komponenten nicht zu trennen sind. Die Geophysiologie definiert Leben »als ein umgrenztes, den Fluß der Materie und Energie erlaubendes System, das bei seinem inneren Medium die Konstanz der Zusammensetzung aufrechterhält und seinen physikalischen Zustand unter wechselnden Bedingungen wahren kann«[238]. Mit dieser Definition des Lebens ist auch die Erde als lebendig anzusehen. »Organismen und Umwelt [sind] so eng gekoppelt, daß sie *ein* System bilden.«[239] Die Gaia-Theorie behauptet deshalb, dass die verschiedenen Lebewesen der Erde in Symbiose, d. h. zum gegenseitigen Nutzen, handeln, um die globale Umwelt zu steuern – eine weltumspannende Selbstregulation.[240] In unserem eigenen Interesse sollten wir Menschen daher in Übereinstimmung mit den anderen Lebewesen leben und keinen Raubbau an unseren gemeinsamen Lebensgrundlagen betreiben. Dem Menschen als einzigem Lebewesen, das diese Zusammenhänge erkennen kann, ist daher die Pflegschaft des Seins aufgegeben, hatte Hans Jonas[241] geschlussfolgert.

Auch in der Praxis der Umweltaktivisten und Ökologen wird Leben in einem umfassenderen Sinn verstanden, »es schließt also auch Dinge ein, die ein Biologe vielleicht nicht als Lebewesen betrachten würde, also: Flüsse mit ihren Nebenflüssen, Landschaften, kulturell geprägte Lebenswelten, Ökosysteme, ›die ganze lebende Erde‹«[242]. Die Entfaltung des menschlichen und nichtmenschlichen Lebens wird als ein Wert an sich proklamiert, und deshalb ist die in einem umfassenden Sinne verstandene *Lebensqualität,* also die Qualität jeglichen Lebens, das wichtigste Anliegen, denn alles Leben ist letzten Endes eins.[243] Alle Lebensformen haben ein Recht auf ihr eigenes Dasein. Das bestätigt 2017 auch ein Gesetz in Neuseeland, in dem die Richter dem heiligen Fluss der Maori die Rechte einer Person zubilligten. Die Richter folgten damit der Argumentation der Maori, der Fluss sei kein Ding, sondern ein Lebewesen.[244] Das höchste Ziel der tiefenökologischen Philosophie von Arne Naess[245] ist »SELBST-Verwirklichung«. Dieses großgeschriebene SELBST bezieht sich auf ein »universale[s] Selbst«, in dem die individuellen Selbste der einzelnen Menschen aufgehoben sind – ein Zustand »in dem jeder Mensch sich zutiefst mit allen anderen Lebensformen identifiziert«[246]. Gemäß Naess müssen Menschen lernen, ihr enges individuelles Ich in ein alles Leben einschließendes und umfassendes SELBST zu verwandeln, dem es um die Entfaltung und Expansion des Lebens geht. »Ein so gearteter Mensch empfindet die Welt ringsum nicht als etwas Fremdliches, an das wir uns gezwungenermaßen anzupassen haben, sondern als etwas Wertvolles, das wir aus *Neigung* respektvoll behandeln.«[247] Naess ist selbst klar, dass sein Konzept des großen SELBST »der Sphäre der Metaphysik zugehört«[248], was, wenn es um die emotionale Verbundenheit des Menschen mit der Natur geht, kein Nachteil sein muss. Deshalb zitiert er auch den 29. Vers aus dem 6. Kapitel der Bhagavad Gita: »Wenn sein Geist durch Yoga harmonisch geworden ist, sieht er [der Yoga praktizierende Mensch] das Selbst in allen Wesen wohnen und alle Wesen im Selbst; er sieht überall dasselbe.«[249]

Schließlich hat sich auch die Philosophie der Frage nach dem Leben zugewendet. Die *Philosophie des Lebens* respektive die *Lebensphilosophie* hat eine lange Tradition, ausgehend von Friedrich Schlegels »Vorlesungen aus den Jahren 1827–29«[250]. Dem wahrnehmenden und denkenden Menschen zeigt sich das Leben gewissermaßen von innen als Erlebnis, das er in der Welt hat. Die Lebensphilosophie versucht daher, das Phänomen Leben hermeneutisch aus der Perspektive der ersten Person zu erschließen und nicht naturwissenschaftlich von außen aus der Perspektive der dritten Person. »Die Philosophie [...] hebt das Leben ins Bewußtsein, macht das Leben bewußt, und zwar nicht zuletzt deshalb, weil es im Wesen des Lebens selbst liegt, zu Bewußtsein kommen zu wollen.«[251] Das Leben als Ereignis zeigt sich im menschlichen Subjekt; das Leben wird hier *erlebt* und kann deshalb auch hermeneutisch entschlüsselt und verstanden werden. Dem Leben wird ein innerer Drang attestiert, über sich hinauswachsen zu wollen. Es ist Werden in der Zeit und geht ständig über sich hinaus. »Diese Selbstübersteigerung des Lebens aber geht nicht ins Formlose, sondern nimmt wieder Gestalt an, etwa in der Kunst, in der Religion, in der Moral.«[252]

Im Streben ist Leben wertend, so kommen Lebensphilosophen oft zu der Einstellung, dass *Leben an sich ethisch* ist. Für Henri Bergson besteht die Aufgabe der Lebensphilosophie darin herauszufinden, »durch welche Art Betätigung unserer Kräfte wir das Leben am meisten erhöhen und in uns selbst die höchste Form von Leben verwirklichen können«[253]. Das Schöpferische ist das Prinzip des Lebens, und *die ethische Aufgabe des Menschen ist es, das Leben in jeder Form zu pflegen und so zu seiner gedeihlichen Entwicklung beizutragen.*

Mensch, Selbst, Subjekt – ein transformativer Prozess

Wenn selbst die Naturwissenschaften bisher nicht abschließend klären konnten, was Leben ist, so scheint doch mindestens klar zu sein, dass bereits die niedrigsten Lebensformen mit so etwas wie Wahrnehmung oder Kognition begabt sind, mit deren Hilfe sie sich in ihrer Umwelt orientieren können. Mit Wahrnehmung verbunden ist dann in jedem Fall eine wie auch immer geartete Form der Erkenntnis von Zuträglichem und Abträglichem in dieser Umwelt. Der Mensch ist zwar nicht das einzige Lebewesen mit Bewusstsein, denn dies scheint es nach heutiger Kenntnis schon bei Primaten, aber wohl auch bei anderen höher entwickelten Säugetieren zu geben. Wo es genau beginnt und welche Vorformen man auch einfachen Lebensformen zugestehen muss, ist ebenfalls noch ungeklärt. Jedenfalls ist der Mensch dasjenige Lebewesen, das das Ganze der Welt und seine Stellung im Ganzen in seinem Bewusstsein repräsentieren kann. Man könnte deshalb sagen, dass sich das Leben im Menschen selbst bewusst geworden ist.

Was aber ist der Mensch? Das ist nach Immanuel Kant *die* philosophische Grundfrage, gewissermaßen die Summe der drei vorangegangenen Fragen: Was kann ich wissen? Was soll ich tun? Was darf ich hoffen?[254] Die vorliegende Ethik befasst sich mit der Frage, welche moralischen Handlungen angesichts der umfassenden Unsicherheit jeglicher Lebensverhältnisse geboten sind. Um die Antwort darauf weiter zu konkretisieren, muss vielleicht nicht die wahrscheinlich auch wieder unbeantwortbare Frage, was der Mensch *ist,* beantwortet werden. Was im Zusammenhang einer Ethik interessiert, ist vor allem, welche *Position* und *Verantwortung* dem Menschen im relationalen Gefüge der Welt zukommen.

Zwei bisherige Gesichtspunkte sollen dafür kurz in Erinnerung gerufen werden, um den Ausgangspunkt zu markieren, den die folgenden Erläuterungen des menschlichen Selbst- und Subjektkonzeptes ausbauen wollen und dessen ethische Konsequenzen anschließend diskutiert werden sollen: 1. Der Mensch ist Teil der Welt und aktiver Teilnehmer im kooperativen Netz des Lebens. Er ist eingebunden in Assemblagen aus anderen und anderem, aus Personen, Tieren, Pflanzen, Dingen, Technologien und vielem mehr. Dabei ist jeder und jede Einzelne kein Individuum, also kein Unteilbares, sondern auch selbst eine Assemblage, eine Konföderation aus fremden Materialien, aus Mineralien, Mikroben, Werkzeugen und anderem (siehe S. 57 ff.). 2. Die traditionelle Entgegensetzung von Subjekt und Objekt wird damit hinfällig. Das Selbst ist kein Ding, sondern ein Prozess im Kontext von umfassenden Prozessen. Ein fixes Selbst, das unseren Entscheidungen und Handlungen zugrunde liegt, gibt es nicht. Unser vielgeliebtes und heiliges Ego ist eine Illusion. Das Selbst ist ein kontinuierlicher, fluider Prozess, das sich wiederholende und ständig verändernde Muster unseres gewohnheitsmäßigen Handelns (siehe S. 15 ff.).

Philosophie und Anthropologie haben sich seit Sokrates immer wieder um die Frage bemüht, was den Menschen ausmacht – z. B. Johann Gottlieb Fichtes »Bestimmung des Menschen«[255] als sein Ich selbst setzendes Wesen, das frei ist und sich deshalb nur selbst bestimmen kann, bis zu Hans Blumenbergs »Beschreibung des Menschen«[256] als zugleich sichtbares und undurchsichtiges Wesen, das deshalb sowohl zur Selbstinszenierung als auch zur Selbstverstellung tendiert. Zu einer konsistenten Antwort ist es bisher allerdings noch nicht gekommen. Die Definitionen nur annähernd zu referieren, würde mich und dieses Buch vollkommen überfordern. In unserem Zusammenhang könnte man deshalb eine ganz andere Definition zum Anschlag bringen: Der Mensch ist ein Wesen, das Fragen stellt, die er nicht beantworten kann, die aber trotzdem für seine Existenz von Bedeutung sind, um über sich hinauszuwachsen. Man kann den Menschen – auch in anthropologischen Studien – nicht feststellen. Um Friedrich Hölderlins[257] Formulierung aufzugreifen: Der Mensch ragt konstitutionell »ins Offene!«.

Deshalb wurde die substanztheoretische Frage nach dem *Sein* des Menschen auch zunehmend aufgegeben. Der neue Materialismus[258] sieht den Menschen als Assemblage aus Eigenem und Fremdem und nicht als eigenes Sein: kein In-Dividuum, sondern ein vielfach geteiltes Dividuum. Die menschliche Handlungsfähigkeit ist in dieser Sichtweise in ein Netzwerk menschlicher und nichtmenschlicher Agentialitäten eingebettet, mit diesem verwoben, von diesem konstituiert, aber auch beschränkt. Für die soziologische Systemtheorie[259] ist der Mensch ebenfalls ein zusammengesetztes, hyperkomplexes System aus Systemen – z. B. biologisches System und psychisches System –, die unabhängig voneinander operieren, aber strukturell gekoppelt sind, sich also ihre jeweiligen Leistungen wechselseitig zur Verfügung stellen. Der Mensch ist für Luhmann keine soziologische Entität.

Auch für die relationale Soziologie[260], die »konsequent entsubstanzialierend«[261] verfährt, ist »›der Mensch‹ […] keine zentrale Kategorie«[262], sein Selbst wird als ein relationales Geschehensereignis konzipiert. In diesem wechselwirkenden Gewebe der Beziehungsweisen bestimmen nicht die Relata die Relationen, sondern die Relationen die Relata. Entscheidend ist »das *konstitutive Zwischen*«. »Die Menschen bringen die Wechselwirkungen nicht durch Interaktionen hervor, vielmehr *treten sie in sie ein.* Wechselwirkungen sind weder identisch mit noch Ergebnis von Interaktionen. Vielmehr sind sie Zwischenphänomene sozialer Beziehungen« – »Kräfte des Zwischen«[263], die sich zu Assemblagen verdichten. Nicht das Sein steht also im Fokus der Betrachtung, sondern *das Werden,* und dieses Werden ist oft »ein radikales Anderswerden«[264]. In diesem Beziehungsgeflecht sind die Menschen in der Regel keine Akteure, sondern Passeure, die die Beziehungen nicht aktiv hervorbringen, sondern in sie verwoben sind, wobei es nicht nur soziale Beziehungen zwischen Menschen gibt, sondern auch zwischen Menschen und Tieren, Pflanzen, Dingen und Technologien. Das heißt, »sowohl die Art als auch die Elemente sozialer Beziehungen als prinzipiell unbestimmt zu verstehen. Weder geht es notwendig um symbolische, sprachliche oder semantische Beziehungen, noch müssen die Elemente der Beziehungen Menschen, Individuen oder Subjekte sein.«[265] Soziale Beziehungen sind kreativ und schöpferisch. In diesem transgressiven Werdensprozess sind die Menschen einbezogen, ihr Selbst ist ein werdendes, wird immer wieder desubjektiviert und resubjektiviert. Der Mensch ist daher prinzipiell immer ein anderer, der schon hervorgebracht ist, bevor er hervorbringen kann (siehe unten). So wie Arthur Rimbaud[266] am 15. Mai 1871 an Paul Demeny geschrieben hat: »Denn ich ist ein anderer. Wenn das Kupfer als Clairon erwacht, ist nichts daran seine Schuld. Das ist mir ja wohl klar: Ich wohne dem Ausschlüpfen meines Denkens bei: Ich betrachte es, ich lausche ihm: Ich vollführe einen Bogenstrich: Die Symphonie erzeugt ihren Aufruhr in den Tiefen oder stürmt mit einem Satz auf die Bühne.«

Kommen wir nun zum menschlichen Selbst. Im ersten Kapitel wurde es bereits auf der Basis neurowissenschaftlicher Untersuchungen von Varela, Thompson und Rosch[267] als »historical pattern among moment-to-moment emergent formations« definiert. Die dieser Aussage zugrundeliegenden Forschungen beziehen sich im Wesentlichen auf die Zeit um 1990 am Massachusetts Institute of Technology. Allerdings haben sich diese Erkenntnisse durch die neueren neurophysiologischen Forschungen bestätigt und vertieft, wie Thomas Metzinger in seinem Buch »Der Ego-Tunnel«[268] ausführlich und anschaulich beschreibt.

Im Gegensatz zu dem, was die meisten Menschen glauben, gibt es so etwas wie *das* Selbst nicht bzw. *ist* oder *hat* der Mensch kein Selbst. »Nach allem, was wir gegenwärtig wissen, gibt es kein Ding, keine einzelne unteilbare Entität, die *wir* selbst sind, weder im Gehirn noch in irgendeiner metaphysischen Sphäre jenseits dieser Welt. Wenn wir daher vom bewussten Erleben als einem *subjektiven* Phänomen sprechen, dann stellt sich die folgende Frage: Was ist eigentlich die Entität, die diese Erlebnisse *hat?*«[269] Unser bewusstes Erleben gleicht einem Tunnel – dem von Metzinger so genannten Ego-Tunnel. »Die moderne Neurowissenschaft hat gezeigt, dass der Inhalt unseres bewussten Erlebens nicht nur ein inneres Konstrukt, sondern auch eine höchst selektive Form der Darstellung von Information ist.«[270] Unser Selbst ist kein Ding, sondern ein Vorgang unseres Gehirns. Es ist nicht unser Selbst, das unser Gehirn benutzt, sondern unser Gehirn produziert und benutzt ein Selbst, um sich in der Welt zu orientieren und mit anderen zu koordinieren.

Mit Daten, die durch unsere Sinnesorgane geliefert und über chemische und elektrische Signale zum Gehirn transportiert werden, konstruiert dieses eine Simulation der äußeren Wirklichkeit, indem es innere Repräsentationen der Welt aufbaut. Unser Wahrnehmen und Denken ist ein Repräsentieren; die Konstruktion und Aktualisierung eines Weltmodells in Echtzeit. In diesem Prozess konstruiert das Gehirn auch eine Selbstrepräsentation, die wir subjektiv als Ich, Ego oder eben als *Selbst* erleben – oder anders formuliert, die es uns ermöglicht, uns als *verantwortliches Subjekt unserer Entscheidungen und Handlungen* zu erleben. »Durch die Einbettung des Selbstmodells in das Weltmodell wird ein Zentrum geschaffen. Dieses Zentrum ist das, was wir als unser Selbst erleben, das Ego. Es ist der Ursprung dessen, was Philosophen oft die ›Erste-Person-Perspektive‹ nennen. Wir stehen also nicht in direktem Kontakt mit der äußeren Wirklichkeit oder mit uns selbst, aber trotzdem haben wir eine Innenperspektive. Wir wissen, wie man das Wort ›ich‹ benutzt. Wir leben unser bewusstes Leben im Ego-Tunnel.«[271] Allerdings ist der Mensch konstitutionell unfähig, dieses Welt- und Selbstmodell als eine Simulation seines Gehirns wahrzunehmen. Zwar gibt es außerhalb von ihm eine Wirklichkeit, aber der Mensch sieht nicht diese, sondern nur deren Repräsentationen. Wir sehen nicht die Simulation, sondern mit Hilfe der Simulation. Das Gehirn und mit bzw. in ihm das Selbst ist beständig im Aktualitätsmodus, nie in der Vergangenheit und nie in der Zukunft. Vergangenheit ist gegenwärtige Vergangenheit und Zukunft ist gegenwärtige Zukunft. Alles ist immer in einem endlosen, aber stets aktualisierten Jetzt repräsentiert. Wie nun schon mehrfach bemerkt: Das Selbst ist kein Ding, sondern ein Prozess; es ist real nur als Virtualität – eine fortlaufende Online-Simulation.

So gesehen hatte Platon[272] recht, dass wir Menschen in einer Höhle sitzen und nur Schatten an der Felswand sehen; unrecht hatte er damit, dass er es für möglich hielt, die Höhle zu verlassen, um die Sonne der Wahrheit zu erkennen. Die chemisch und elektrisch produzierten Repräsentationen sind das Einzige, was wir haben. Solange wir nicht mit dem Kopf durch die Wand wollen, muss das reichen. Und wir können ja auch täglich die Erfahrung machen, dass wir in der Wirklichkeit ziemlich gut zurechtkommen. Es ist nicht nur so, dass uns unser Gehirn ein ausreichend zutreffendes Bild für unser Handeln in der Welt zur Verfügung stellt, durch das System der Spiegelneuronen sind wir auch in der Lage, die Handlungen anderer Menschen zu verstehen. »Viele empirische Daten zeigen übereinstimmend, dass wir, wenn wir andere Menschen dabei beobachten, wie sie Gefühlszustände ausdrücken, diese Zustände mit Hilfe derselben neuronalen Netze in unserem Gehirn simulieren, die auch aktiv sind, wenn wir diese Gefühle gerade selbst empfinden oder ihnen Ausdruck verleihen.«[273] Durch die Spiegelneuronen sind wir in der Lage, das Handeln anderer Menschen als zielgerichtet und bedeutungsvoll zu verstehen. Dies implizite Wissen hilft uns, uns mit anderen in der Welt zu koordinieren und sinnstiftende Beziehungen zu anderen einzugehen.

Metzinger führt weiter aus: »Immer wenn unser Gehirn erfolgreich seine geniale Strategie der Erschaffung eines einheitlichen und dynamischen inneren Porträts der Wirklichkeit verfolgt, werden wir bewusst. Zuerst erzeugt unser Gehirn eine Simulation der Welt, die so perfekt ist, dass wir sie nicht als ein Bild in unserem eigenen Geist erkennen können. Dann generiert es ein inneres Bild von uns selbst als einer Ganzheit. Dieses Bild umfasst nicht nur unseren Körper und unsere mentalen Zustände, sondern auch unsere Beziehung zur Vergangenheit und zur Zukunft sowie zu anderen bewussten Wesen. Dieses innere Bild der Person-als-Ganzer ist das phänomenale Ego, das ›Ich‹ oder ›Selbst‹, so wie es im bewussten Erleben erscheint. Daher verwende ich die Begriffe ›phänomenales Ego‹ und ›phänomenales Selbst‹ synonym. Das phänomenale Ego ist kein geheimnisvolles Ding und auch kein kleines Männchen im Kopf, sondern der Inhalt eines inneren Bildes – nämlich das bewusste Selbstmodell, das PSM [das Phänomenale Selbst-Modell]. Durch die Einbettung des Selbstmodells in das Weltmodell wird ein Zentrum geschaffen. Dieses Zentrum ist das, was wir als unser Selbst erleben, das Ego.«[274]

Die Systemtheorie kommt auf anderem Wege zu einer sehr ähnlichen Beschreibung, wie Peter Fuchs in seinem Buch »Das System SELBST«[275] herausarbeitet. Sie geht von der Annahme aus, dass nichts beobachtungsfrei beobachtet werden kann und dass psychische Systeme Sinnsysteme sind, die ihre Wahrnehmungen um eine zentrale Registration herum organisieren. Das System des Bewusstseins entwickelt sich dabei über Verfahren der Selbstbeobachtung, Selbstbezeichnung und Selbstbeschreibung.[276] Das Vorhandensein und die Ausdifferenzierung von Sprache und Kommunikation ist dafür die Voraussetzung. »Psychische Systeme *erzählen* sich durch das System SELBST ihre Welt.«[277] »Und so erzähle ich mir mein Leben.« Mit diesem Satz beginnt Friedrich Nietzsche seine Autobiografie »Ecce homo«[278]. Das Ich ist reine Selbstreferenzialität und taucht in diesem Satz gleich dreimal auf: als Erzähler, als Adressat und als Thema. Wie wir es von der Systemtheorie kennen, ist dies ein autopoietischer Vorgang, also eine Herstellung ohne Hersteller. Sinnsysteme können Subsysteme ausbilden. Das Subsystem Selbst lässt sich daher als ein im System Bewusstsein ausdifferenziertes Sinnsystem begreifen, als Referenzialität im Sinne einer Wiederansteuerbarkeit und Identifikation, um für alle zeitpunktabhängigen Wahrnehmungen und Beobachtungen zeitpunktübergreifend miteinander zu verbinden. »Jede Operation des Systems SELBST ist zwar ein Beobachten, aber Beobachten unter der Bedingung des *Zurück-Kommen-Könnens-auf-andere-Beobachtungen-desselben-Systems.*«[279]

»Die Funktion des Systems SELBST haben wir jedenfalls gedeutet als Lösung des Problems, wie das psychische System sich im Kontakt mit Kommunikation auf eine (Wieder)Erkennbarkeit reduzieren kann und wie es damit als zurechnungsfähige, adressable Einheit fungieren kann.«[280] Im psychischen System des Menschen bildet sich ein Selbst aus, das sich als erlebendes und handelndes Ich in der Welt repräsentiert und dem Menschen so hilft, mit der Welt und mit anderen und anderem zu interagieren und zu kommunizieren. Auch in der systemtheoretischen Sicht ist das Selbst als soziale Interpretation von Hirnereignissen also ein Prozess und kein Ding. Der dafür entscheidende Schritt findet dann statt, wenn das psychische System sich selbst durch eine Form des Selbstbewusstseins gegeben ist und sich damit als *verantwortlich handelndes Subjekt in der Welt* erlebt. Mit der Frage, was diesen Subjektstatus eigentlich ausmacht, komme ich zum Schluss dieses Abschnitts.

Um den Subjektbegriff zu klären, orientiere ich mich an dem Buch von Judith Butler »Psyche und Macht – Das Subjekt der Unterwerfung«[281]. Der Begriff »Subjekt« kommt aus dem Lateinischen und hat eine doppelte Bedeutung: *subiectus* heißt sowohl das Unterworfene wie auch das Grundlegende. Das Subjekt wird in der Regel mit dem Akteur von Handlungen gleichgesetzt, wobei der erste Teil der Begriffsbedeutung – das Unterworfensein – dabei unter den Tisch fällt. Bevor nämlich ein Mensch der selbstbestimmte Akteur seiner Handlungen werden kann, ist er bereits den Handlungs- und Kommunikationsstrukturen seiner Umweltverhältnisse ausgeliefert, d. h. fremdbestimmt. Am einfachsten versteht man diesen Zusammenhang am Beispiel der Sprache und der individuellen Sprach- und Bewusstseinsentwicklung. Bevor ein Kind also Sprache selbst gebrauchen und damit denken kann, ist es bereits in die um es herum gesprochene Sprache eingesponnen. Die vegetative Geräuschproduktion eines Säuglings kann sich zum eigenen Sprachgebrauch nur durch eine vorgängige Unterwerfung unter die bereits gesprochene Sprache entwickeln, sonst wird er ein Kaspar Hauser. Dieses Beispiel soll den allgemeinen, auch von Hans-Georg Gadamer[282] aufgezeigten Sachverhalt illustrieren, dass Menschen eine Tradition, in der sie groß geworden sind, nur insofern verändern können, als sie durch diese Tradition bereits geprägt sind. Die unserer Selbstbestimmung *vorgängige Bestimmtheit* sieht Martin Seel[283] in drei Dimensionen: Erstens durch *vorangegangene Ereignisse* von der eigenen genetischen Ausstattung über familiäre und soziale Herkunft, die herrschende ökonomische und politische Situation bis zu vergangenen eigenen Entscheidungen und Handlungen. Zweitens durch den *Gehalt und die Konsequenzen der eigenen aktuellen Entscheidungen,* also durch die Festlegung auf bestimmte Ziele, für die wir uns inhaltlich entscheiden, also durch das, was wir in unserem Leben anstreben und wollen und die Folgen, die dies zeitigt. Drittens durch den *praktischen Vollzug unseres Handelns,* also dadurch, ob wir offen und irritierbar bleiben, um auf Veränderungen zu reagieren und unsere eigenen Festlegungen entsprechend anpassen, erweitern oder verändern können.

Für die Entwicklung eines ethischen Selbst ist dieses vorgängige Eingebundensein in bereits bestehende Normen- und Wertegefüge und die Fähigkeit zur Selbstveränderung von großer Bedeutung (siehe S. 33 ff.). Fremdbestimmung und Selbstbestimmung sind also zwei Seiten einer Medaille, wobei die Fremdbestimmung immer bereits stattgefunden hat, bevor Subjekte anfangen können, sich ihr zu entwinden. Inwieweit Fremdbestimmtheit oder Selbstbestimmung dabei dominant werden, ist nur empirisch zu klären. Auf jeden Fall hat ein Subjekt – wie Klaus Holzkamp[284] aufgezeigt hat – immer eine prinzipiell doppelte Handlungsmöglichkeit, sich dem Anpassungsdruck seiner Umwelt kritiklos zu unterwerfen oder reflektiert gegen diesen zu opponieren und seine Lebensbedingungen zusammen mit anderen in die eigenen Hände zu nehmen, wobei die Seite der Anpassung gesellschaftlich immer die nahegelegte, immer einfacher, anschlussfähiger ist, als die des Widerstands gegen die vermeintlichen Selbstverständlichkeiten des Alltags.

Ganz perfide wird diese Dialektik von Fremd- und Selbstsubjektivierung, wenn unter neoliberalen gesellschaftlich-wirtschaftlichen Verhältnissen sanfte, manipulative »Menschenregierungskünste«[285] im Subjekt den Eindruck von Selbstbestimmtheit in einer umfassenden, aber nicht bewussten ideologischen Unterwerfungsstruktur hervorrufen. Die Arbeitsethik mit ihrem trügerischen Versprechen der Selbstverwirklichung war dafür ein Beispiel (siehe S. 33 ff.). Ein anderes Beispiel ist die Mode. Im Gefühl, sich selbstbestimmt zu kleiden, tragen alle die gleiche Kleidung, die gleichen Sneakers, die gleichen Frisuren, fahren in die gleichen Feriendomizile, die gerade »in« sind, usw. Die Individualität drückt sich dann nur noch als individuelle Variante eines umfassend Gleichen aus, als Spiel im Rahmen der festgelegten Spielräume. Der Versuch, Einzigartigkeit darzustellen, gerät zur Kopie massenhaft angefertigter Vorlagen.

Die europäische Denktradition hat sich seit ihren antiken griechischen Anfängen in einem Subjekt verankert, dem die Welt als dinghaftes Objekt gegenübersteht. Wie wir gerade sahen, ist genau das die große Illusion. Aber daher kommt der für uns so wichtige Gedanke der Autonomie – also der Selbstgesetzgebung – als Freiheit, sich und die gegenständliche Welt beherrschen zu können. Mit dieser Selbstbestimmung ist es allerdings nicht weit her, wie jeder, der sich selbst kritisch beobachtet, erfahren kann, folgen wir doch meistens, ohne es zu bemerken, den Strömungen, Trends und Moden, die uns geistig und körperlich umgeben und lenken. Wir können uns immer nur mühselig und vorübergehend aus den uns umschließenden Einflussfaktoren befreien und einen stets prekären Moment von Selbstbestimmung realisieren.

Vielleicht hilft es hier, für einen Augenblick der antiken chinesischen Tradition, dem Daoismus, zu folgen[286] und uns das Subjekt aufgelöst in den Potenzialen der Situation zu denken, die uns nicht umsteht – wie das deutsche Wort der Umstände nahelegt –, sondern deren dauerhaft in Bewegung befindlicher Prozess uns umspült und uns als einen Potenzialfaktor unter anderen als deren Teil mitnimmt. Das Subjekt steht dann nicht den es umgebenden Umständen gegenüber, sondern ist selbst Teil der Situation, die sich aus sich selbst heraus entwickelt (siehe den Exkurs zum Daoismus, S. 127 ff.). Das Subjekt ist Knotenpunkt seiner vielen Relationen in der Welt zu anderen Subjekten, für die das Gleiche gilt, aber auch zu Tieren, Pflanzen und Dingen, wie der neue Materialismus gezeigt hat (siehe S. 57 ff.). Das Subjekt ist aus Weltbeziehungen evolviert und nie ohne diese existent.

Auch die Systemtheorie[287] hat nicht die Subjekt-Objekt-Dichotomie zum Ausgangspunkt ihres Denkens gemacht, sondern arbeitet mit der Grundunterscheidung System/Umwelt und dem Prozess der Autopoiese, also der Selbstentwicklung aus eigenen Potenzialen. Dabei sind System und Umwelt nicht zweierlei, sondern das System *ist* seine eigene Unterscheidung zur Umwelt.

Die Autonomie des Subjekts ist daher kein individuelles Vermögen, sondern ein begrenzter Handlungsspielraum in einem übergreifenden Kräfteverhältnis der Situation. Der auf Michel Foucault zurückgehende Begriff »Subjektivierung« bezeichnet in diesem

Kontext den Prozess, wie Individuen dazu kommen, sich als ein *bestimmtes* Subjekt zu erkennen und anzuerkennen.[288] Die Formulierung ein *bestimmtes* Subjekt bedeutet, dass ein Individuum nicht von vornherein ein Subjekt ist, sondern erst durch Unterwerfung unter bereits existierende Machtverhältnisse und wirkende Traditionen dazu bestimmt werden bzw. sich selbst innerhalb dieser Verhältnisse selbst dazu bestimmen muss. Dies wurde als die beiden Seiten des Subjektbegriffs, als Fremdbestimmung und Selbstbestimmung, bereits angesprochen, denn Foucault geht davon aus, dass der Prozess der Subjektwerdung in ein gesellschaftliches Dispositiv der Macht eingespannt ist, also immer ein – im Einzelnen zu entschlüsselndes – Verhältnis von wirkenden Machtpraktiken und widerständigen Selbstpraktiken ist.

Genau darum geht es bei der *beständigen Transformation des ethischen Selbst-Welt-Verhältnisses,* sich nicht zu unterwerfen, sondern sich als ethisch verantwortliches Subjekt in der Welt zu entwickeln und zu verhalten. Weil die Welt und das Leben aber niemals feststehen, ist es auch für uns nicht hilfreich, unser Selbst als Identität zu verstehen. Dafür sind die Welt und mit ihr die subjektiven Willensimpulse und Emotionen zu vielfältig und zu widersprüchlich. Identität gewinnt man durch Abspaltung alles Nicht-Identischen; der identische Mensch ist letztlich die erkennungsdienstlich identifizierbare Person. »Furchtbares hat die Menschheit sich antun müssen, bis das Selbst, der identische, zweckgerichtete, männliche Charakter des Menschen geschaffen war«, heißt es bei Horkheimer und Adorno[289]. Was wir brauchen, »wäre vielleicht eine Ethik, die auf unserer gemeinsamen und unabänderlichen Teilblindheit in Bezug auf uns selbst gründet. Die Einsicht, dass man nicht jederzeit ganz der ist, als der man sich im verfügbaren Diskurs gibt, könnte umgekehrt zu einer gewissen Geduld gegenüber anderen führen, so dass wir zunächst einmal von der Forderung ablassen, dass der Andere jederzeit mit sich selbst identisch zu sein hat.«[290] *Wer lebendig bleiben will, muss immer wieder ein anderer und viele zur gleichen Zeit werden!*

Die Doppelstruktur des summum bonum und die ethischen Herausforderungen des Menschen

Es konnte nicht darum gehen, die Frage, was Leben *ist,* abschließend zu beantworten. Da werden wir wohl nie zu einer abschließenden Antwort kommen, die von allen geteilt wird. So wie das Leben selbst werden sich auch unsere Antworten ständig verändern. Auch der Mensch als lebendiges Subjekt mit seinem Bewusstsein wird trotz aller Fortschritte in der Neurophysik wohl noch lange ein Rätsel bleiben. Ob Bewusstsein und Subjektivität jemals komplett mit Gehirnfunktionen erklärt werden können, ist jedenfalls noch ungeklärt, und es sieht nicht so aus, als könnte sich dies in nächster Zeit ändern. Vielleicht ist das gut so und sollte auch so bleiben. Gregory Bateson spricht in seinem letzten Buch »Wo Engel zögern«, das er – den Tod bereits vor Augen – nur noch mit der Hilfe seiner Tochter Mary Catherine Bateson fertig stellen konnte, davon, dass lebende Systeme ein Geheimnis brauchen.[291] Dieses Geheimnis liegt vielleicht darin, dass Leben lebt, d. h., einer ständigen Evolution und Selbstveränderung unterliegt. Gregory Bateson nannte dieses lebensnotwendige Geheimnis das Heilige. Vielleicht waren die vielfach immer noch sogenannten primitiven Kulturen, die ihr gesellschaftliches Leben um ein Tabu herum organisiert haben, klüger als unsere fortschrittliche Kultur mit ihrem Rationalisierungswahn und Ausleuchtungsfanatismus.

Meine kleine Revue sollte jedenfalls dieses Geheimnis gar nicht aufklären, vielmehr wollte ich deutlich machen, dass es sich um Fragen handelt, die – wie immer man sie beantwortet – Folgen haben für unser menschliches Handeln in der Welt. Die Antwort, die in diesem Buch gegeben wird, ist, dass die Natur einschließlich des Menschen ein lebendiges Ganzes ist, das in einem ständigen Veränderungs- und Schöpfungsprozess begriffen ist, der höchstens dann endet, wenn das Stadium der vollendeten Entropie des gesamten Universums erreicht ist. Das ist aber für die nächste Zeit nicht zu erwarten. Wahrscheinlicher ist dagegen schon, dass das Leben unseres Planeten, wie wir es kennen, durch das unverantwortliche Handeln der Menschheit ausgelöscht wird. Thomas Metzinger[292] resümiert seine Darstellung der neurophysiologischen Grundlagen des menschlichen Bewusstseins so: »Wir müssen jetzt davon ausgehen, dass das Universum ein intrinsisches Potenzial für Subjektivität besitzt. Wir werden ganz plötzlich verstehen, dass das schöpferische physikalische Universum nicht nur das Leben und biologische Organismen mit Nervensystemen hervorgebracht hat, sondern auch das Phänomen des Bewusstseins, innere Weltmodelle und stabile Erste-Person-Perspektiven und dass es dadurch die Tür hin zu etwas geöffnet hat, was man das ›soziale Universum‹ nennen könnte.« Vielleicht besteht ja noch Hoffnung!

Die erste und *grundlegende ethische Konsequenz* der Antwort, die dieses Buch gibt, ist die Aufgabe der Menschen, dafür Sorge zu tragen, dass der ewige Schöpfungsprozess des Lebens erhalten bleibt und seinen Zauber bzw. sein Geheimnis ohne zerstörende Eingriffe durch die Menschen weiter entfalten kann. Dafür ist es nun allerdings erforderlich, dass wir als Menschen uns als Teil dieses natürlichen Wandels begreifen und die Unsicherheit, die mit Veränderungsprozessen einhergeht, nicht nur akzeptieren, sondern als Chance und Möglichkeit einer beständigen Entwicklung unseres eigenen prozessualen Selbst begrüßen, statt uns in einer fixen Identität vermeintlicher Sicherheit einzuigeln. *Die Pflege des Lebendigen in jeglicher Form* und *die beständige ethische Transformation der Form des Selbst-Welt-Verhältnisses* sind in diesem Prozess zwei Seiten des summum bonum, die notwendig und untrennbar zusammenhängen.

»Leben ist stets der schöpferische Übergang von einer Situation der Kontrolle zu einem Prozess der Unkontrollierbarkeit«, schreibt der Biologe und Philosoph Andreas Weber[293] in seinem Buch »Lebendigkeit«. Ohne ein Mindestmaß an Kontrolle über die Lebensbedingungen seiner Umwelt kann kein Lebewesen überleben. Weiterentwicklung und Wandel erfordern aber auch immer wieder das Aufgeben der Kontrolle, d.h. das Eingehen von Risiken und Unsicherheiten. Kontrolle und Unkontrollierbarkeit sind keine Gegensätze, sondern ein sich bedingendes Spannungsfeld von Entwicklung. Vieles an Webers Theorie erinnert an den neuen Materialismus (siehe S. 57 ff.), denn auch er sieht die Welt als eine Symphonie der Beziehungen der Beteiligten. Die ganze Biosphäre ist ein zusammenhängendes Netz, ein System, das auf Kooperation beruht und beständig neue Beziehungen herstellt, indem die

Beteiligten miteinander kommunizieren. Auch für Weber ist ein Lebewesen kein Individuum, sondern setzt sich auch wieder aus Beziehungen von fremden Zellen, symbiotischen Mikroben und vielem anderen zusammen. »Am Leben zu sein heißt, beständig an einer Gemeinschaft teilzuhaben und sich als Teil eines unabsehbaren Netzes von Beziehungen stets neu zu erfinden.«[294] Unsere lebendige Wirklichkeit besteht in einer andauernden kreativen Transformation. »Unsicherheit ist darum unser entscheidendes Beziehungsorgan, die notwendige Voraussetzung, um Bindungen zu anderen Wesen und zu anderen Menschen eingehen zu können.«[295] Lebendigkeit ist ein erotisches Verhältnis zur Welt als Ganzer, zu anderen Menschen, zu Tieren, zu Pflanzen, zur Natur, zur Sonne, zum Regen, zum Wind – zum Leben an sich in jeder Form, sogar zur Vergänglichkeit und zum Tod, denn auch der ist Teil des Kreislaufs des Lebens (siehe S. 149 ff.).

Die gesamte Natur ist ein Netzwerk partizipativer Teile, ein wechselseitiges Geben und Nehmen; auch wir Menschen sind in dieses kooperative Netzwerk eingebunden und können nur als Teil und Beteiligter des Biosystems überleben. Das ist eine bisher unbestrittene Tatsache. Aber auch subjektiv gibt es eigentlich keinen Grund zu leben, wenn man nicht mit anderen (Menschen, Tieren, Pflanzen, der Natur als Ganzer) etwas zu teilen hat. Gelungenes Leben besteht aus Beziehungen geteilter Lebendigkeit. »Die Rolle des Partners in einer gelingenden Beziehung besteht darin, gemeinsam mit mir die gesamte Lebendigkeit zu steigern, und darin sowohl seine als auch meine. Das gilt für die Liebe, für die Freundschaft und für das Elternsein. Dies gilt auch für meine Verbindung zu einem Tier, zu den Pflanzen in meinem Garten, zur Biosphäre im Ganzen. Jede gelingende Beziehung ist ökologisch: Produktiv fügt sie sich in das Lebensnetz ein – mit dem Ziel, Lebendigkeit als solche zu unterstützen und ihr beim Wachsen zu helfen.«[296]

Aus der Rolle des Partners geteilter Lebendigkeit ergeben sich für uns Menschen unmittelbar *zwei ethische Minimalziele:* 1. Alles dafür zu tun, dass jegliches Leiden von empfindungsfähigen Wesen vermieden oder doch wenigstens vermindert wird. 2. Alles dafür zu tun, dass Zufriedenheit, Freude und Glück von allen empfindenden Wesen vermehrt werden.

Wahrnehmung ist mit Leben identisch.[297] Humberto R. Maturana und Francisco J. Varela[298] sowie Gregory Bateson[299] nennen Wahrnehmung generell Kognition. »Der Prozess des Lebens ist ein Erkenntnisprozess«, schreibt Fritjof Capra.[300] Kognition ist in diesem Verständnis die mit der Selbsterzeugung und Selbsterhaltung autopoietischer Systeme verbundene Lebenstätigkeit als Einheit aus Wahrnehmen, Fühlen, Bewerten und Handeln. Sie dient der Koordination des Verhaltens des Systems in Beziehung zu seiner Umwelt inklusive der Koordination und Kooperation mit anderen Systemen in dieser Umwelt. Kognition funktioniert über die strukturelle Kopplung mit der Umwelt, wobei bestimmte Reize Veränderungen in der Struktur des Systems *auslösen* – nicht bestimmen. Jedes System entscheidet autonom, auf welche Reize es wie reagiert. Gegenüber vielen anderen Reizen ist ein System ignorant. Menschen sehen z. B. nur bestimmte Spektren des Lichts, andere Lebewesen nehmen andere Wellenlängen wahr. Eine Biene nimmt eine Blüte daher anders wahr als ein Mensch. Das ist unveränderbar. Wir können uns allerdings mit einem oberflächlichen Blick auf vermeintliche Selbstverständlichkeiten des Alltagsbewusstseins bescheiden oder uns die Mühe machen, die Welt und unsere Lebensbedingungen genauer zu analysieren. Das ist veränderbar, das haben wir selbst in der Hand.

Indem ein psychisches System bestimmt, welche wahrgenommenen Unterschiede in der Umgebung welche Veränderungen in ihm auslösen, bringt es seine eigene Welt und damit zugleich sich selbst, sein *Selbst*, hervor. Aber auch dieses wird vom Alltagsbewusstsein als Gegenstand und nicht als sich permanent erneuernder Prozess verstanden. Die Frage, die daraus folgt, ist, ob unser Erkennen der Welt zu mehr Autonomie und Freiheit führt oder zu größerer Abhängigkeit. Hier kann man die Unterscheidung zwischen *Begreifen und Deuten* von Klaus Holzkamp[301] anschließen. Begreifen ist ein Durchdringen der Komplexität unserer Lebensumstände, das zu einer erweiterten Handlungsfähigkeit führt, und Deuten ist ein Prozess des oberflächlichen oder sogar verdrängenden Wahrnehmens, der mit einer unkritischen Anpassung an vermeintlich vorgefundene, unveränderliche Lebensumstände einhergeht. Im Laufe seines Lebens/Erkenntnisprozesses bildet jedes System einen einzigartigen, individuellen Weg der strukturellen Veränderung aus. »Da diese strukturellen Veränderungen Erkenntnisakte sind, ist Entwicklung stets mit Lernen verbunden.«[302]

In einer Welt kreiskausaler systemischer Zusammenhänge hielt Gregory Bateson[303] die übliche Art unseres linearkausalen und verdinglichten Denkens für die Hauptursache unserer vielfältigen, selbst produzierten Umweltkrisen. Wie wir sehen, ist die Welt aber kein Ding und auch keine Maschine, sondern ein lebendiges, prozessierendes, nichtlineares Netzwerk. Wir aber haben gelernt, und die Kinder lernen es in der Schule immer wieder, die durch den geistigen Prozess hervorgebrachten Abstraktionen und sprachlichen Bezeichnungen als fixe Objekte zu behandeln statt als kontinuierliche systemische Prozesse. »Aus Unwissenheit […] teilen wir die wahrgenommene Welt in getrennte Objekte ein, die wir als fest und dauerhaft ansehen, die in Wirklichkeit aber vergänglich sind und sich ständig wandeln. Indem wir uns an unsere starken Kategorien klammern, statt das Fließende des Lebens zu erkennen, müssen wir eine Enttäuschung nach der anderen erleben.«[304]

Ein dieser systemischen Welt angemessenes Erkennen war deshalb eine von Batesons Hauptinteressen. Für ihn war Epistemologie als Frage nach der Art des Funktionierens unserer Erkenntnis ein Zweig der Naturgeschichte. Erkennen war für ihn – wie für Varela, Thompson und Rosch[305] – verkörpertes Handeln; seine Erkenntnistheorie ist also zugleich eine Ontologie. Wolfram Lutterer[306] zitiert Bateson mit den Worten »ich *bin* die Epistemologie« und erläutert das folgendermaßen: »Die Art und Weise also, wie ich meine Erfahrungen strukturiere, ›meine‹ Weltsicht konstruiere, ist mit meinem *Selbst* gleichzusetzen. Mit einer anderen Art zu erkennen wäre ich auch ein anderer.« Dazu kommt, dass andere Systeme Teil meiner Umwelt sind, mit denen ich kommuniziere und mein Verhalten koordiniere. Leben ist insgesamt koordinierte Ko-Evolution. Das bedeutet: »Es gibt eine Ökologie von Welten, die durch wechselseitige Erkenntnisakte hervorgebracht werden.«[307] Indem ich gemeinsam mit anderen die Welt anders kogniziere, entstehen neue Möglichkeiten des gemeinsamen Handelns und ein anderes Gestalten unserer Lebenswelt. Hier geht Epistemologie direkt in Ethik über.

Um ein angemessenes Verstehen der Welt möglich zu machen, müssen wir unsere Verbundenheit mit dem ganzen Lebensnetz erkennen und empfinden; diese Rückgebundenheit heißt auf lateinisch *religio*[308]. In der Religionsgeschichte sind unterschiedliche Wege zur Erlösung erfunden worden, z. B. über meditative Versenkung nach innen, aber auch der gnostische Weg nach außen, der Erlösung durch Wissen und Verstehen anstrebt. Säkularisiert würde Letzteres bedeuten, einen intellektuellen Weg über die Analyse unserer Lebensbedingungen in der Welt zu gehen mit dem Ziel, selbst zu entscheiden, mit wem oder was wir uns verbinden, was wir lernen, wie wir analysieren und bewerten, um für ein weitgehend selbstbestimmtes und ökologisch angemessenes Leben die Voraussetzungen zu schaffen. Systemisches Denken in kreiskausalen Zusammenhängen statt (mono-)kausale Ursache-Wirkungs-Ketten zu konstruieren, ist dafür die Bedingung. Wir müssen unser Wahrnehmen und Denken also von Objekten zu Beziehungen verlagern, denn – wie nun schon mehrfach hervorgehoben – die Relata sind die Folge der Relationen und nicht ihre Voraussetzungen. Es geht um »eine Verschiebung der Wahrnehmung von der Stabilität zur Instabilität, von der Ordnung zur Unordnung, vom Gleichgewicht zum Nichtgleichgewicht, vom Sein zum Werden«[309]. Und vom Teil zum Ganzen sowie von Inhalten zu Mustern, die das Lebendige verbinden, müssen wir ergänzen, denn auch wir sind nur ein Teil, der durch das Ganze hervorgebracht wurde; auch wir mit unserem jeweiligen Selbst sind nur ein fließendes Muster im permanenten Prozess des Lebens.

Die *ethische Folgerung* aus diesen Überlegungen ist, *dass wir für unser Erkennen, für unser Lernen und damit* für unser Bewusstsein selbst verantwortlich sind. Jeder Mensch hat es durch die Gestaltung seines Erkenntnis- und Lernprozesses im Prinzip selbst in der Hand, darauf Einfluss zu nehmen, was für ein Mensch er sein will. Die Einschränkung »im Prinzip« soll heißen, dass dies eine anthropologische Aussage ist und keine politische. Ich bin mir bewusst, dass die wirtschaftlichen und politischen Lebensbedingungen auf der Welt vielfältige Einschränkungen und Behinderungen produzieren (siehe S. 33 ff.). Dennoch gilt die von Klaus Holzkamp[310] für menschliches Dasein herausgearbeitete prinzipiell doppelte Handlungsfähigkeit. Der Mensch ist gekennzeichnet durch seine grundsätzliche Möglichkeit des bewussten Verhaltens zu seinen Lebensbedingungen. Dies gilt nach Holzkamp axiomatisch und ist mit dem Menschsein untrennbar verbunden; es gilt selbst noch angesichts des eigenen Todes (siehe S. 149 ff.). Es liegt also in unserer Hand, ob wir uns mit einem oberflächlichen Blick auf die Welt und einer entsprechend eingeschränkten Denk- und Handlungsfähigkeit zufriedengeben oder unsere intellektuellen Potenziale nutzen, um die Lebensbedingungen unserer gemeinsamen Welt für alle empfindenden Wesen in Richtung mehr Lebendigkeit gestalten.

Weil wir für unser Bewusstsein selbst verantwortlich sind, schlägt Thomas Metzinger vor, unsere traditionelle Ethik durch eine *Bewusstseinsethik* zu ergänzen. »In der traditionellen Ethik fragen wir: ›Was ist eine gute Handlung?‹ Jetzt sollten wir außerdem fragen: ›Was ist ein guter Bewusstseinszustand?‹«[311] Metzinger macht in diesem Zusammenhang darauf aufmerksam, dass unser Wort »Bewusstsein« vom lateinischen *conscientia* kommt, was im englischen *consciousness* und im französischen *conscience* noch deutlich zu erkennen ist. *Conscientia* setzt sich seinerseits zusammen aus *cum* (mit, zusammen) und *scire* (wissen). »In der Antike, genau wie in der scholastischen Philosophie des Mittelalters, bezog sich conscientia üblicherweise auf das moralische Gewissen oder auf Wissen, das von bestimmten Gruppen von Menschen geteilt wurde – wiederum überwiegend moralisches Wissen, Wissen über Werte. Interessanterweise wurde echtes Bewusstsein also mit moralischer Einsicht verknüpft. Ist es nicht ein Gedanke von großer Schönheit und Tiefe, dass jemand, der im wirklichen Sinne bewusst wird, zugleich ein moralisches Gewissen entwickelt? Vielleicht ist es ja sogar richtig, dass nur wer ein Gewissen hat, Bewusstsein im eigentlich interessanten Sinn besitzt.«[312] Wenn wir Bewusstsein als Gewissen verstehen, verweist das jedenfalls auf unsere Verantwortung, unser Denken und unser Handeln unserer moralischen Bewertung zu unterziehen, und d. h. wieder, dass wir selbst dafür verantwortlich sind, wer wir sind und wer wir sein wollen.

Was also ist ein guter ethischer Bewusstseinszustand? Nach Metzinger[313] sollte er mindestens drei Bedingungen erfüllen: Er sollte das Leiden aller empfindungsfähigen Wesen vermindern. Er sollte uns befähigen, unsere Einsichten und unser Wissen zu erweitern. Und er sollte unsere Autonomie und nachhaltige Verhaltenskonsequenzen in dem Sinne fördern, dass wir eine Solidarität gegen das Leiden entwickeln. Ein wichtiger Indikator für einen guten Bewusstseinszustand ist, dass wir die Interessen zukünftiger, also noch nicht geborener Menschen und Tiere in unsere ethischen, rechtlichen und politischen Diskussionen einbeziehen.[314] »Als positive Bewusstseinszustände gelten im Allgemeinen jene Formen von Glück, die mit intensiven Naturerlebnissen, mit körperlicher Selbsterfahrung und physischer Verausgabung verbunden sind – aber zum Beispiel auch die wesentlich subtilere innere Wahrnehmung von ethischer Kohärenz, also der Tatsache, dass die eigenen Handlungen gerade in Einklang mit den eigenen Wertvorstellungen stehen.«[315] Auf jeden Fall wäre eine solche Bewusstseinsethik ein subversives, vielleicht sogar ein revolutionäres Unterfangen, weil es die Menschen ermutigen und befähigen würde, Verantwortung nicht nur für ihr Leben, sondern für das Leben im Allgemeinen zu übernehmen und gegen jede Einschränkung von Lebendigkeit Widerstand zu leisten. Letztlich besteht darin vielleicht das, was vollmundig und meistens konsequenzlos *Menschenwürde* genannt wird, weil es nicht nur um die Würde des Menschen, sondern um die Würde allen Lebens geht. Eine »Ethik der Wertschätzung«, wie sie die französische Philosophin Corine Pelluchon[316] entwickelt hat, bedeutet, »dass man die Sorge um die anderen menschlichen und nichtmenschlichen Lebewesen ebenso wie die Liebe zur Welt und zur Natur in die Sorge um sich selbst integriert«. Um den Begriff der Sorge, ergänzt durch den Begriff des Spiels, soll es im nächsten Kapitel gehen.

Sorge und Spiel – die beiden grundlegenden Handlungsformen der Ethik in einer unsicheren Welt

Die nächste Station meiner Reise besichtigt die grundlegenden Handlungsformen, die einem gelingenden Leben in einer unsicheren Welt angemessen sind. Handeln in einer sich stets wandelnden Welt der Potenzialität ist prinzipiell unsicher; das wurde uns durch die Krisenhaftigkeit unserer Gegenwart nur bewusst. Dass *Natur und Leben* auf dynamischer Instabilität und Selbstorganisation sogenannter dissipativer Strukturen der Materie beruht, hat der Physiker und Chemiker Ilya Prigogine nachgewiesen.[317] Dass unsere *kapitalistische Arbeitsgesellschaft,* die nicht auf Bedarfsbefriedigung, sondern auf Mehrwertproduktion beruht, grundsätzlich nur über in ihr implizit angelegte Krisenhaftigkeit funktioniert, wusste schon Karl Marx[318]. Hans-Jürgen Arlt[319] hat dies für unsere aktuelle Moderne prägnant auf den Punkt gebracht. Welche ethischen Grundannahmen sich im kapitalistischen Wirtschaften verbergen war Gegenstand des Kapitels »Von einer Ethik der Arbeit zu einer Ethik des Lebens«. Und dass *individuelles Leben* in der stets unsicheren Spannung zwischen Bestimmtsein und Selbstbestimmung existiert, war Gegenstand des vorangegangenen Kapitels. Diese individuelle Geworfenheit in die Existenz, die prinzipiell unsichere Entscheidungen verlangt, hat darüber hinaus einer ganzen philosophischen Richtung ihren Namen verliehen.[320]

Nachdem im Kapitel »Ethik als existenzielle Haltung und Praxis in einer mehr als menschlichen Welt« die Ethik in der lebendigen Potenzialität der natürlichen Welt begründet und im Kapitel »Die Doppelstruktur des summum bonum und die ethischen Herausforderungen des Menschen« die Einheit des summum bonum aus Pflege des Lebendigen und beständiger ethischer Selbsttransformation erläutert wurde, geht es in diesem Kapitel um die Frage, welche menschlichen *Handlungsformen* der Einsicht in die prinzipielle Unsicherheit des natürlichen, gesellschaftlichen und individuellen

Lebens angemessen sind. Dabei geht es nicht um einzelne Handlungsweisen, sondern um die grundsätzliche *Form* des moralischen Handelns an sich. Dafür wird auf *Sorge* und *Spiel* zurückgegriffen, wie sie schon im ersten Kapitel hervorgehoben wurden. Allerdings ist hier keine umfassende oder gar abschließende Sorge- bzw. Spieltheorie angestrebt, sondern es geht um den Gebrauchscharakter der Begriffe für die Unsicherheitsbewältigung im individuellen Leben sowie um den Ausweis von *Sorge und Spiel als Grundbegriffe der Ethik eines gelingenden Lebens in einer unsicheren Welt.*

Sorge

Das *Konzept der Sorge* (care) wurde im ersten Kapitel anhand unterschiedlicher Autoren als grundlegend für die Ethik umrissen. Jetzt soll die Sorgethematik etwas genauer entfaltet werden. Das geschieht zunächst in vier Schritten, um anschließend entsprechende Schlussfolgerungen zu ziehen. Im ersten Schritt wird mit Martin Heidegger *Sorge als existenziales Grundphänomen* des Menschen verortet, um das Konzept dann mit Michel Foucault in Richtung *Sorge um sich* und mit Hannah Arendt als *Sorge um die Welt* auszudifferenzieren; schließlich wird das *Verständnis von Sorge* des neuen Materialismus, *das über die menschliche Welt hinausgeht,* dargestellt. Darauf aufbauend wird dann die Bedeutung von Sorge für eine Ethik des gelingenden Lebens in einer unsicheren Welt diskutiert.

Sorge als existenziales Grundphänomen

Gemäß Martin Heidegger[321] gehört die Angst als Grundbefindlichkeit zur wesenhaften Daseinsverfassung des menschlichen In-der-Welt-seins. Die umfassende Unsicherheit unseres gegenwärtigen Weltzustands bringt uns diese Angst wieder zu Bewusstsein, z. B. in der Angst vor allem der jungen Generation vor der eigenen Zukunftslosigkeit aufgrund des Klimawandels oder in der Erkenntnis unserer körperlichen Vulnerabilität wegen zunehmend weltweit grassierender Viren. Die existenzielle Angst ist aber grundsätzlicher, sie entspringt der Schutzlosigkeit, die dem Menschen als Mängelwesen in der Welt eignet. Diese Angst kann zwei unterschiedliche Konsequenzen haben: a) das Augen-zu-und-durch, bei Heidegger die Flucht in die Uneigentlichkeit der Verfallenheit an das gemeine Leben des Man, und b) eine engagierte Grundhaltung der Sorge im Sinne einer aktiv kümmernden Pflege des Daseins. Die Sorge ist zwar »ein existenzial-ontologisches Grundphänomen«[322] unseres Daseins, eine »zugrunde liegende Seinsverfassung«[323]; sie kann aber auch blind werden, wenn wir vor der Angst die Augen verschließen und uns in den Strom dessen, was alle tun (das allgemeine Man), einordnen; die Sorge ist dann noch nicht frei[324]. Dennoch ist das Werden zu dem, was der Mensch »in seinem Freisein für seine eigensten Möglichkeiten« sein kann, »eine ›Leistung‹ der ›Sorge‹«[325]. Bei der *Sorge als Sein des Daseins* geht es für den Menschen »um das eigene Seinkönnen«[326] in der Welt und mit anderen Menschen. Den Bezug zur Welt bezeichnet Heidegger als »Besorgen« und den Bezug zu anderen als »Fürsorge«[327]. Wenn das Dasein des Menschen in seiner Wesensstruktur ein Mitsein mit anderen ist, dann »muß es ebenso wie der umsichtige Umgang mit dem innerweltlich Zuhandenen, das wir vorgreifend als Besorgen kennzeichneten, aus dem Phänomen der *Sorge* interpretiert werden, als welche das Sein des Daseins überhaupt bestimmt wird«[328]. Sorge liegt also dem gesamten Sein – biologischem, gegenständlichem wie zwischenmenschlichem – zugrunde.

Sorge um sich

Bei Michel Foucault[329] taucht das Konzept der Sorge in seinen Analysen antiker Texte als *Sorge um sich* im Rahmen einer Ästhetik der Existenz, die er als Ethik ausweist, auf. Das Subjekt ist bei Foucault keine fixe Substanz, sondern es bildet sich unter je historisch wechselnden Bedingungen im Dreieck von Wissen, Macht und Selbstpraktiken. »Die ethische Sorge um sich befähigt das Subjekt dazu, sich selbst als Effekt gegebener Machtkonstellationen zu reflektieren und sich in einer Praxis zu üben, die darauf abzielt, ein Mehr an Freiheit zu erlangen.«[330] Foucault betont zwar, dass es nicht darum geht, Praktiken der Antike umstandslos auf unsere heutige Zeit zu übertragen; er deutet aber auch mehrfach an, dass Überlegungen, was wir in veränderter Form daraus lernen können, durchaus legitim und für unsere Zeit bedeutsam sind. Daher soll sein Verständnis der Selbstsorge hier auch dargestellt werden.[331]

Bei der Sorge um sich geht es um die Pflichten, die ein Individuum gegenüber sich selbst, aber auch gegenüber seiner Familie und seinen Mitbürgern, ja gegenüber der ganzen Menschheit hat.[332] Dabei handelt es sich nicht um eine Moral der Verbote, sondern um eine *Lebenskunst,* die ästhetische und ethische Kriterien der Existenz definiert.[333] Das Ziel dieser Selbstsorge ist, einerseits nicht von fremden Mächten oder seinen eigenen Begierden beherrscht zu werden, andererseits aber auch die Beziehung zu sich als ein Verhältnis einzurichten, »durch das man sich genießen kann« und eine Freude empfindet, »die man an sich selber hat«[334]. Die so bestimmte Sorge um sich soll sich in Form einer Haltung – eines Ethos[335] – verfestigen und sich in bestimmten Übungen und Überprüfungen des eigenen Verhaltens manifestieren, die man lebenslang durchführt[336]. Selbstsorge und Bildung sind dabei zwei Seiten einer Medaille.[337] Geschuldet ist die Notwendigkeit der Selbstsorge der Freiheit, über die der Mensch im Vergleich zu den Tieren verfügt. »Die Sorge um sich selber ist […] ein Pflicht-Privileg […], das uns die Freiheit gewährt«.[338] Die Selbstsorge umfasst die Pflege des Geistes und des Körpers[339] und drückt sich gegenüber den Mitmenschen in *Fürsorge* aus[340]. Selbsterkenntnis spielt insofern eine Rolle, als man sich durch die Sorge um sich in einen Stand versetzt, in dem man auf alles Überflüssige verzichten kann.[341] Die dabei anzuwendenden Gewissensprüfungen entziffern aber nicht das eigene Selbst auf der Suche nach dessen Wahrheit, sondern beziehen sich auf die eigenen *Taten;* es geht darum, »die Aufgaben und Pflichten des Tages zu bedenken«[342], nicht darum, »Gewissensbisse hervorzurufen«, sondern »besonnenes Verhalten […] zu verstärken«[343].

Foucaults Ethik der Selbstsorge ist allerdings kein individualistisches Programm, denn sie ist eingebunden in gesellschaftliche Dispositive, die zwar beschränken, dessen Spielräume aber auszuloten und zu verändern sind. Ziel ist vor allem herauszufinden, wovon wir uns befreien müssen, um uns als ethisches Subjekt zu konstituieren. Das angestrebte Ethos als moralische Grundhaltung eines Individuums ist immer eine *Selbstbeziehung im Rahmen je konkreter gesellschaftlicher Strukturen.* Die Sorge um sich besteht konkret in der kontinuierlichen Einübung in ethische Praktiken bzw. Selbsttechnologien mit dem Ziel, ein gelingendes Leben auch unter beeinträchtigenden und beschränkenden gesellschaftlichen Bedingungen zu realisieren. Voraussetzung hierfür ist eine *Ethik des Denkens,* um zu unterscheiden, was am Bestehenden förderlich oder neutral, aber eben auch, was problematisch und veränderungsnotwendig ist (vgl. das »discernment« des Dalai Lama im ersten Kapitel oder die »Urteilskraft« bei Hannah Arendt im nächsten Abschnitt). Um eine andere Formulierung von Foucault zu benutzen: Wir müssen das Intolerable bestimmen.

Nach Foucault[344] ist die Sorge um sich eine *Ethik als Praxis der Freiheit.* Um den rechten Gebrauch von seiner Freiheit zu machen, war es im antiken Griechenland notwendig, dass man sich mit sich selbst befasste. »Die Sorge um sich war […] die Art und Weise, in der sich die individuelle Freiheit […] als Ethik reflektierte.«[345] Diese Selbstsorge wird von Foucault aber keinesfalls individualistisch konzipiert; sie ist zugleich eine Sorge um andere und um das Gemeinwesen, in dem man lebt. »Die Sorge um sich ist ethisch in sich selbst, aber sie impliziert komplexe Beziehungen zu anderen in dem Maße, in dem dieses êthos der Freiheit auch eine Weise darstellt, sich um andere zu sorgen.«[346] Die Beziehung zu anderen impliziert auch eine Beziehung zum gesellschaftlichen Gemeinwesen, insofern es den Griechen darum ging, in der Polis den gebührenden Platz einzunehmen, ein öffentliches Amt auszuüben oder Freundschaftsbeziehungen zu haben. Individuelles ist nur im Gesellschaftlichen möglich. In der Sorge um sich ist »die Beziehung zur Politik evident«[347], denn »die ethische Hauptaufgabe«[348] ist die kritische Reflexion missbräuchlicher Regierungsformen. »Damit jedoch diese Praxis der Freiheit in einem êthos Gestalt annehmen kann, die als gut, schön, ehrenhaft, achtbar und erinnerungswürdig erscheint, bedarf es eingehender Arbeit des Selbst an sich selbst«[349], damit derjenige, der sich um sich selbst sorgt, in der Lage ist, sich in Bezug auf die anderen selbst richtig zu führen, sich zu beherrschen und nicht beherrscht zu werden. Sich in der rechten Weise um sich selbst zu sorgen, bedeutet:[350] zu wissen, wer man ist und wozu man imstande ist; was es bedeutet, ein Mitglied eines Gemeinwesens zu sein und einen eigenen Haushalt zu führen; was man fürchten muss und wovor man sich nicht fürchten darf; was man hoffen kann und was einem gleichgültig sein muss; schließlich bedeutet es, keine Angst vor dem Tod zu haben.

Um die spezifische ethische Sorge um sich analytisch zugänglich zu machen, unterscheidet Foucault[351] vier Aspekte bzw. vier Fragen, die er für das antike Konzept wie folgt beantwortet:

1. *Die ethische Substanz: Welchem Teil bzw. welchen Teilen von mir dient die ethische Sorge?* In der Antike waren es die Haltung und die Handlungen, denen die Sorge galt, und nicht – wie im Christentum und in der Moderne – die innere Wahrheit des Selbst, die hermeneutisch entziffert werden muss. Es ging um Praxis, nicht um Gesinnung.
2. *Die Unterwerfungsweise bzw. der Subjektivierungsmodus: Aus welchem Grund soll ich mich als ethisches Subjekt konstituieren?* Der Grund, dem eigenen Leben bestimmte Formen und Werte zu geben, besteht darin, von den anderen als gut, schön, ehrenhaft, achtbar und erinnerungswürdig anerkannt zu werden und dadurch den gebührenden Platz im Gemeinwesen einnehmen zu können.
3. *Die Formen der ethischen Arbeit an mir selbst: Mit welchen Mitteln kann ich mich gestalten?* Die Mittel der Arbeit an sich selbst zielen in zwei Richtungen. Auf der einen Seite geht es um Selbstbesinnung durch die beständige Überprüfung der eigenen Aufgaben und Handlungen – unterstützt durch Lektüren und Aufzeichnungen. Auf der anderen Seite stehen Gespräche mit anderen, in denen man sich wechselseitig unterstützt und berät.
4. *Die Teleologie: Welches Ziel strebe ich mit der Selbstsorge an?* Das Ziel ist ein gelingendes Leben in einer gerechten Gesellschaft, ein Leben, das von den anderen anerkannt wird und in dem man seinen Pflichten für das Gemeinwesen in Freiheit nachkommen kann, ohne von äußeren Mächten oder inneren Begierden abhängig zu sein.

In Foucaults Sicht ist die individuelle Selbstsorge also grundlegend für die Sorge für das gesellschaftliche Gemeinwesen.

Sorge um die Welt

Diese politische Seite der Sorge wird vor allem von Hannah Arendt diskutiert. Den Terminus technicus *Sorge um die Welt* benutzt Arendt nicht unbedingt häufig in ihren Schriften. In ihrem Hauptwerk »Vita activa«[352] taucht er in der einen oder anderen Formulierung z. B. nur fünfmal auf, etwa als »Sorge um öffentliche Angelegenheiten«[353] oder »Sorge für die Welt«[354]. Dennoch sind fast alle ihre Arbeiten von einer Sorge um den politischen Zustand der Welt durchzogen. Die Welt ist für Arendt keine vorausgesetzte objektive Gegebenheit, sondern das »Bezugsgewebe menschlicher Angelegenheiten«[355], das durch Herstellen, Handeln und Sprechen von den Menschen in ihrer Pluralität als dingliches und politisch-öffentliches hervorgebracht wird. Diese menschliche Welt ist dann wiederum die Voraussetzung für die Existenz der Menschen; sie ist also sowohl hervorgebracht als auch vorausgesetzt. Die Sorge um die Welt realisiert sich da, wo die handelnden und sprechenden Menschen in ihrer gemeinsamen Praxis ihre Welt hervorbringen und gestalten.

Die öffentliche Sphäre ist der Raum des Politischen, das von Arendt als Handeln definiert wird. Diese Sicht beruht auf ihrer Unterscheidung von Arbeiten, Herstellen und Handeln, wie sie sie in ihrem Werk »Vita activa«[356] vorgenommen hat. »Vita activa« ist für Arendt die Lebensweise der Freiheit, die im Kern die Freiheit des (immer wieder neu) *Anfangens* ist, die den Menschen auszeichnet. Menschliches Tun unterscheidet sie nun in die Dimensionen Arbeiten, Herstellen und Handeln. Das *Arbeiten* ist der Stoffwechsel mit der Natur, um die Lebensnotwendigkeiten zu produzieren; sie sichert das Überleben des Individuums und das Weiterbestehen der Gattung. Das *Herstellen* produziert die künstliche Welt von Dingen, die sich von der Natur unterscheidet und die den Menschen im besten Fall ein Zuhause bietet, welches das je individuelle Leben übersteigt. Das *Handeln* schließlich schafft die gemeinsame, im eigentlichen Sinne menschliche Welt, den Raum des politischen Gemeinwesens. Das »eigentlich ›Politische‹« ist für Arendt nicht bloß eine Struktur repräsentativ-parlamentarischer Entscheidungsfindung zwischen politischen Vertretern oder Parteien, sondern »das Zueinander-, Miteinander- und Über-etwas-Reden« ohne Gewalt und Zwang zwischen Gleichen und Freien, wo die allgemeinen menschlichen Angelegenheiten geregelt werden – so wie es ursprünglich auf der Agora der griechischen Polis stattfand.[357] »[I]m Mittelpunkt der Politik steht immer die *Sorge um die Welt* und nicht um den Menschen – und zwar die Sorge um eine so oder anders beschaffene Welt, ohne welche diejenigen, welche sich sorgen und politisch sind, das Leben nicht wert dünkt, gelebt zu werden.«[358] In der Sorge um die Welt entwickeln die Individuen zugleich ihre jeweilige Einzigartigkeit. Insofern ist es konsequent, dass Arendt die Sorge um das Selbst der Sorge um die Welt unterordnet. Die Sorge um die Menschen ist der Sorge um die Welt implizit.

»Die Sorge um den Bestand der Welt lastet vor allem natürlich auf dem Menschen, sofern er nicht nur ein herstellendes, sondern ein politisches Wesen ist.«[359] Diese Sorge umfasst aber auch das pflegende Bewahren des Natürlichen als Grundlage der Arbeit sowie den pfleglichen Umgang mit den hergestellten Dingen. Ohne Sorge um die gemeinsame Welt der menschlichen Bezüge gibt es für Arendt kein menschliches Leben. Im Zentrum dieser Sorge steht »das Vermögen der Urteilskraft, das man mit einer gewissen Berechtigung als das politischste unter den geistigen Vermögen der Menschen bezeichnen darf«[360]. Die *reflektierende Urteilskraft* ist einerseits die Fähigkeit, das Besondere zu beurteilen, ohne es gleich zu kategorisieren oder unter allgemeine Regeln zu subsumieren. Andererseits ist sie die Fähigkeit, die Welt und die Dinge nicht nur aus der eigenen Perspektive zu beurteilen, sondern auch die Perspektiven der anderen, die ebenfalls betroffen sind, zu berücksichtigen. Und schließlich ist die Urteilskraft der vermittelnde Übergang von der Theorie des Denkens zur Praxis des Handelns. Die reflektierende Urteilskraft »enthält Momente der Spontaneität und der Selbstreflexion, weil sie sich, angesichts der mannigfaltigen Erfahrungen, zugleich immer wieder in Frage stellen muss. Jeder besondere Fall stellt sie auf die Probe«, erläutert Manfred Geier.[361] Vor allem die *Unvorhersehbarkeit des Besonderen in seiner Einzigartigkeit* erfordert dieses Urteilvermögen, um dem Besonderen gerecht zu werden. Damit ist die Urteilsfähigkeit die Grundfähigkeit, »die den Menschen erst ermöglicht, sich im öffentlich-politischen Raum, in der gemeinsamen Welt zu orientieren«[362]. Das Urteilen ist nach Arendt die bedeutendste Tätigkeit in einer Welt, die wir mit anderen teilen.[363] Ohne Urteilskraft also weder Gemeinsinn noch Sorge um die Welt! Die Sorge um die Welt ist eine Verantwortung, die alle Menschen teilen und der sie sich nicht entziehen können. Für eine bewegliche ethische Orientierung in einer unsicheren, sich ständig verändernden Welt, in der feste moralische Kodizes nicht mehr helfen, ist die reflektierende Urteilskraft von entscheidender Bedeutung.

Sorge in einer mehr als menschlichen Welt

Die *Sorge* um die Welt treibt auch die neuen Materialistinnen um, nur dass die Welt bei ihnen *nicht auf das Menschliche beschränkt* ist, sondern die gesamte belebte und unbelebte Natur, aber auch alle hergestellten Dinge und die Technik umfasst. Bedeutende Vertreterinnen dieser Denkrichtung sind z. B. Donna Haraway[364], Karen Barad[365], Jane Bennett[366] und, was insbesondere die Sorgekonzeption betrifft, Maria Puig de la Bellacasa[367]. Der neue Materialismus (»new materialism«) sieht Materie nicht als tote Teilchen an, sondern erkennt in den unterschiedlichen Materieformen eine eigenständige Wirkkraft: »agency« bei Karen Barad[368] oder »vibrancy« bei Jane Bennett[369] (siehe S. 59 ff.). Eine Kraft der Bewegung, Entwicklung, Gestaltung wird also im neuen Materialismus nicht ausschließlich der menschlichen Handlungsfähigkeit zugesprochen, sondern eine gewisse Dynamik, Agentialität oder Schwingung wird bereits der gesamten Materie bescheinigt. Agentialität ist auch keine ausschließliche Eigenschaft einzelner Elemente, sondern entsteht aus sogenannten *Assemblagen,* also Ansammlungen oder Netzwerken aus Menschen, Dingen, Technologien sowie belebter und unbelegter Natur. Es sind also nicht nur menschliche Akteure, die handeln, sondern ebenso nichtmenschliche Aktanten, und sie handeln nicht allein, sondern immer in Konstellationen oder Konföderationen, die entstehen und vergehen und wieder in neuer Zusammensetzung entstehen und wieder vergehen. Auch der einzelne Mensch wird bereits als Konföderation aus Werkzeugen, Mikroben, Mineralien und vielem anderen betrachtet, die für seine Handlungsfähigkeit eine Rolle spielen.[370] Tatsächlich ist immer alles in Bewegung und in wechselnder Verbindung. Wenn wir Menschen Festigkeit und Dinghaftigkeit wahrnehmen, dann liegt das nur an unserem beschränkten Wahrnehmungsvermögen. Die Welt besteht aus Relationen, wobei – wie nun schon mehrfach hervorgehoben – die Elemente das Ergebnis der Beziehungen sind und nicht ihre Voraussetzung. Die Beziehungen – das *Dazwischen* – bestimmen die Qualität und den Charakter der Dinge, aber auch der Menschen.

An diese Theorie schließt das *neomaterialistische Sorgeverständnis* von Maria Puig de la Bellacasa[371] an – mit ihrer feministisch-materialistischen Konzeption von Verantwortung als »Response-Ability«, als Fähigkeit, auf das Ganze zu antworten, dessen Teil wir sind und dem wir uns nicht entziehen können. Dieser Verantwortung können wir nicht ausweichen, denn *Ethik* wird bei den neuen Materialistinnen nicht für die Menschen reserviert, sondern *als integraler Bestandteil der Welt* verstanden. Das drückt sich vor allem in der Konzeption von Sorge (»care«) aus, die sich ebenfalls nicht nur auf menschliches Handeln beschränkt. *Sorge beinhaltet daher alles, was getan wird, um die Welt zu erhalten, zu reparieren und überhaupt fortzusetzen,* sodass die Menschen und alle anderen Lebewesen so gut wie möglich leben können. In diese Sorge sind also nicht nur die Menschen einbezogen, sondern z. B. auch die Pflanzen und Bäume, die dafür sorgen, dass es genügend gute Luft zum Atmen gibt. Es sorgen also sowohl die Menschen für die natürlichen Lebensgrundlagen als auch die Natur für die menschlichen Lebensgrundlagen: »care is vital in interweaving a web of life«, denn »interdependency [is] the ontological state in which humans and countless other beings unavoidably live«[372].

Eine *Ethik der Sorge* kann deshalb auch kein abgesonderter Bereich moralischer Regeln und Verpflichtungen sein, sondern sie ist eine grundsätzliche praktische Beteiligung an der Welt. »That is, it makes of ethics a hands-on, ongoing process of re-creation of ›as well as possible‹ relations and therefore one that requires a speculative opening about what a possible involves.«[373] Ethik in einer mehr als menschlichen Welt ist die *Beteiligung an der Erhaltung des Lebens,* keine individuelle menschliche Moralität, sondern ein kollektiver Modus täglichen Engagements.[374] Damit verbindet die neomaterialistische Sorgekonzeption ein praktisch eingreifend-erhaltendes Tun, eine affektive Betroffenheit und eine ethisch-politische Verpflichtung – eingebettet in vitale materielle Kräfte, inklusive biochemische Prozesse, technische Prozeduren und die Bewahrung und Pflege der gegenständlichen Objekte. Es geht um das Überleben und Gedeihen unseres gesamten Planeten – von Menschen, Tieren, Pflanzen, Landschaften, Meeren, Dingen, Prozessen –, um Humanes und Nichthumanes. Denn alles zusammen bildet ein komplexes, interdependentes Ganzes. Was jede Assemblage von Kräften in einer je spezifischen Situation an konkretem Sorgeverhalten verlangt, kann eben deshalb auch nicht durch feststehende normative Regeln bestimmt werden, sondern erfordert eine allgemeine Achtsamkeit und jeweils konkrete Analysen.

Sorge ist in neomaterialistischer Sicht eine allgemeine Bedingung in einer lebendigen, relationalen und vernetzten Welt. Zwar ist nicht alles Gegenstand von Sorge, aber fast alles kann ohne Sorge nicht existieren. Sorge impliziert auch nicht notwendig Intentionalität; so sorgen biochemische Prozesse z. B. für das Leben und Überleben der Menschen. Aufgrund seiner besonderen Stellung in der Natur kommt den Menschen aber eine besondere *Verantwortung* zu; sie sind Teilnehmer und Bewahrer im natürlichen Netz des Lebens, nicht dessen Herren. Die Sorge ist kollektiv verteilt, aber nicht symmetrisch reziprok.[375] Das heißt, es ist selten, dass eine sorgende Instanz (»carer«) die Sorge, die sie aufwendet, unmittelbar von dem gleichen Adressaten zurückerhält. »Reciprocity of care is asymmetric and multilateral, collectively shared.«[376]

Ethik wird nicht als ein bestimmtes menschliches Sonderverhalten verstanden, sondern als den konkreten weltlichen Beziehungen schon immer immanent. Deshalb begründet ein solches Ethos auch die daraus folgenden Handlungsmaximen, und es sind nicht die Maximen, die das Ethos begründen. Dieses *Ethos* besteht in einem *Commitment mit allen Wesen der Erde* – menschlichen wie nichtmenschlichen, die in einem verteilten Netz unterschiedlicher Agentialität für das sorgen, was wechselseitig gebraucht wird. »Without caring for other beings, we cannot care for humans. Without caring for humans, we cannot care for the ecologies that they live in.«[377] *Selbstsorge, Sorge für andere und Sorge für die Welt können nicht voneinander getrennt werden.* Ethisches Handeln von Menschen ist auch keine individuelle, sondern eine kollektive soziopolitische Angelegenheit. »These ethics are born out of material constraints and situated relationalities in the making with other people, living beings, and earth's ›resources‹.«[378] Ethik ist in alle Situationen involviert, und »human agency […] is nature working«[379]. Die *Definition des Guten* ist daher keine theoretische Konstruktion, die dem Leben und der Praxis übergestülpt wird, sondern ergibt sich aus den Erfordernissen der Phänomene und Situationen, die erfüllt sein müssen, damit alles, so gut wie es irgend geht, zusammen leben kann. »It requires attention and fine-tuning to the temporal rhythms of an ›other‹ and to the specific relations that are being woven together.«[380]

Die Bedeutung der Sorge für die Ethik

In diesem Abschnitt wird die Konzeption einer Ethik der Sorge zusammengefasst und auf die bereits genannten Aspekte der Sorge von Foucault bezogen:

Sorge wird als eine generelle Bedingung verstanden, die durch den Prozess der Welt zirkuliert, d. h. als eine allgemeine Agentialität des Materiellen. Wiewohl für alles und alle in diesem multilateralen, asymmetrisch-reziproken Netz gesorgt wird, haben die Menschen aufgrund ihrer besonderen Stellung in der Welt eine besondere Verantwortung dafür, diese Welt zu erhalten, zu pflegen und zu reparieren, sodass die Menschen und alle anderen Lebewesen so gut wie möglich leben können (siehe S. 67 ff.). Indem ethisches Sorgehandeln von Menschen in ein lebendiges wechselseitiges Versorgungsnetz der Natur eingebunden ist, ist es kollektiv und soziopolitisch. Selbstsorge, Sorge für andere und Sorge für die Welt sind nicht voneinander getrennt.

Wie lässt sich dies auf die oben angeführten ethischen Aspekte des Sorgeverhaltens von Foucault beziehen?

- Die *ethische Substanz* der Sorge ist das Leben in seiner Allgemeinheit. Die jeweilige Definition des Guten ergibt sich aus den Erfordernissen der besonderen Phänomene und spezifischen Situationen im Rahmen einer allgemeinen Verantwortung für das Lebendige (dem summum bonum, siehe S. 90 ff.), die erfüllt sein müssen, damit ein gedeihliches Leben für alle und alles sichergestellt ist.
- Der *Grund und die Motivation* des Sorgeverhaltens der Menschen ist ihre Eingebundenheit in das kollektive, wechselseitige und asymmetrisch reziproke Netz der Natur. Nur als Teil dieses kollektiven, natürlichen und soziopolitischen Sorgenetzwerkes können die Menschen eine adäquate Selbstsorge betreiben und sich als anerkannte und nützliche Teilnehmer der lebendigen Gemeinschaft reproduzieren.

- Die *Mittel* des Sorgeverhaltens bestehen individuell in einer reflexiven Selbstbeziehung auf der Basis einer reflektierenden Urteilskraft, um die Sorge für sich und die eigene Verantwortung im Kontext der Assemblagen, an denen man beteiligt ist, angemessen bestimmen zu können. Kollektiv bzw. politisch geht es um die Erhaltung und die Pflege alles Lebendigen in einer demokratischen Gesellschaft, in der alle so gut wie möglich leben können und in der ein sorgender Umgang mit der Natur möglich ist.
- Das *Ziel* der Sorge ist ein gelingendes Leben in einer gerechten Gesellschaft (siehe S. 131 ff.), in einer gesunden Natur und einer nachhaltig hergestellten und möglichst dauerhaften Dingwelt, das nur für alle gemeinsam möglich ist und nicht je individuell. Leben und Überleben ist eine kollektive Anstrengung, in die menschliche Akteure und nichtmenschliche Aktanten einbezogen sind.

Spiel

In diesem Abschnitt wende ich mich der zweiten grundlegenden Handlungsform dieser Ethik zu – dem *Spiel* (»play«). Dabei geht es auch wieder nicht darum, eine umfassende Theorie des Spiels bzw. eine komplette Spieltheorie zu entwickeln. Die im Englischen mögliche Unterscheidung zwischen *play* und *game* aufgreifend, die im Deutschen keine Entsprechung hat, unterscheide ich freies und gebundenes Spiel. Gebundenes Spiel ist in vielerlei Hinsicht bedingt, z. B. durch zeitliche Begrenzung und strikte Regelverfolgung und/oder Zulassungsbeschränkungen. Beim freien Spiel geht es um eine *Entfaltung kreativer Kräfte* des Menschen. Dieses Spiel kann von jedem und jeder jederzeit und überall gespielt und jederzeit beendet werden. Wenn es Regeln gibt, dann entstehen sie im Spiel und sie sind veränderbar; die Regeln bestimmen nicht das Spiel, sondern das Spiel bestimmt die Regeln. Spiel ist im grundlegenden, vielleicht ursprünglichen Sinne gemeint, vielleicht so wie Platon[381] den Ursprung des Spiels in einer »Spiellust« junger Geschöpfe verortet, als »Trieb, sich ständig zu bewegen und Töne vernehmen zu lassen, bald springend und hüpfend, gleichsam tanzend vor Freude«. Vor allem geht es aber um die Bedeutung, die das freie Spiel für moralisches Handeln bzw. ethisches Können hat.

Der Mensch ist nur Mensch, wenn er spielt

Der hierfür naheliegendste und in diesem Zusammenhang immer wieder zitierte Vertreter ist Friedrich Schiller mit seinen Briefen »Über die ästhetische Beziehung des Menschen«[382]. Generell geht es Schiller um den Beitrag der ästhetischen Erziehung für ein moralisches Handeln der Einzelnen und für einen gerechten Staat. Schillers Ideal war die Freiheit, und diese war seiner Meinung nach nur durch die Schönheit zu erreichen, die sich durch Spiel realisiert. Dabei schließt er an die Kant'sche Unterscheidung von empirischer und intelligibler Welt an[383] und unterscheidet selbst Natur und Vernunft, die in einen Gegensatz getreten sind, der dazu führt, dass die Natur herrschaftlich unterworfen wird und der Mensch der Natur, den anderen Menschen und sich selbst – seiner eigenen Natur – entfremdet ist. Die kulturellen Folgen sind moralische Anomie und egoistisches Verhalten. »Ewig nur an ein einzelnes kleines Bruchstück des Ganzen gefesselt, bildet sich der Mensch selbst nur als Bruchstück aus, ewig nur das eintönige Geräusch des Rades, das er umtreibt, im Ohre, entwickelt er nie die Harmonie seines Wesens, und anstatt die Menschheit in seiner Natur auszuprägen, wird er bloß zu einem Abdruck seines Geschäfts.«[384]

In der Natur sieht Schiller einen sinnlichen, sprich empirischen Trieb walten und in der Vernunft einen Formtrieb. Den ersten regiert die Notwendigkeit und den zweiten die Freiheit. Da diese sich aber abstrakt und unverbunden gegenüberstehen, ist ihre mögliche und für eine freie Entfaltung der Menschen erforderliche Harmonie be- oder sogar verhindert. Die Verbindung soll nach Schiller'scher Auffassung die Ästhetik bzw. die Schönheit leisten, die sich im *Spieltrieb* realisiert. »Derjenige Trieb also, in welchem beide verbunden wirken [… ist] der Spieltrieb«.[385] Gesellschaftliche und individuelle Freiheit und Harmonie können nur entstehen, wenn beide Triebe, also Natur und Vernunft, durch den Spieltrieb vermittelt werden.

Diese herausragende Bedeutung, die Schiller dem Spiel für ein moralisches Handeln wie für eine gerechte Gesellschaft zubilligt, liegt eben daran, dass im *freien Spiel* sich *kreative menschliche Kräfte* entfalten, die Natur und Kultur, Notwendigkeit und Freiheit verbinden, denn das Spiel ist »das, was weder subjektiv noch objektiv zufällig, und doch weder äußerlich noch innerlich nötig«[386] ist. »Denn, um es endlich einmal herauszusagen, der Mensch spielt nur, wo er in voller Bedeutung des Worts Mensch ist, und *er ist nur ganz Mensch, wo er spielt.*«[387] Diese Aussage hat – so betont Schiller[388] – eine »große und tiefe Bedeutung« für die »Lebenskunst«. Spielen sowie frei und gelungen leben können stehen also in engstem Zusammenhang.

Im »Spiel *der freien Ideenfolge*«, »in der *freien Bewegung*, die sich selbst Zweck und Mittel ist«, entwickelt der Mensch seine »Einbildungskraft«[389]; »im zwecklosen Aufwand genießt sich die üppige Kraft«[390]. Im spielerischen Umgang mit ihrer Welt können die Menschen die Spaltung von Natur und Kultur, von Körper und Geist überwinden. Dann sind sie – so sieht es Schiller – motiviert, moralisch zu handeln, und der ethische und ästhetische Staat sorgt für Gerechtigkeit und Freiheit.

Homo ludens – der spielende Mensch

Das Buch »Homo ludens« von Johan Huizinga[391] ist ein Klassiker für eine Erklärung des Spiels. Huizinga untersucht das Spiel als Kulturerscheinung. Seine These ist: »Kultur in ihren ursprünglichen Phasen wird gespielt. Sie entspringt nicht *aus* Spiel, wie eine lebende Frucht sich aus dem Mutterleibe löst, sie entfaltet sich *in* Spiel und *als* Spiel.«[392] Seiner Auffassung nach hat Kultur Spielcharakter, wobei das Spiel älter als Kultur ist – quasi ihr Ursprung. Im Spiel entfaltet sich etwas im Ästhetischen mit eigenem Sinn, das über den Zwang zur unmittelbaren Lebensbewältigung hinausgeht. Obwohl Spiel eine bestimmte Qualität des Handelns ist, die sich vom gewöhnlichen Leben unterscheidet, haben wir es mit einer primären Lebensäußerung zu tun. Huizinga beschränkt seine Untersuchung auf soziale Spiele, deren Verwobenheit mit Kulturerscheinungen er im Wettkampf, im Recht, im Krieg, in Dichtung, Musik und Kunst sowie in Philosophie und Wissenschaft durchspielt.

Der innere Zusammenhang von Spiel und Kultur zeigt, dass nicht nur eine Beziehung zum Ästhetischen, sondern auch zum *Ethischen* besteht, denn es geht um Bereiche und Formen menschlichen Zusammenlebens. Weil Spiel aber als grundlegende und ursprüngliche Lebensäußerung verstanden wird, interessiert im Kontext der vorliegenden Studie vor allem, wodurch Huizinga Spiel im Allgemeinen gekennzeichnet sieht:[393]

- In erster Linie ist Spiel ein freies Handeln, das sich vom gewöhnlichen Leben und der Befriedigung von Notwendigkeiten unterscheidet. Die Ziele des Spiels liegen in ihm selbst und nicht im Bereich der Befriedigung materieller Bedürfnisse und Interessen.
- Da das Spiel abgegrenzt von der notwendigen Lebenserhaltung ist, hat es seine eigenen räumlichen und zeitlichen Grenzen, die im Wesentlichen von den Spielenden selbst gezogen, aber auch jederzeit wieder geändert werden können.
- Das Gleiche gilt für die Regeln – sofern es sich nicht um gebundene Spiele (games) handelt. Die Beteiligten machen ihre Regeln selbst, geben sie sich vor oder entwickeln sie im Spiel. Auf jeden Fall schafft jedes Spiel seine eigene Ordnung.
- Dem Spiel wohnt ein Spannungsmoment inne, das der Unsicherheit des Ausgangs oder des Gelingens entspringt; es fesselt, es bannt, es bezaubert. In der Spannung der Unsicherheit werden die Fähigkeiten der Spieler auf die Probe gestellt.
- Spiel hat eine Beziehung zum Agonalen, zum Wettkampf, zum Gewinnen oder wenigstens, auch wenn es allein gespielt wird, zum *Gelingen.* Dies hat wieder mit der Unsicherheit und dem Zufallsmoment innerhalb des Spiels zu tun.
- Spiel ist kein Ernst, ist nicht so gemeint; es ist ein Tun-als-ob, obwohl es von den Spielenden sehr ernst genommen werden kann. Alles passiert eben nur im Spiel, seine Ausführung ist ein Scheinverwirklichen.

Resümierend formuliert Huizinga:[394] »Der Form nach betrachtet, kann man das Spiel also zusammenfassend eine freie Handlung nennen, die als ›nicht so gemeint‹ und außerhalb des gewöhnlichen Lebens stehend empfunden wird und trotzdem den Spieler völlig in Beschlag nehmen kann, an die kein materielles Interesse geknüpft ist und mit der kein Nutzen erworben wird, die sich innerhalb einer eigens bestimmten Zeit und eines eigens bestimmten Raums vollzieht, die nach bestimmten Regeln ordnungsgemäß verläuft und Gemeinschaftsverbände ins Leben ruft, die sich ihrerseits gern mit einem Geheimnis umgeben oder durch Verkleidung als anders von der gewöhnlichen Welt abheben.« Das Spiel wird als ein schöpferischer Prozess angesehen, der einerseits Kulturformen hervorbringt und andererseits die schöpferische Fantasie der Spielenden anregt. Die Freiheit für die Fantasie wird darin deutlich, dass Spielen eine gewisse Beweglichkeit ausdrückt. Etwas, ein Mechanismus z. B., hat Spiel, also einen freien Bewegungsraum. Generell meint Spielen deshalb auch eine leicht von der Hand gehende Verhaltensweise des Ausprobierens.

Für eine Ethik, die play und care als Grundkategorien hat, ist eine Bemerkung von Huizinga von Interesse, die das englische »play« vom altenglischen »plega, plegan« herleitet, von denen auch das deutsche »pflegen« als »für etwas sorgen« abstammt.[395] Und immer wieder wird auf das Unsicherheitselement, das dem Spiel eignet, abgehoben.[396] Ein Spiel ist auch ein Wagnis, es geht um etwas, das glücken, aber auch scheitern kann. Das Ausprobieren oder Tun-als-ob im Spiel kann deshalb auch als eine Art Training für gelingendes Handeln angesehen werden. Auch dies ist für eine Ethik für unsichere Zeiten von Bedeutung, wenn Probleme zunächst mal probehalber im Spiel angegangen werden, bevor es ernst wird. Deshalb ist ein Spielverderber nicht nur jemand, der anderen Beteiligten das Spiel verleidet, sondern auch ein »Revolutionär«[397], der neue Spielregeln erfindet, weil er das Alte als unzureichend erkannt hat. »Um wirklich zu spielen, muß der Mensch, solange er spielt, wieder Kind sein«, stellt Huizinga[398] fest. Der »Spielfaktor ist […] vor allem da wirksam, wo der Geist und die Hand sich am freiesten bewegen können.«[399]

Spielerische Lebenskunst

Eine *spielerische Lebenskunst* hatte – wie oben angeführt – Schiller[400] bereits 1793/94 gefordert, um die Menschen vom ökonomischen Joch einer vereinseitigten Entwicklung ihrer Fähigkeiten zu befreien. Über zweihundert Jahre später machen sich der Neurobiologe Gerald Hüther und der Philosoph Christoph Quarch[401] ebenfalls wieder auf, das Spiel vor einer Ausbeutung durch die instrumentelle Vernunft einer ökonomistischen Logik zu retten und für eine freie und gemeinschaftliche Entwicklung der Menschen zu nutzen. Sie wollen »dem gewichtigen Ernst des Lebens mit dem heiteren Ernst des Spielens begegnen«, um »die große weite Welt der unbegrenzten Möglichkeiten« aufzuschließen, »die sich dem Menschen dort eröffnet, wo er Zeit und Raum zum Spielen findet«[402].

Die Voraussetzung dazu finden sie in unserer menschlichen biologischen Ausstattung angelegt – in der Spielfreudigkeit unserer Erbanlagen und unseres Gehirns. Die »spielerische Durchmischung von Genkonstellationen [...] hat die Entstehung von Leben und vor allem von lebendiger Vielfalt auf unserem Planeten erst ermöglicht«[403]. Und genauso funktioniert unser Gehirn, auch dort entstehen kreative Einfälle nur, wenn die in unterschiedlichen neuronalen Netzwerken verankerten Wissensinhalte, Kenntnisse und Erfahrungen jenseits von Stress und Druck spielerisch auf »neuartige Weise miteinander verknüpft« werden können.[404] Unser Gehirn ist in Höchstform also nur, wenn es spielt.

Die Lust am Spielen kennzeichnet nicht nur die Menschen, sondern auch die Tiere, wenn nicht sogar das Leben im Allgemeinen. Spiel wird deshalb von Hüther und Quarch[405] als »universelles Prinzip sich selbst organisierender Systeme« angesehen. Warum ist diese Aktionsform aber insbesondere für uns Menschen so bedeutsam?[406]

1. Spielerisch probieren wir in Gedanken verschiedene Möglichkeiten zur Lösung eines Problems, zur Erreichung eines Ziels oder zur Realisierung einer Absicht durch. Wir machen Gedankenspiele, bevor wir sie in der Praxis umsetzen.
2. Aber auch wenn wir zu handeln beginnen, erproben wir – wann immer möglich – zunächst spielerisch, was geht, bevor wir uns auf einen irreversiblen Ernstfall einlassen.
3. Selbstgesteuertes, intrinsisch motiviertes Lernen würde es ohne spielerische Aktivität nicht geben. Ohne immer neue spielerische Erkundungen könnten wir die in uns angelegten Potenziale nicht entfalten.
4. Auch echte Kreativität im Sinne durchbrechender Innovationen ist ohne Spiel nicht möglich. Nur dadurch, dass wir in der Lage sind, auszuprobieren und ohne Druck Vorhandenes umzubauen, zu ergänzen und zu verbessern, kommt wirklich Neues in die Welt.
5. Ohne Spiel gäbe es keine Schönheit. Alle Künste sind im Kern »Spielarrangements, mit denen wir spielerisch unsere Welt so einrichten, dass wir uns in ihr zu Hause fühlen«[407].

Allerdings sind wir nur dann in der Lage zu *spielen, d. h., frei zu denken und zu handeln,* wenn wir nicht durch den alltäglichen Druck von Überlebensnotwendigkeiten daran gehindert werden. Freiheit und Autonomie sowie Verbundenheit und Gemeinschaft sind neben Angstfreiheit die Voraussetzungen für das Spielen.

Hüther und Quarch sind sich bewusst, dass auch das Spiel kein Bereich ist, der per se vor Korrumpierung durch wirtschaftliche Ausbeutung geschützt ist. Wenn das Spiel zum Konsumgut und der Spielplatz zum Marktplatz wird, ist es mit dem authentischen Spiel vorbei. Dies ist die Folge einer umfassenden Ökonomisierung unserer Gesellschaft, in der sich alles nur noch um den Profit dreht, in der der Homo oeconomicus den Homo ludens verdrängt hat. Die beiden Autoren unterstellen dem Spiel gegenüber der herrschenden instrumentellen Lebensweise allerdings eine subversive Kraft. Deshalb ist die Entwicklung einer »Kultur spielerischer Lebenskunst« für sie »ein politisches, ja, vielleicht sogar visionäres Projekt«[408].

Dafür ist es aber erforderlich, *gute bzw. echte Spiele* von falschen zu unterscheiden:

- Echte Spiele sind frei von ihrer Nutzung durch nicht in ihnen selbst liegenden Zwecken, vor allem müssen sie sich unbehindert von wirtschaftlicher Ausbeutung realisieren können. Mehr noch, echte Spiele haben eine Rückbindung »an das Wahre, Gute und Schöne«[409].
- Echte Spiele bieten den Menschen einen Begegnungsraum, in dem sie ihre wechselseitige Verbundenheit entdecken und entfalten können. Im Spiel begegnet der Mensch einem Du – und sei es das eines Spielzeugs, das vor allem für Kinder im Spiel lebendig wird. »Spiel ist wesentlich Zusammenspielen, Miteinanderspielen«[410].
- Obwohl aufs Innigste mit einem Du verbunden, ist, wer spielt, dennoch frei. Spielen eröffnet Freiräume. »Wer spielt, kann sich spielerisch ausprobieren. Wer spielt, dem stehen Tausende möglicher Spielzüge offen. Wer spielt, kann aus dem Meer der Möglichkeiten schöpfen.«[411]
- Echte Spiele sind Nachahmung, aber auch Vorahmung – sie nehmen etwas voraus. Vor allem sind sie Darstellung in der Logik des Als-ob. Spiele zeigen zunächst zwar nur sich selbst; im darstellenden Als-ob, im spielerischen Handeln der Irrealität, gelangt der Spielende allerdings auch zur Selbstdarstellung. Er erprobt

> sich, indem er etwas darstellt; er erfährt, was an Potenzial in ihm steckt, indem er seine Fähigkeiten ganz nebenbei – eben spielerisch – entwickelt.[412]

In der *spielerischen Lebenskunst* geht es um eine Grundhaltung dem Leben gegenüber, die ernst gemeint ist, wenn auch nicht immer alles bierernst genommen wird. Es werden im Alltag Eigenschaften kultiviert, die echten Spielen eignen: die Verbindung zum Wahren, Guten und Schönen (siehe 25 ff. u. 143 ff.), die Verbundenheit mit anderen und anderem in einer Gemeinschaft, die Freiheit des Handelns in offenen Horizonten und Ausprobieren von Möglichkeiten der (Selbst-)Darstellung. Akteurinnen und Akteure spielerischer Lebenskunst sind nicht geleitet durch egoistisches Kalkül, rücksichtloses Konkurrenzverhalten und Instrumentalisierung ihrer Mitmenschen. »Es geht um eine Grundhaltung zum Leben, die sich aufs Spiel zu setzen wagt, sich offen hält für neue Horizonte und ungeahnte Perspektiven, die den Mut aufbringt für Kokreativität und ungewöhnliche Lösungen.«[413] Eine spielerische Lebenskunst ist keine Technik der Selbstoptimierung, die im Kern eine Begleiterscheinung der neoliberalen Vermarktlichung der Gesellschaft ist. Im Gegenteil, in der spielerischen Lebenskunst geht es darum, im Zusammenspiel mit anderen sich auf das Wagnis des Lebens einzulassen, um dessen Schönheit – womöglich durch Widerständigkeit gegen Mensch und Natur ausbeutende polit-ökonomische Verhältnisse – zu entfalten. Es geht darum, gemeinsam mit anderen herauszufinden, was das gute Leben (siehe S. 131 ff.) ist – um dann dafür zu kämpfen. »Wo diese Lebenskunst gelingt, ist das Leben ein wahres Kunstwerk: ein einmaliges und schönes Gebilde, das etwas zeigt, was es auf diese Weise noch nie gab.«[414]

Spiel der Potenzialität

Die Welt ist für Eugen Fink[415] der Inbegriff dessen, was vorhanden und was möglich ist – das Ganze von Realität und Potenzialität (siehe S. 62 ff.). Sie ist kein Rahmen oder Behälter, der die existierenden Dinge enthalten würde, sondern ein Prozess »[o]hne Grund und ohne Zweck, ohne Sinn und ohne Ziel, ohne Wert und ohne Plan«[416]. Das Walten der Welt ist die Macht der Individuation, das principium individuationis, das das Einzelne hervorbringt und wieder vernichtet. Die Welt ist die »Versammlung, Ordnung und Gliederung«[417] alles wirklichen und alles möglichen Seienden.

In diesem unendlichen Walten der Welt ist der Mensch gegenüber den anderen Tieren, den Pflanzen und Dingen herausgehoben; er verhält sich verstehend zu dem, was ihn umgibt. Er ist charakterisiert durch sein bewusstes Verhalten-zu. Dieses bewusste Verhalten-zu realisiert sich als Arbeit, Kampf, Liebe, Sterblichkeit und Spiel, die von Fink als existenziale Grundphänomene bezeichnet werden.[418] Die Arbeit produziert, der Kampf unterwirft, die Liebe vereint und der Tod vernichtet. Was nun kennzeichnet das Spiel im Unterschied zu den anderen Existenzialien, also zu den anderen Grundbestimmungen des Menschseins?

Sein Hauptkennzeichen ist ein bestimmtes Verhältnis von Wirklichkeit und Unwirklichkeit. Es ist als leibhaftes Geschehen real, nimmt Raum ein und verbraucht Zeit. Zugleich steht es aber auch außerhalb von Raum und Zeit, ist Spiel der Fantasie jenseits der Frage der Wirklichkeit dessen, was im Spiel geschieht. Es ist wirklich *als* Spiel und unwirklich *im* Spiel. »Als eine eruptive Lebensmacht durchwaltet das Spiel das menschliche Sein und lässt sich nicht auf einen einsinnigen, zielbezogenen Lebensvollzug festlegen.«[419] Das Spiel schafft kein Werk; sein Vorgang selbst ist sein Werk. Es beginnt und endet in völliger Freiheit – spontan und jederzeit. Es geschieht um seiner selbst willen, hat keinen anderen Zweck als sich selbst. Ein Spiel, das einem äußeren Zweck unterworfen wäre, wäre ein unechtes Spiel – im Grunde gar kein Spiel mehr. Auch wenn eine Spielhandlung aussieht wie eine andere Handlung in der Welt, z. B. eine Arbeit, hat sie doch einen anderen Sinn. Sie ist ein Tun-als-ob; das, was geschieht, geschieht als Schein und ist trotzdem keine subjektive Täuschung. Ein Spielender hat ein doppeltes Bewusstsein – gewissermaßen ein Außen- und ein Innenbewusstsein; er weiß, alles ist Spiel, und nimmt sich und das Spiel trotzdem ernst. Im Spiel verliert die Realität ihren Widerstand; alles ist möglich. Die Spielenden werden durch ihre Handlungen nicht gebunden; ihr Tun hat keine Folgen in der Wirklichkeit. »Jedes Spiel [...] hat einen mitmenschlichen Horizont.«[420] Spielen ist offen für Mitspieler, aber auch ohne unmittelbare Mitspieler ist ein einsamer Spieler auf andere bezogen – sei es in der Fantasie oder in Form eines Spielzeugs, z. B. einer Puppe oder Spielfigur. Spielen ist Kommunikation und damit gemeinschaftsbildend. Spielen ist leibhaftes Tun, ist lustvoll, fasziniert, schlägt die Spielenden in Bann. »Die Spiellust ist eine seltsame, schwer begreifliche Lust, weder nur sinnlich noch nur intellektuell; sie ist eine schöpferische Gestaltungswonne eigener Art und in sich vieldeutig, vieldimensional. Sie kann tiefe Trauer und das abgründige Leid in sich aufnehmen, sie kann das Entsetzliche lustvoll umklammern.«[421] Spielen ist Lebensvollzug, vitales Experiment, improvisiert, erfindet, ist magische Produktion, Schöpfertum, schafft seine eigene Welt.[422] In dieser ist das Spiel zugleich »Sinnvergegenwärtigung von Welt und Leben«[423] und damit auch im gewissen Sinn Training oder Therapeutikum für die Lebensbewältigung in der Realität – Katharsis bereits bei Aristoteles[424].

Neben dieser praktischen Charakterisierung hat das Spiel für Fink seinen »außerordentlichen Rang darin, ein existenziales Grundphänomen zu sein«[425]. Der Mensch ist wesenhaft durch seine Spielmöglichkeit bestimmt. Im Spiel und durch es geschieht die »verstehende Eröffnung des Menschlichen Daseins zur Welt hin«[426] – und dies in anderer Weise als in Arbeit, Kampf, Liebe und Totenkult. Zwar ist Spiel auch Paraphrase und Nachbildung der gewöhnlichen Verhaltensweisen und Dinge, aber es hat darüber hinaus auch einen über die Gewöhnlichkeit der Alltagsdinge hinausragenden Seinsrang.[427] Das Spiel unterbricht die Kontinuität der zweckhaften Handlungen der Notwendigkeit auf ein Reich der Freiheit hin. Im Spiel transzendieren die Menschen ihre Bedingtheit und Gewordenheit in Richtung auf bisher ungelebte Möglichkeiten. »Der Mensch – als Spieler – existiert weltoffen dann gerade am meisten, wenn er alle Maßstäbe verabschiedet und sich ins Grenzenlose hinaushält.«[428] *Spiel ist Potenzialität* und mit dieser Charakterisierung besteht im Spiel eine eigentümliche Verweisung auf das Werden des Weltganzen: »Die Welt waltet als Spiel«.[429]

Die Bedeutung des Spiels für die Ethik

Freies Spielen ist von existenzieller Bedeutung für ein gelingendes Leben; das war der durchgängige Tenor der bisherigen Rekonstruktionen. Frei ist ein Spiel aber nur, wenn es seinen Zweck ausschließlich in sich selbst hat und keinen fremden Zwecken unterworfen wird. Die Freiheit des Spiels drückt sich auch in der Freiheit der Möglichkeiten aus, die *im* Spiel als von den Notwendigkeiten – dem Ernst des Lebens – abgegrenztem Ort und abgegrenzter Zeit imaginär und kreativ realisiert werden können. Im Spiel entdeckt und entfaltet der Mensch seine Potenziale als ganzer Mensch und nicht nur als funktionierendes Rädchen im ökonomischen Getriebe.

In Bezug auf die von Foucault angeführten ethischen Dimensionen bedeutet das:

- Die *ethische Substanz* des Spiels ist die nahezu unbegrenzte Potenzialität des Menschen als eines nicht durch Instinkte festgelegten Wesens in einer mehr als menschlichen Welt, das seine Verantwortung für die Gestaltung dieser Welt spielerisch erprobt und aktiv übernimmt.
- Der *Grund und die Motivation* zu spielen liegen bereits biologisch in der angeborenen Spiellust des Menschen, im Spieltrieb, der wohl gleichursprünglich mit Leben überhaupt ist. Die Motivation, darüber hinaus eine spielerische Lebenskunst zu entwickeln und zu pflegen, könnte darin liegen, dem oft drückenden Ernst des Lebens etwas entgegensetzen zu wollen, um Distanz zum Alltag zu gewinnen und frei für Neues zu werden.
- Das zentrale *Mittel* des Spiels ist die menschliche Fantasie und Kreativität, wobei buchstäblich alles zum Spielzeug werden kann. Ein Stück Holz kann als Gewehr oder Puppe dienen, ein Stuhl als Eisenbahnwagon. Besondere Mittel sind die Mitspieler; gemeinsam kommt die Fantasie erst richtig in Schwung. Spiel ist gemeinschaftsbildend.
- Das *Ziel* des Spiels ist der spielende Mensch selbst. Im Spiel geht es um das Erleben von Freiheit, um das Entdecken von Möglichkeiten, um das Trainieren von Fähigkeiten, ums Gelingen (siehe S. 124 ff.) und um die Freude am Tun – schlicht ums Lebenkönnen.

Der Zusammenhang von Sorge und Spiel und der doppelte Bezug aufs Grundgute

Nicht einzelne sorgende oder spielerische Tätigkeiten sollten ausgewiesen werden, sondern die dem Lebendigen gegenüber angemessene Haltungs- und Handlungs*form* – das *Ethos.* Einzelhandlungen müssen diese Form realisieren, ohne dass die Form durch Einzelhandlungen je ausgefüllt werden könnte. Dem widerspricht schon der dem Lebendigen innewohnende Drang zur Transgression, d. h. dazu, sich beständig selbst zu überschreiten. Leben ist Unsicherheit und Veränderung; dies muss sich in allen Handlungsweisen widerspiegeln; sie sollten spielerisch versuchend und veränderbar sowie pfleglich und nachhaltig sein. Was das im Einzelnen bedeutet, muss immer wieder situationsangemessen neu erfunden werden. Ein Ethos ist ein Rahmen und kein Rezept.

Es gibt allerdings einen inneren Zusammenhang der beiden grundsätzlichen Handlungsformen von Sorge und Spiel mit einem je doppelten Bezug auf das summum bonum. Das heißt, *Sorge und Spiel beziehen sich beide sowohl auf die Pflege des Lebendigen als auch auf die Selbsttransformation.* Am schnellsten wird dies durch eine Kreuztabellierung deutlich. Danach kann der Inhalt der Tabelle ausführlicher erläutert werden.

Tabelle 1: Sorge und Spiel in Bezug auf das Grundgute

Die Handlungsformen / Das Grundgute	Sorge	Spiel
Pflege des transformativen Lebendigen	Sorge um die Welt	spielerisch-erotisches Weltverhältnis
Beständige ethische Selbsttransformation	Sorge um sich	spielerisch-kreative Selbstveränderung

Die lebendige Welt des Natürlichen ist ein kooperatives, wechselseitiges Sorgeverhältnis und ein spielerisches Ausprobieren der Möglichkeit des Veränderten und des Neuen. Dem entsprechen als menschliche Handlungsformen die Sorge um die Welt und generell ein spielerisch-erotisches Verhältnis zur Welt. Das Paradigma dieser Handlungsformen ist die *Liebe,* die sorgend Verantwortung übernimmt für das Gedeihen des anderen und zugleich ein erotisches Spiel der Verzauberung ist. Liebe ist das Bewusstsein meiner Einheit mit der Welt, mit dem anderen, sodass ich nicht isoliert, sondern verbunden bin. Ich will und kann nur ich sein, indem ich Teil des Ganzen bin, für das ich die Verantwortung übernehme. Liebe bedeutet Verwirklichung im anderen und des anderen in mir.

Unser Selbst ist ein fluider Prozess, eine instantane Neukonfiguration von Moment zu Moment, niemals (höchstens künstlich) festgestellt, immer im transformativen Fluss. Dem entsprechen als selbstbezügliche Handlungsformen die dauerhafte ethische Sorge um sich und generell ein spielerisch-kreatives Verhalten des Ausprobierens von neuen Möglichkeiten des Selbstseins. Die paradigmatische Verhaltensweise ist das *Erfinden,* nicht so sehr das des Ingenieurs als das des Bastlers.[430] Ein Bastler hat keinen festen Plan und auch keine präzise Vorstellung vom Endprodukt seines Tuns. Er wird niemals fertig. Ein Bastler weicht von der vorgegebenen Bahn ab, um durch abwegige Vorgehensweisen neue Möglichkeiten zu erkunden. Ein Bastler tritt in den Dialog mit dem Material und erkennt dessen Eigensinn an. Ein Bastlerproblem lässt immer mehrere Lösungen zu; ist ein Weg versperrt, (er-)findet der Bastler einen Schleichweg. Durch permanentes Umwandeln macht ein Bastler aus Altem Neues.

Gelingendes Leben und Sterben und die Einheit des Wahren, Guten und Schönen

Begonnen hatte dieses Buch mit den Unsicherheiten der aktuellen Krisen der Gegenwartsgesellschaft: Klimawandel, Finanzkrisen, Terrorismus, Demokratiekrise (erstes Kapitel) – im Verlauf des Schreibens kam dann sogar noch die Covid-19-Pandemie mit weltweit katastrophischen Zuständen hinzu. Im zweiten Kapitel wurde die Ethik des Kapitalismus kritisch analysiert und der Übergang von einer Ethik der Arbeit zu einer Ethik des Lebens vorbereitet. Schon im darauf folgenden Kapitel verschob sich allerdings der Blick. Es ging jetzt nicht mehr nur um die Unsicherheiten unseres kapitalistischen Wirtschaftens, sondern um die grundsätzliche Unsicherheit, die mit dem Leben im Universum verbunden ist – mehr noch, die die Voraussetzung überhaupt für Leben ist, das nur fern vom Gleichgewicht entstehen und sich erhalten kann. Aus der notwendigen Unsicherheit des Lebens sowie der Fluidität und prozesshaften Veränderung des menschlichen Selbst wurden dann im Kapitel »Die Doppelstruktur des summum bonum und die ethischen Herausforderungen des Menschen« die Aufgaben abgeleitet, denen verantwortliches Handeln genügen muss, das nicht nur die eigene Würde, sondern die Würde alles Lebendigen im Blick hat. Das vorherige Kapitel widmete sich den grundsätzlichen menschlichen Handlungsformen Sorge und Spiel, die geeignet sind, kreativ und gestaltend den Unsicherheiten zu begegnen, ihnen sogar etwas Positives, Schöpferisches abzugewinnen. Ein staunendes Verhältnis zum Zauber der Welt und ein erotisches Verhältnis zum Lebendigen waren dafür die Voraussetzung.

Dies ist nun die letzte Station der Reise, und wie die Reise des Lebens endet auch das Buch mit dem Tod. Aber noch ist es nicht so weit, noch sind wir am Leben – ich, der dieses Buch schreibt, und Sie, die dieses Buch gerade lesen. Deshalb will ich jetzt auch nicht vorgreifen, selbst wenn Heidegger[431] in seiner Existenzialontologie meint, das Leben sei ein Sein zum Tod. Das ist grundsätzlich – eben ontologisch – nicht falsch, aber jetzt leben wir ja noch und wollen dies genießen, wollen, dass es ein gelingendes wird und am Ende im Sterben ein gelungenes. Deshalb ist das Thema des *gelingenden Lebens und Sterbens* auch das Zentrum dieses Kapitels, garniert mit der Einheit des Wahren, Guten und Schönen, die für das Gelingen existenziell ist. Dafür ist es wichtig, dass wir uns zunächst mit dem Gelingen an sich beschäftigen, denn dieses hat in unserer erfolgssüchtigen Gesellschaft einen schlechten Stand.

Gelingen statt Erfolg

Zur Klärung dessen, was das Gelingen vom Erfolg unterscheidet, greife ich auf zwei Bücher zurück, die ich zusammen mit Claudia Dehn geschrieben habe.[432] Die hohe Bewertung des persönlichen Erfolges als eher außenorientiertes Kriterium eines guten Lebens ist in unserer von der wirtschaftlichen Logik dominierten Gesellschaft kaum noch steigerungsfähig. Doch laut Gerhard Schulze[433] kommt es seit einiger Zeit zur Anerkennung eines anderen Verständnisses von Lebensbewältigung: dem *Gelingen.* Was hat es mit der Kategorie des Gelingens auf sich? Was unterscheidet diese Form der Handlungsfähigkeit vom erfolgsvernarrten Konkurrenzkampf unserer spätkapitalistischen Gesellschaft?

Nähern wir uns der Frage des Gelingens zunächst phänomenal. Wenn etwas gelingt, erleben wir das subjektiv positiv – als Lustgefühl; aber auch umgekehrt gilt, jedes Misslingen ist von negativen Gefühlen begleitet. Die Gefühle folgen auch nicht dem Gelingen oder Misslingen; sie sind unmittelbar, quasi zeitgleich mit dem Geschehen verbunden. Jeder und jede, der oder die einigermaßen im Kontakt mit sich und der Welt steht, wird einen Seismografen in sich entdecken, der in der Regel zuverlässig bewertet, ob die Situation, in der man sich befindet, eher förderlich, eher neutral oder eher hinderlich ist. Dies geschieht ohne das Bewusstsein von Gründen als spontane ästhetische Wahrnehmung und intuitives Erkennen. Gründe kann das reflektierende Bewusstsein einholen durch die nachfolgende Analyse der Situation. Die Wahrnehmung und die intuitive Erkenntnis waren aber schon vorher da. Bauchgefühl sagt man gelegentlich im Alltag. Was wir in dieser Beschreibung erkennen, ist, dass ein Gefühl des Gelingens bzw. des Misslingens jeglichem Wahrnehmen und Handeln untrennbar beigemischt ist. Beispiele solcher Situationen bietet der Alltag zuhauf. Wir fühlen uns in dem Versuch eines Gesprächs sprachlos und ringen um die richtigen Worte. Doch kennen wir auch unverhoffte Begegnungen, in denen ein Austausch spielend gelingt – so als wären zwei Seelen im Einklang. Pädagoginnen und Pädagogen kennen das positive Gefühl, wenn der Unterricht besonders gut gelungen ist, die Klasse ganz bei der Sache war. Aber auch das Gegenteil kommt vor, dass eine resonante Verbindung zur Klasse nicht recht zustande kommen wollte. Handwerker bekommen in ihrem empirischen Umgang mit dem Material unmittelbar zurückgespiegelt, ob ihr Vorgehen funktioniert hat oder nicht. Die Rückkopplung ist direkt und weit weniger vermittelt als bei intellektuellen Tätigkeiten, aber auch hier spüren z. B. Autorinnen und Autoren, wenn ihnen das Schreiben leicht von der Hand geht. Der Horror jedes Autors und jeder Autorin sind die Schreibblockaden; es gelingt einfach nichts mehr. Immer ist die Bewertung des Gelingens bzw. Misslingens unseren Erfahrungen in Alltag und Beruf untrennbar beigemischt.

Die Etymologie der Begriffe gibt uns eine weitere Orientierung. Befragen wir das Herkunftswörterbuch des Dudens. Hier wird »Gelingen« unter Bezug auf das mittelhochdeutsche Ausgangsverb »glücken, gedeihen« erklärt. Gelingen ist mit der Wortsippe von »leicht« verwandt. Gelingen bedeutet also »leicht oder schnell vonstattengehen«[434]. Wir setzen es damit vom äußerlichen Erfolg ab, der von der Wortherkunft als ein Hinterher, den Ausgang, die Wirkung, die Folge von etwas bestimmt ist. »Folgen« hat als »Rechtsbegriff der Heeresfolge schon in ahd. Zeit die Bed., ›sich nach jemandem richten, beistimmen, gehorchen‹«[435]. Daher die Wortbildungen »befolgen« und »folgsam«. *Erfolg* bedeutet, dass man etwas geschafft hat, vielleicht aus Folgsamkeit, jedenfalls geht es um das Erreichen eines eher äußerlichen Ziels. So ist ein erfolgreicher Schulabschluss noch lange kein gelungenes Lernen, geschweige denn eine gelungene Schulzeit. Erfolgreiches Lernen hat die fremdgesetzten Ziele der gesellschaftlichen Institutionen erreicht. Das ist für Karrieren nicht unbedeutend, aber deshalb noch kein gelingendes Leben. Hartmut Rosa[436] weist in

Bezug auf Banduras Untersuchungen darauf hin, dass intrinsisches Interesse an einem Weltausschnitt oder Tätigkeitsbereich nicht vom Erfolg oder einer äußerlichen Belohnung abhängt, sondern von der Erfahrung, etwas bewirken zu können. Das *Gelingen* bezieht daher das Subjekt im Sinne seiner *Selbstwirksamkeitserfahrung* ein, ist ein Glücken, ein Vermögen menschlicher Handlungsfähigkeit, das sich selbstbestimmte Ziele gesetzt hat und diese realisieren kann. Erfolg ist funktional in Bezug auf äußere Anforderungen; Gelingen zielt neben dem Erreichen eines selbstbestimmten Ziels zusätzlich auf Sinnerfüllung, die sich an einem guten Leben orientiert, denn das Gute und das Gelingen sind verschwistert (s. S. 131 ff.).

Das Gelingen einer Handlung zeigt sich auf zwei Ebenen. Neben der Erreichung eines selbstbestimmten oder überzeugt zugestimmten inhaltlichen Ziels, das mit der Handlung angestrebt wurde, geht es vor allem um die Realisierung eines Handlungssinns, der aus der Perspektive des handelnden Subjekts mit der Handlung verbunden ist. Gelingen ist wesentlich Sinnerfüllung. Deshalb können wir am Gelingen sachliche, soziale und zeitliche Sinndimensionen[437] unterscheiden und diese um eine räumlich-situative Sinndimension ergänzen: *Sachlich* hat Gelingen einen gegenständlichen Problembezug; Gelingen ist dann daran zu erkennen, dass es zu einer Problemlösung in der inhaltlich behandelten Thematik kommt. *Sozial* hat Gelingen einen Gemeinschaftsbezug; Gelingen ist eingebettet in eine kollektiv-kooperative Erfahrungswelt wechselseitiger Unterstützung. *Zeitlich* arbeitet Gelingen mit einer Vorher-Nachher-Differenz; Gelingen ist in dieser Hinsicht daran festzumachen, dass das Handeln einen positiven Unterschied zwischen vorher und nachher markiert, der vom Handelnden angestrebt und auch subjektiv gewollt wurde. *Räumlich-situativ* beachtet Gelingen das jeweils spezifische Situationspotenzial, d. h. die durch eine bestimmte Konstellation gegebenen Wirkfaktoren. Dass eine Handlung zu einem guten Gelingen geführt hat, erkennt man daran, dass erstens mit ihr ein subjektiver Sinn realisiert wurde, in dem das handelnde Subjekt sich selbst wiedererkennt, zweitens eine individuelle Leistung in einem Feld kollektiver Erfahrung erbracht wurde, die drittens für den Handelnden und gegebenenfalls seine Bezugsgruppe einen bedeutsamen positiven Unterschied macht.

Gelingen fällt nicht vom Himmel, sondern beruht auf viel Erfahrung und oft jahrelanger Übung. Dann allerdings ist es nicht mehr diskursiv-bewusst, sondern verkörpert, vollzieht sich intuitiv spielend in Resonanz zu den sachlichen, situationalen und gegebenenfalls auch interpersonalen Bedingungen des Tuns. Es ist spontan-rezeptiv, nicht geplant methodisch. Der Weg oder Verlauf des Handelns (griechisch: *méthodos*) wurde so oft beschritten, dass er in Fleisch und Blut übergegangen ist. Wenn das Handeln dann spielend gelingt, kann sich das Bewusstsein aus seiner Kontrollfunktion verabschieden; das eigene Ich bzw. Selbst geht ganz im Tun auf. Wir kennen ein solches Gelingen z. B. im Jazz, wenn Keith Jarrett seine großartigen, frei improvisierten Solokonzerte gibt. Wir müssen aber gar keine großen Künstler als Beispiel heranziehen; jeder braucht sich nur daran zu erinnern, wie schwierig es ist, Tanzen oder Fahrradfahren zu lernen, und wie spielend leicht es ist, wenn man es denn kann. Solange man noch (sklavisch) einer Methode folgt, ist das Handeln noch nicht frei. Gelingen ist ein Können – manchmal auf höchstem Niveau. Es geschieht spontan, nicht impulsiv oder im Affekt.

Exkurs: Gelingen im Daoismus

»darum tut der weise ohne taten
bringt belehrung ohne worte
so gedeihen die dinge ohne widerstand
so läßt er sie wachsen und besitzt sie nicht.«
(Laudse/Lao-tse)[438]

Nicht nur in der westlichen Philosophie spielt das Gelingen eine wichtige Rolle; auch im östlichen Denken ist es anzutreffen. Vor allem im altchinesischen Daoismus ist es grundlegend – auch wenn es übersetzungsbedingt nur gelegentlich als Wort explizit auftaucht. So heißt es im Zhuangzi[439] in der Übersetzung von Victor H. Mair und Stephan Schuhmacher – neben dem Daudedsching/Tao-de-king von Laudse/Lao-tse[440] das bedeutendste Werk des Daoismus – folgendermaßen: »Für einen, der den Weg verwirklicht, gibt es nichts, was er nicht erreichen könnte. Verliert man den Weg, dann kann man überhaupt nichts erreichen.«[441] Jean François Billeter[442] übersetzt die gleiche Stelle: »Wer den Weg hat, dem gelingt alles von selbst, wer ihn verloren hat, dem gelingt nichts.« Es geht mir hier nicht um Philologie, das ist nicht mein Geschäft. Dieser Vergleich soll nur zeigen, dass das Gelingen eine, wenn nicht *die* zentrale Dimension des Daoismus ist. Das belegen viele Stellen.

Bereits das zentrale Bild des Rads mit den Speichen, die von der leeren Mitte der Radnabe zusammengehalten werden[443], verdeutlicht »die wesentlichen Faktoren, die bei jedem Geschehnis, bei jedem Ablauf über Gelingen und Nicht-Gelingen entscheiden«[444]. Die zehntausend Dinge des Lebens drehen sich um das Kraftfeld der leeren Mitte. Das leitende Element – die Nabe – lässt die Dinge geschehen, die deshalb gelingen, weil sie von keiner bestimmten Anstrengung, von keinem bestimmten Anstoß abhängig von selbst geschehen.[445] Dieses Von-selbst (im Chinesischen: *ziran*) ist von zentraler Bedeutung, denn laut daoistischem Verständnis kommt es nicht darauf an, dem Lauf der Welt unseren Willen aufzuzwingen oder uns die Natur untertan zu machen, sondern die wirkenden Kräfte der Entwicklung zu kennen und diese geschickt zu unterstützen. Das ist das *wei wuwei* – das Handeln, ohne zu handeln, bzw. das Tun ohne Taten. Wir hatten das Leicht-vonstatten-Gehen im Sinne eines Leicht-von-der-Hand-Gehens bereits als ein Kennzeichen des Gelingens kennengelernt.

Im Gegensatz zur Substanzontologie des Christentums hat der Daoismus eine Prozessontologie. Der Daoist klammert sich nicht an einen bestimmten Zustand – auch nicht an das Leben –, sondern identifiziert sich mit dem *Wandel.* Selbst diese Formulierung ist noch nicht ganz treffend, denn da der Daoist sein identisches Ego ausgelöscht hat, ist er der Wandel bzw. Teil des allgemeinen Wandels. Was sein Handeln, ohne zu handeln, betrifft, kommt es darauf an, im permanenten Wandel den Augenblick zu erkennen, in dem ein kleiner Anstoß die richtige Entwicklung unterstützt. Auch das Erkennen des richtigen Zeitpunkts – des *Kairos:* »zum handeln gut ausgewählt die zeit«[446] – ist also ein wichtiger Aspekt des Gelingens »als optimal gestalteter Geschehenszusammenhang«[447]. »Die perfekte Geschehensform hat nur ihren eigenen Lauf zum Antrieb und zur Regel.«[448] Man könnte ein solches natürliches Geschehen der Selbstorganisation modern auch als Autopoiesis bezeichnen. Das Wort »Dao« wird in der Regel nominalistisch mit »Weg« übersetzt;

gelegentlich kommt es aber auch als Verb vor und bedeutet dann zuwege bringen.[449] Die Nähe zu unserem bereits erläuterten Verständnis von Gelingen ist offensichtlich. In das große Gelingen des gesamten natürlichen Kreislaufs, der sich im Wechsel der Jahreszeiten, von Tag und Nacht, Leben und Sterben etc. vollzieht, sind alle kleinen Geschehnisse unseres alltäglichen Handelns eingelassen. Sie gelingen in dem Maße, wie man sich dem natürlichen Selbstlauf der Dinge anpasst. Dies ist kein Opportunismus, sondern richtiges Erkennen und gekonntes Unterstützen der situationalen Wirkfaktoren. Das zeigen viele Geschichten des Zhuangzi, z. B. vom Koch, der in höchster Kunstfertigkeit wie von selbst, spielend leicht von der Hand gehend, sein Handwerk verrichtet.[450] Solche *Könnerschaft* »ist als ein ›Beherrschen, ohne zu beherrschen‹ zu verstehen«[451]. Der Daoist »beherrscht das Geschehen, in dem er sich von ihm beherrschen lässt«[452]. Es geht darum, »sich ohne Rest und ohne Widerstand der Situation einzufügen, mit einer Situation zu verschmelzen und total in dieser gegenwärtig zu sein«.[453] *Flow* hat das Mihaly Csikszentmihalyi[454] für unseren Kulturkreis genannt. Der Handelnde geht in seinem Handeln auf wie der gute Schwimmer in der Strömung des Flusses.[455] Das Beispiel des Schwimmers steht für eine vollkommen der Situation angemessene Handlungsfähigkeit, ohne noch denken zu müssen in Übereinstimmung mit den Wirkfaktoren im Lauf der Situation. »Die Kunst […] besteht darin, sich auf das Gegebene zu stützen, durch Übung ein Naturell zu entwickeln, das einen befähigt, sich den Strömungen und Strudeln des Wassers anzupassen und ›notwendig‹ zu handeln und dadurch frei zu sein«.[456] Das Bewusstsein muss das Handeln nicht mehr kontrollieren; die situationalen Wirkfaktoren und das Handeln bewirken quasi ununterscheidbar zusammen die Geschehensentwicklung, die dadurch wie von selbst verläuft.

In unserem westlichen Verständnis braucht jedes Tun ein Subjekt, von dem das Handeln ausgeht und durch das das Handeln motiviert ist. Dabei wissen wir heute, dass das Ich die Folge des Denkens und nicht seine Voraussetzung ist. Auch die moderne Neurophysiologie konnte nachweisen, dass das Ich lediglich die Benutzeroberfläche des Gehirns ist (siehe S. 79 ff.). Der Daoismus sah das schon immer so: »[D]as Handeln handelt. Handlungen spielen sich ab als ein Zusammenspiel vieler Faktoren, die als Kräfte in einem Situationskontext zusammenwirken.«[457] »Wie der Lauf des Wassers von selbst der Schwerkraft der Erde folgt, so antwortet der Handelnde, wenn er es gut macht, bei seinem Tun ganz selbstverständlich auf den Lauf der Dinge.«[458] Als Metapher dient oft der Tausendfüßler, der nicht laufen könnte, wenn er über das koordinierte Setzen seiner vielen Beine nachdächte. Ein anderes Beispiel ist der gute Tänzer, der die Regeln seiner Tanzschritte längst vergessen hat und intuitiv der Musik folgt. »In Wahrheit hat die ›große Vernunft des Leibes‹ schon ganz von selbst dafür gesorgt, daß ›es stimmt‹ und daß ›es geht‹.«[459] Gelingendes Handeln ist immer auf ein resonierendes Eingehen auf die Gesamtsituation angewiesen; es steht im Einklang mit der Situation. Wenn Handeln gelingt, ist es gekonnt, nicht gewollt; die Regeln, Methoden und Verfahrensweisen sind verinnerlicht – und vergessen. Es ist ein »Handeln ohne Gewalt und Zwang, es gelingt spielend«[460]. Es »bündelt die ›Energieschwingungen‹ der Situation wie in einem Brennspiegel«[461]; es nutzt »*synergetisch* die situative Energie des Augenblicks«[462], um »die Wirksamkeit des Wirkens sich von selbst entfalten zu lassen«[463], »ohne etwas oder jemanden nur als Mittel zum Zweck zu behandeln«[464].

Gelingendes Handeln ist »ein kor-relationales, d.h. der konkreten Situation korrespondierendes, gerecht werdendes Handeln«[465]. Es bedeutet, ganz auf die Situation, die Sache und den anderen einzugehen, ohne etwas erzwingen zu wollen – im daoistischen Sinne geht es darum, den eigenen Geist leer zu machen und sich dem natürlichen Lauf der Dinge anzupassen. »Laß dich einfach nur nieder im Nichthandeln, und die Dinge werden sich ganz von selbst entwickeln.«[466] Der »Höchste Mensch« hat zwar kein Ich, wie es im Zhuangzi[467] heißt; damit ist jedoch keinesfalls gemeint, komplett auf eigene Intentionen zu verzichten. Vielmehr geht es darum, die eigenen Absichten mit dem Lauf der Dinge so zu vermitteln, dass das, was geschehen kann, nicht gewaltsam erzwungen, sondern befördert wird.[468]

»so stellt der weise sein selbst zurück
und ist den anderen voraus
wahrt nicht sein selbst
denn ohne eigensucht
vollendet er das eigene.«
(Laudse/Lao-tse)[469]

Gelingendes Leben

Über das *Gelingen* bzw. über *Gelungenes* wurde schon früh nachgedacht. Bereits bei dem Vorsokratiker Polykleitos im 5. vorchristlichen Jahrhundert findet sich eine Reflexion über »das Gelingen« (griechisch *to eu*).[470] Dem weiteren Verständnis muss ich vorausschicken, dass das griechische »to eu« sowohl das Gute als auch das Gelingen bedeutet. In seinem Dialog »Kratylos« lässt Platon Sokrates über Wohlgelungenes und Misslungenes anhand von Dichtung und Malerei philosophieren, um Kriterien aufzustellen, wann Worte wohlgelungen gewählt bzw. Bilder als gelungen betrachtet werden können.[471] Diogenes Laertius[472] zieht dann das Gute und das Gelingen zusammen, wenn er über Sokrates schreibt, dass das »gute Gelingen« bereits »mit Kleinem« anfange, auch wenn es »nichts Geringes« sei. Die Reflexion über das *gute Gelingen* hat die Geistes- und Ideengeschichte seither nicht mehr losgelassen.

Mit Platon[473] beginnt die systematische philosophische Auseinandersetzung mit dem Guten, worunter er eine gelungene Lebensführung, verbunden mit dem entsprechenden Seelen- bzw. Geisteszustand, verstand. *Eudaimonia* nannte er das, was meistens etwas verkürzt als Glückseligkeit übersetzt wird, was sich noch bis zu Kants Reflexionen über das höchste Gut und darüber hinaus hinzieht.[474] Andere Übersetzungen ins Deutsche lauten: Glück, gutes Leben, gelingendes Leben, menschliches Gedeihen, Wohlergehen.[475] In dem Begriff stecken allerdings zwei Bedeutungen, nämlich *eu* = gut/gelungen und *daimon* = Dämon/Geist. Der Begriff bedeutet also wörtlich, einen guten Geist zu haben. Theodor Gomperz[476] übersetzt Eudaimonia deshalb mit dem richtigen und gesunden Gesamtzustand des Menschen. Und in der Tat, die Diskussion des guten bzw. des gelingenden Lebens muss mit dem Menschen und seiner Haltung zur Welt, seiner Einstellung anderen Menschen, anderen Lebewesen und den Dingen gegenüber beginnen.

Platon[477] war diesbezüglich der Ansicht, dass die Menschen quasi von Natur aus nach dem Guten streben. Auch Charles Taylor[478] spricht von »einer besonders grundlegenden Bestrebung der Menschen: dem Bedürfnis nach Verbindung oder Berührung mit dem, was ihrer Ansicht nach gut, von maßgeblicher Bedeutung oder grundlegendem Wert ist«. Dabei handelt es sich vor allem um Fragen, die die Art des lebenswerten Lebens betreffen und wie wir im Verhältnis zu dem, was wir als das Gute ansehen, platziert oder situiert sind. Für Taylor gibt es einen grundlegenden Zusammenhang zwischen unserem Selbst und dem Guten, der auf qualitativen Unterscheidungen bezüglich dessen aufbaut, was für uns gut und wertvoll ist, was wir billigen oder ablehnen und was deshalb getan werden sollte. Durch unsere Beobachtungen indizieren wir in der Welt Bedeutungen, indem wir mit Hilfe von Unterscheidungen die eine Seite bezeichnen und die andere in der Regel unbezeichnet lassen.[479] So unterscheiden wir z. B. Wichtiges von Unwichtigem, Schönes von Hässlichem, Nützliches von Schädlichem, Heiliges von Profanem und eben Gutes von Schlechtem. Ohne solche Unterscheidungen könnten wir uns weder uns selbst noch im kommunikativen gesellschaftlichen Raum verständlich machen. Unser *Selbst* wird nun durch diejenigen starken qualitativen Unterscheidungen mitdefiniert, mit denen wir uns in Bezug auf das positionieren, was wir für gut halten. »Um uns das eigene Leben wenigstens in minimalem Grade verständlich zu machen und um eine Identität zu erlangen, brauchen wir […] eine Orientierung auf das Gute, also ein Gefühl für qualitative Unterscheidungen, für das unvergleichlich Höhere.«[480] Theodor W. Adorno[481] sieht dieses Streben allerdings nicht als zweifelsfrei und unproblematisch an, wenn es nicht durch Vernunftbestimmungen vermittelt ist. Deshalb ist für ihn ein wesentliches Moment des Guten, dass es das Moment der Reflexion besitzt, die weiterführt zu einer verbesserten Praxis.[482]

In Platons »Staat«[483] werden drei Arten des Guten bestimmt: dasjenige Gute, das wir um seiner selbst willen anstreben, z. B. Fröhlichkeit, dasjenige, das wir sowohl um seiner selbst willen als auch wegen seiner Folgen begehren, z. B. Gesundheit, und schließlich dasjenige, das wir wollen, weil es nützlich, obwohl beschwerlich ist, z. B. Leibesübungen und ärztliche Behandlungen von Krankheit. Das höchste Gut ist nun nach Ansicht des platonischen Sokrates in diesem Dialog allerdings die Gerechtigkeit, wobei Platon davon eine andere Vorstellung hat als wir Heutigen; Gerechtigkeit herrschte nach seiner Meinung, wenn alles den ihm gemäßen Ort hatte – Sklaven, Heloten, Frauen, Patrizier hatten den jeweils ihrigen, das war naturgegeben.

Gerechtigkeit – schon mehr aus unserer Sicht moderner verstanden – war auch bei Platons Nachfolger Aristoteles das Höchste, wenn er in seiner »Nikomachischen Ethik« als größtes Gut ein gelungenes Leben in einer gerechten Gesellschaft bestimmt. Und gerecht ist, »was in einer staatlichen Gemeinschaft die Glückseligkeit und ihre Bestandteile hervorbringt und erhält«[484]. Das »höchste menschliche Gut« ist daher, »das Wohl des Gemeinwesens zu begründen und zu erhalten«[485]. Dazu bedarf es auf der subjektiven Seite der *»Klugheit«* »in bezug auf das, was das menschliche Leben gut und glücklich macht«[486]. Das Gute ist der Substanz nach Verstand, der Qualität nach Tugend und der Quantität nach das rechte Maß.[487] Die Qualität der Tugend wird dann sowohl als *Habitus* als auch als *Tätigkeit* des Menschen bestimmt[488], »vermöge dessen er selbst gut ist und sein Werk gut verrichtet«[489]. Um das Gute zu befördern, bedarf es also schon bei Aristoteles einer *Haltung* und einer *Klugheit,* die ihren Ausdruck im entsprechenden *Handeln* finden – wie bei Adornos Reflexion auf eine verbesserte Praxis in Vermittlung durch Vernunftbestimmungen. Das Streben nach dem Guten, das »von Natur angenehm und genußreich ist«[490], ist für die Beteiligten auch an sich bereits gut, weil es Ausdruck einer bestimmten Einstellung ihrem eigenen und dem Leben insgesamt gegenüber ist. Dieses Ethos wurzelt in einer Philosophie des Gelungenen und drückt sich in entsprechenden Handlungen aus. Deshalb »hängt die Qualität des Ziels, das wir uns setzen, von unserer eigenen Qualität ab«[491].

Die ethische Diskussion über das Gute wird vor allem von Martin Seel[492] weitergeführt. Er vertritt einen von ihm sogenannten »reflexiven Eudämonismus«, der aus der Perspektive beliebiger Personen fragt, was es sinnvollerweise heißt, ein gelingendes Leben zu führen. Inbegriff eines guten menschlichen Lebens ist für ihn ein »weltoffen selbstbestimmtes Leben, dessen moralischer und rechtlicher Schutz eine Rücksicht auf alle Individuen mit einschließt, die überhaupt ein (wie immer auch bestimmtes) gutes Leben haben können«[493]. Zwar unterscheidet er zwischen einem guten und einem gerechten Leben, das Gute und das Gerechte sind verschieden, bilden aber eine Einheit in der Differenz. Deshalb besteht Seel darauf, dass ein gutes Leben nur in den Bahnen der Gerechtigkeit verlaufen kann, wenn also die Perspektive der anderen um ihrer selbst willen immer mitberücksichtigt wird. Die Bedeutung der Anerkennung der anderen ist die Voraussetzung der Anerkennung durch die anderen; wechselseitige Anerkennungsverhältnisse sind für ein gelingendes Leben existenziell.[494] Eine wichtige Dimension von Anerkennungsverhältnissen ist die wechselseitige Ermöglichung von Selbstbestimmung. Seel[495] gibt darüber hinaus vier notwendige, allerdings allein noch nicht hinreichende *Grundbedingungen* eines guten, gelingenden Lebens an: Leben 1. in relativer Sicherheit, 2. bei relativer leiblicher und seelischer Gesundheit, 3. in relativer Freiheit und 4. mit relativer Bildung. Darüber hinaus ist es vor allem die *Art der Lebensführung*, welche sich in einer revisionsoffenen Lebenskonzeption niederschlägt, die ein gelingendes Leben ausmacht.

Schon Aristoteles[496] hatte darauf verwiesen, dass ein gutes Leben nur in einer gerechten Gesellschaft möglich ist. Deshalb ist die Gerechtigkeitsthematik auch für die Frage guten, gelingenden Lebens unverzichtbar. Gerecht ist eine Gesellschaft aber nicht schon, wenn sie allen in ausreichender Form die unverzichtbaren Basisgüter – wie Gesundheit, Sicherheit, Bildung, gegenseitiger Respekt, persönliche Autonomie, Harmonie mit der Natur und Muße für selbstzweckhafte Aktivitäten, die für den Tätigen Erfüllung bedeuten – zur Verfügung stellt, wie Robert und Edward Skidelsky[497] meinen. Gerecht ist eine Gesellschaft erst, wenn sie ihren Mitgliedern darüber hinaus auch die notwendigen *Verwirklichungschancen* bietet. Der Capabilities-Ansatz von Amartya Sen[498] ist daher eine zwingende Ergänzung zu den nur auf die Verteilung der Grundgüter einer Gesellschaft ausgerichteten Gerechtigkeitskonzeptionen. *Capabilities* sind die einem konkreten Individuum zur Verfügung stehenden Verwirklichungschancen bzw. die zur Auswahl stehenden Lebensweisen, d. h. die Möglichkeiten einer Person, ein von ihr als gut bewertetes Leben zu verwirklichen. Die Verwirklichungschancen sind zwar einerseits abhängig von den Fähigkeiten, die ein Individuum hat und entwickeln kann; sie liegen aber andererseits auch auf einer gesellschaftlich-strukturellen Ebene der zur Verfügung gestellten realen Möglichkeiten. Neben den unverzichtbaren Basisgütern sind also die Capabilities ein ebenso notwendiger Aspekt einer gerechten Gesellschaft. Ein gutes Leben in einer gerechten Gesellschaft ist also nur möglich, wenn individuelle Handlungsfähigkeiten durch gesellschaftlich-strukturelle Bedingungen ermöglicht und abgesichert werden.

Theodor W. Adorno[499] glaubte nicht, dass es ein richtiges Leben im falschen geben könne, und sieht ein gelingendes Leben einzig im Standhalten vor dem unversöhnten Zustand der allgemeinen Negativität. Ihm ging es, seit er 1944 mit Max Horkheimer die »Dialektik der Aufklärung«[500] verfasst hatte, vor allem darum, den allgemeinen Entfremdungszustand, den Bann, unter dem alles Lebendige steht, zu durchschauen, um wenigstens Ansatzpunkte einer versöhnten Praxis zu erkennen. Der versöhnte Zustand bleibt ihm allerdings Utopie und »hätte sein Glück daran, daß in der gewährten Nähe das Ferne und Verschiedene bleibt, jenseits des Heterogenen wie des Eigenen«[501]. Erfüllung – mindestens im Augenblick – findet dennoch der, dessen Tun gelingt. In seiner Moralphilosophie beschreibt Adorno[502] dann doch so etwas wie ein richtiges Leben. Es besteht für ihn im Widerstand gegen behindernde und entfremdete gesellschaftliche Bedingungen sowie im Widerstand gegen die eigenen Tendenzen, das falsche Leben mitzuspielen. »[D]ie Frage nach dem richtigen Leben wäre die Frage nach der richtigen Politik.«[503]

Die vierte Generation der Kritischen Theorie steht der Möglichkeit des Gelingens nicht mehr ganz so kritisch gegenüber wie die Gründerväter angesichts der Weltkatastrophe 1944. Mit Bezug auf Adorno stellt Seel[504] daher fest, »dass von gelingender Praxis streng genommen erst die Rede sein dürfte, wo sich das menschliche Tun und Lassen nicht mehr primär als Zweckverfolgung, sondern als primär selbstzweckhafte Tätigkeit vollziehen würde«. Rosa[505] sieht die wesentliche Dimension eines gelingenden Lebens dann ebenfalls in der Qualität der Weltbeziehungen, »die durch die Etablierung und Erhaltung stabiler *Resonanzachsen* gekennzeichnet ist, welche es den Subjekten erlauben und ermöglichen, sich in einer antwortenden, entgegenkommenden Welt *getragen* oder sogar *geborgen* zu fühlen«.

Egal wie ein Gelingen auch bestimmt wird, eine Bedingungsanalyse des gelingenden Lebens würde auf jeden Fall – das zeigen alle Autoren – die menschliche Handlungs-, Reflexions- und Entscheidungsfähigkeit ins Zentrum rücken. Wenn das Gute, wie wir gerade sahen, das menschliche Vermögen des Gelingens ist, gelingt ein Leben, wenn es Lebensziele hat, die in *Werten* begründet sind, die nicht nur für den Einzelnen, sondern für die Gemeinschaft als Ganze von Bedeutung sind – einer Gemeinschaft, die alle Lebewesen umfasst, will ich hier ergänzen. Ronald Dworkin[506] fragt deshalb, welche Art Werte mit einem gelungenen Leben verbunden sind. In seiner Antwort unterscheidet Dworkin Produktionswerte und Leistungswerte. Mit dem *Produktionswert* ist gemeint, dass es einem Menschen gelingt, etwas zu schaffen, das material vorliegt und das Leben aller durch einen dauerhaften Wert bereichert. Louis Pasteur hat z. B. entscheidende Beiträge zur Vorbeugung gegen Infektionskrankheiten durch Impfung geleistet, und Ludwig van Beethoven hat neun geniale Sinfonien komponiert. Das ist vielleicht nicht für jeden von uns mal kurz zu machen. Aber jeder von uns kann etwas beitragen dazu, dass unsere Gesellschaft etwas besser und etwas gerechter wird. Darin sieht Dworkin den *Leistungswert* eines Lebens und meint damit, dass der Einzelne etwas schafft, was von Bedeutung für die Gesellschaft ist, in der er lebt, was also für den verallgemeinerten anderen bedeutsam und wichtig ist, z. B. soziales Engagement als Unterstützung von Schwächeren oder die Begleitung von Sterbenden. Bei einem Leistungswert geht es um mehr als nur um mich selbst; der andere, der Mitmensch, ja das Leben in seiner Gesamtheit spielt hier die entscheidende Rolle. Die Qualität einer Leistung besteht darin, dass sie anderen nutzt, ihnen hilft, sie bereichert – im ethischen, nicht im materiellen Sinne. Dafür ist es zwingend, dass wir das Gute um seiner selbst willen anstreben und nicht nur wegen eines äußeren Zwecks seiner unmittelbaren Folgen, schon gar nicht wegen des rein individuellen Nutzens.

Wenn man das *Gelingen* also auf die menschliche *Handlungsfähigkeit* bezieht, dann geht es darum, ob es einem Subjekt gelingt, auf der Basis einer reflektierten Entscheidung seine verallgemeinerbar bedeutsamen Ziele und damit sich selbst bewusst zu realisieren. Die Frage des Gelingens und respektive des Misslingens ist damit ein grundlegender Aspekt der menschlichen Persönlichkeitsentwicklung. Eine Grundbedingung gelingenden Lebens ist daher eine unter wie immer günstigen oder widrigen Umständen des Daseins gelingende Selbstbestimmung in weltoffener Perspektive.[507] Adorno[508] spricht in einem kleinen Text über Paul Valéry von einer *Autorität des Gelingens.* Wie wir im Folgenden noch sehen werden, ist es oft die Kunst, die uns ein Exempel des Gelungenen als Vorschein des guten Lebens gibt. Daher ist es ganz in Adornos Sinne, den Ausdruck auch für unseren Kontext zu interpretieren. Was könnte das Autoritative am Gelingen sein? Vermutlich, dass es eine Figur, eine Konstellation, ein Modell (alles Begriffe, die für Adorno in unterschiedlichen Kontexten eine wichtige Rolle spielen) für ein befreites Leben, für einen Zustand der Versöhnung des Menschen mit der Welt abgibt. Deshalb kann Rosa[509] schreiben: »Wo Menschen Schönheit erfahren, erfahren sie die Möglichkeit einer gelingenden Beziehung zur Welt und damit *reales Glück.*«

»Die Qualität individuellen Lebens ist eine Sache existenziellen Gelingens, für das es keine Garantien gibt.«[510] Die Nichtdeterminiertheit, die Unbestimmtheit, die Offenheit der Situationen, in denen wir uns bewegen, sind kein Hindernis, sondern die Voraussetzung des Gelingens, was immer die Möglichkeit des Misslingens einschließt. Daher darf sich das Gelingen nun nicht selbst zum äußerlichen Erfolgsdruck entfremden. Es ist eine falsche Annahme, dass mit der Gestaltung des Lebens und des eigenen Selbst zwangsläufig eine Perfektionierung verbunden ist. Ein Gelingen ist nicht programmierbar; es führt als mögliche andere Seite immer ein Misslingen mit sich. Es geht nicht um den Ausschluss von Widersprüchen und Risiken; auch diese gehören zum Leben dazu. »Dem Gelingen muss das Misslingen gleichberechtigt zur Seite stehen, um das Selbst nicht auf das Gelingen festzulegen und es nicht unter Erfolgszwang setzen zu lassen.«[511] Zu den Paradoxien der Erfüllung – die Martin Seel[512] beschreibt – gehört es eben nicht zwangsläufig, dass sich die wichtigsten Lebensziele eines Individuums tatsächlich erfüllt haben; viel bedeutender ist, dass man sie anstrebt und darin sein Leben insgesamt bejaht. Ein Gelingen ist also nicht allein bereits durch das eigene Streben sichergestellt; es kommt viel Unwägbares hinzu. Man hat es nicht allein in der Hand; zum strebenden Bemühen muss – wie es Theodor W. Adorno[513] metaphorisch formuliert – ein »Akt der Gnade« hinzukommen. Mit Michael J. Sandel[514] wurde bereits im Kapitel »Von einer Ethik der Arbeit zu einer Ethik des Lebens« auf die Arroganz des meritokratischen Leistungsdenkens hingewiesen und die Bedeutung von nicht beeinflussbarem Schicksal und Zufall für den eigenen Erfolg betont.

Trotzdem gilt, dass sich menschliches Gelingen in Handlungsfähigkeit realisiert. »Das Können des Subjekts besteht darin, etwas gelingen zu lassen, etwas auszuführen. Vermögen zu haben oder ein Subjekt zu sein bedeutet, durch Üben und Lernen imstande zu sein, eine Handlung gelingen lassen zu können«.[515] Die Gelingensfähigkeit entspricht daher dem Niveau der individuellen Handlungsfähigkeit. Unterstellt, dass Handlungsfähigkeit das erste menschliche Lebensbedürfnis ist[516], dann ist die Tatsache, dass eine Handlung gelungen ist, der wesentliche Indikator für eine entwickelte Handlungsfähigkeit, mithin Persönlichkeit des Handelnden. Insofern als die eigene Existenz für ein Individuum logischerweise das erste Existenzbedürfnis ist, dreht sich das ganze menschliche Leben um das Gelingen. Deshalb unterscheidet Klaus Holzkamp[517] auch die menschliche Handlungsfähigkeit begrifflich in eine restriktive Variante, die in der Anpassung an die vorhandenen Verhältnisse besteht, und eine verallgemeinerte Variante, die sich in dem Versuch realisiert, gemeinsam mit anderen seine Verfügung über die individuell bedeutsamen gesellschaftlichen Lebensbedingungen zu erhöhen. Mit angepasstem Verhalten kann man durchaus erfolgreich sein, indem man die fremdgesetzten Ziele folgsam erreicht. Ein gelingendes Leben ist so allerdings schwer denkbar, weil kritiklose Anpassung immer mit Selbstverleugnung korrespondiert. Da ein gelingendes Leben sich nicht in der erfolgreichen Realisierung unmittelbarkeitsverhafteter Augenblicksinteressen erschöpft, bezieht sich ein Gelingen immer auf ein verallgemeinerbares qualitativ Gutes, das wir generell als ein selbstbestimmtes Leben in einer gerechten Gesellschaft definiert und das wir als summum bonum der Ethik in der Einheit der Pflege des Lebens und der beständigen ethischen Transformation des eigenen Selbst kennengelernt haben (siehe S. 90 ff.).

Dass Gelingen von Glücken kommt, haben wir etymologisch nachverfolgt, und dass Gelungenes zum Glück beiträgt, war schon eine frühe Einsicht. Platon[518] stellt deshalb auch einen Zusammenhang zwischen dem Schönen und dem Guten bzw. Gelungenen her (siehe S. 143 ff.). Das Glück, das in der Begegnung mit dem Schönen aufscheint, besteht in der gelungenen Verwirklichung von praktischen und ethischen Kompetenzen – von Platon und Aristoteles auch *Tugenden* genannt. Die Anerkennung, die die Ethik der Schönheit zu zollen hat, gilt also einer Form des Glücks. »Schönheit und Glück bezeichnen die ästhetische und ethische Seite des Gelingens«, stellt Christoph Menke[519] deshalb fest. Gelungenes erkennt man auch an seiner schönen Form. Deshalb sind *Stilfragen* beim ethischen Handeln von so großer Bedeutung. Gelingen setzt voraus, seines eigenen Lebens mächtig, nicht fremden Bestimmungen ausgeliefert zu sein, nicht austauschbar, nicht nur ein Beliebiger zu sein. Gelingen ist ein Können; es bedarf der Könnerschaft. Diese besteht in der Fähigkeit, etwas gelingen lassen zu können. Die Entwicklung von Handlungsfähigkeit impliziert daher »einen Zuwachs jenes Machtgefühls, welches alles Gelingen mit sich bringt«[520]. »Dieses ›Gelingen‹ (nicht irgendeinen objektiv meßbaren Erfolg) registrieren wir im ästhetischen Empfinden als Lustgefühl«[521].

Bisher wurde das Gelingen unter dem Gesichtspunkt der menschlichen Handlungsfähigkeit betrachtet; sie soll auch weiterhin im Zentrum stehen, denn es geht ja in der Ethik um das richtige Verhalten anderen Menschen, aber auch Tieren, Pflanzen und Dingen gegenüber. Auch wenn ich nicht so weit gehe, den natürlichen Prozessen bereits eine Ethik zu unterstellen, wie die neuen Materialistinnen, so habe ich doch die Ethik in der Natur begründet (siehe S. 106 ff.). Bei dieser Ethik geht es um ein sorgendes, um ein kümmerndes Handeln dem Leben insgesamt gegenüber. *Ein gelingendes Leben ist daher auch daran zu bemessen, inwieweit wir Verantwortung im Sinne einer allgemeinen Förderung von Lebendigkeit übernehmen.* Nicht zufällig ist es daher auch so, dass wir im intensiven Naturerleben, mehr noch, wenn es mit anderen geteilt wird und mit körperlicher Bewegung verbunden ist, eine besondere Glückserfahrung machen können. Das *Erleben von Lebendigkeit* – eigene im Tun und in der Muße, geteilte in gelungenen Beziehungen und Kommunikationen und fremde im einfühlenden Betrachten gelebter Lebendigkeit, z. B. im Spiel junger Katzen oder im Aufblühen des Frühjahrs – kann sogar *als Indikator gelingenden Lebens* angesehen werden.

In seiner »Ästhetik der Natur« hat Martin Seel[522] den Zusammenhang dieser mit einer allgemeinen Ethik des guten Lebens aufgezeigt. Der Genuss des Naturschönen ist eine bedeutende exemplarische Lebensmöglichkeit, die als selbstzweckhafte Möglichkeit einen Zeitraum erfüllter Freiheit eröffnet und so konstitutiv für gelingendes menschliches Leben ist. In der Natur können wir zudem Lebensenergien gewahrwerden, die uns existenziell tragen. Georg Wilhelm Friedrich Hegel[523] beschreibt, wie »die freie Lebendigkeit der Natur« mit dem »Subjekt als selbst lebendigen« zusammenstimmt; »so sind die verschiedenen Zustände der landschaftlichen Natur in ihrer milden Heiterkeit, ihrer duftigen Ruhe, ihrer Frühlingsfrische, ihrer winterlichen Erstarrung, ihrem Erwachen am Morgen, ihrer Abendruhe usf. bestimmten Gemütszuständen gemäß«. Bei der Erhaltung der Natur im Sinne der Pflege des Lebendigen geht es also um eine einzigartige Form des gelingenden Lebens, die durch nichts anderes zu ersetzen ist. Im ästhetischen Naturerleben entschlüsselt Seel[524] drei Dimensionen: Im *korrespondierenden Naturerleben* kann ein Subjekt eine Übereinstimmung zwischen der eigenen Existenzweise und der Natur empfinden. Das Subjekt erfährt Sinn. Im *kontemplativen Naturerleben* geht es um ein sinnliches, aber sinnfreies Genießen als eine Form von unmittelbarem Glück. Im *imaginativen Naturerleben* entwickelt ein Subjekt eine projektive Einbildungskraft, indem es die Natur als Ausdruck künstlerischer Formen betrachtet. Unter Absehung des ästhetischen Aspektes überträgt Seel diese drei Dimensionen auf drei Dimensionen des guten Lebens: Aus dem Korresponsiven wird die Teilnahme an den kommunikativ-sozialen Formen intersubjektiven Lebens. Aus dem Kontemplativen wird ein geistiges, theoretisch-reflexives Abstandnehmen gegenüber dem alltäglichen Eingebundensein in gesellschaftliche Praxis. Aus dem Imaginativen wird ein gedankliches Überschreiten des Bestehenden im Sinne einer Vorstellung, wie es auch anders sein könnte.

Gelingendes gesellschaftliches – und damit implizit auch individuelles – Leben kann es in voller Form daher nur geben, wenn die Menschheit auf eine ausbeutende Unterwerfung der Natur verzichtet und Lebensformen entwickelt, denen es gelingt, im Einklang mit der Natur zu produzieren und zu konsumieren. In diesem Sinne bedeutet Rücksicht auf die Natur zu nehmen nicht nur, die Ausbeutung natürlicher Ressourcen technisch schonend zu organisieren, sondern die Natur als ein eigenständiges, selbstzweckhaftes Gegenüber anzuerkennen, mit dem wir nicht nur untrennbar verbunden, sondern das wir auch selbst sind.

Das ist es vielleicht, was Marx mit der Naturalisierung des Menschen und der Humanisierung der Natur meint, auf die Ernst Bloch[525] im Sinne einer »Abschaffung der Entfremdung in Mensch und Natur, zwischen Mensch und Natur«[526] in seinem »Prinzip Hoffnung« mehrfach verweist. »Das menschliche Wesen der Natur ist erst da für den gesellschaftlichen Menschen; denn erst hier ist sie für ihn da als Band mit dem Menschen, als Dasein seiner für den anderen und des anderen für ihn, wie als Lebenselement der menschlichen Wirklichkeit, erst hier ist sie da als *Grundlage* seines *menschlichen* Daseins. Erst hier ist ihm sein *natürliches* Dasein sein *menschliches* Dasein und die Natur für ihn zum Menschen geworden […], der durchgeführte Naturalismus des Menschen und der durchgeführte Humanismus der Natur.«[527]

Aber nicht nur in der Natur können wir Lebendigkeit beobachten und erleben, sondern auch in der *Kunst.* Kunst kann »dem Menschen Aussicht auf die Unsicherheit seines Aufenthaltsortes in historischen Welten bieten«[528], ihn aber auch zugleich in einen reflexiven Abstand zu dieser Unsicherheit bringen. So erklärt der Künstler Thomas Lehnerer: »An Werken der Kunst kann man somit, wenn sie gelungen sind, exemplarisch erkennen, wie menschliche Arbeit verläuft, die ohne durchgängigen Zwang und Gewalt zu glücken vermag. Kunstwerke sind entsprechend für Erkenntnis und Wissenschaft ein […] Reservoir exemplarischer Methoden freien Gelingens.«[529] Je gelungener, freier und lustvoller ich das Spiel der Ästhetik empfinde, desto schöner erscheint es mir und desto lebendiger erlebe ich mich. Dabei geht es nicht nur um die objektive Gestalt des jeweiligen Kunstwerks, sei es ein Werk der bildenden Kunst oder der Musik, denn im Produktions-, aber auch im Rezeptionsprozess bin ich mit meiner ganzen Person beteiligt – mit meinem Wahrnehmungsvermögen, meinen Vorlieben, meiner Bildung, meinen Ängsten etc. Je stärker Werk und Person resonieren, desto lebendiger ist das Erleben. Auf diese Weise trägt Kunst dazu bei, dass neue Beziehungen stehen – zu anderen, zur Welt insgesamt, aber auch zu sich selbst. Kunst ist geradezu ein Paradigma für Alterität und Neuheit und besitzt daher einen das Leben bereichernden Charakter. »Ästhetische Erfahrung wäre dann eine, in der Mensch und Welt einander als bereichernd erführen. Sich staunend über die Kunst zu beugen und dabei auf korrespondierende Weise jener Möglichkeiten gegenwärtig zu werden, die das Dasein bietet, mag eine Ethik des moralischen Respekts nicht unbedingt befördern, dafür eine des gelingenden Lebens.«[530] Wenn auch ästhetische Praxis nicht mit dem Gelingen des Lebens gleichzusetzen ist, ist sie doch ein konstitutiver Inhalt dessen, bestätigt auch Martin Seel.[531]

Der Reiz der Kunst verdankt sich ihrer Unvorhersehbarkeit; Kunstwerke konfrontieren die Betrachtenden mit Neuem, Fremdem, Widersprüchlichem – generell mit Differenz. Ästhetik und Ethik bleiben allerdings eng verbunden, wenn die Kunst etwas zum gelingenden Leben beitragen soll. »Eine ästhetische Erfahrung, deren Horizont bar aller ethischen Erwägungen bleibt, die sich in einen Formalismus der Bedeutungsoffenheit zurückzieht und die eigene Macht und Ohnmacht nicht reflektiert, wird gerade in postautonomen Zeiten kein Gewicht erlangen.«[532] Wenn die Kunst zum gelingenden Leben beitragen soll, dann darf sie keine vordergründigen bunten Bilder produzieren. Um zum gelingenden Leben beizutragen, muss Kunst Genussvolles, aber auch Unerwartetes, Schräges, Absurdes, Abwegiges in den Blick nehmen. Sie muss einen Erfahrungs- und Denkraum jenseits unmittelbarer Nützlichkeit eröffnen, wo Unterschiedliches, Widersprüchliches und Fremdes zueinander in Spannung versetzt werden, woraus letztlich die Lebendigkeit resultiert. »Das gute Leben […] könnte daher auch eines sein, das Sehnsüchte kennt und diesen nachgeht, das sich vom rein materiellen Denken löst und immateriellen Werten nachspürt, das Inspiration sucht und in der Kunst eine Fundstelle erblickt.«[533] Sehnsucht verliert allerdings ihren Reiz da, wo Erfüllung vorgegaukelt wird. »Kunst ist das Versprechen auf Glück, das gebrochen wird.«[534] Wenn Alterität, Unbestimmtheit, Ambiguität, Brüchiges etc. als wichtige Eigenschaften gelungener Kunst angesehen werden, dann liegt dies vermutlich daran, dass dies auch Voraussetzungen eines gelingenden Lebens unter prinzipiell unsicheren Bedingungen sind. Gelingendes Leben liegt vor allem im Streben, nicht erst im Ankommen.

Kunstgenuss kann wie Naturerleben, aber auch wie jeder wirklich gelungene Handlungsverlauf, eine Erfahrung gefühlten Glücks vermitteln. Glück direkt anzustreben, ist kein Lebenszweck an sich, denn auf direktem Wege ist es nicht erreichbar. Das Erleben von Glück ist immer ans Gelingen gekoppelt; das zeigt bereits die semantische Verwandtschaft von gelingen und glücken, die der Duden[535] ausweist. »Der Grund dafür liegt darin, dass die meisten von uns der reinen Glückseligkeit als solcher keinen Wert zuweisen, sondern möchten, dass sie ihrerseits in einer Erkenntnis der Wahrheit, in ethischer Tugend, in einer künstlerischen Leistung oder irgendeinem anderen höheren Gut verankert ist. Wir wünschen uns mit anderen Worten, dass unsere Glückseligkeit gerechtfertigt ist. Wir wollen keine in einem Wahn gefangenen Glückseligkeitsmaschinen sein, sondern bewusste Subjekte, die aus einem Grund glücklich sind und die deswegen ihre eigene Existenz als etwas Erstrebenswertes erleben. Wir wollen eine außergewöhnliche Einsicht in das Wesen der Wirklichkeit, in moralische Werte oder Schönheit im Sinne objektiver Tatsachen.«[536]

Die Einheit des Wahren, Guten und Schönen

Die gerade zitierte Aussage von Thomas Metzinger verweist auf den Zusammenhang, dass subjektives Glückserleben oft mit der Erkenntnis von Wahrheit bzw. Wirklichkeit, ethischer Tugend und dem Schönen verbunden ist. Dass das *Wahre, Gute und Schöne eine Einheit* bilden, ist ein alter platonischer Gedanke, der durch die anthropologische Erkenntnis, dass reflexives Bewusstsein, soziale Organisation und die Suche nach Schönheit und Harmonie naturhistorisch bzw. evolutionsbiologisch zusammen entstanden sind, bestätigt wurde (siehe S. 25 ff.).[537] Platon hatte in seinem Dialog »Der Staat«[538] ausgeführt, dass ein Herrscher, der keine wahre Erkenntnis darüber besitzt, inwiefern das Gerechte und Schöne auch gut ist, nicht vertrauenswürdig ist. Wir müssen das heute nicht nur auf die Herrschenden, sondern können das durchaus auf alle beziehen. Das Gute ist bei Platon allerdings der höchste Wert, der der Wahrheit und dem Schönen erst ihre Dignität verleiht.[539] Die *Idee des Guten* ist Ursache allen Seins, allen Wissens und aller übrigen Ideen; sie nahm damit bereits die Position ein, die später von dem christlichen Gott, als Vertreter ewiger Wahrheit, besetzt wurde. In den Dialogen in der Platonischen Akademie entstand jener geistige Intensivraum, in dem die Einheit des Wahren, Guten und Schönen geboren und erlebbar wurde. Von da aus entfaltete sich eine bisher nicht beendete Diskussion über diese Einheit bzw. die Kritik an ihr.

Max Weber[540] war der prominenteste Vertreter der Trennung. Er hat die ursprüngliche Einheit in getrennte Wertsphären aufgeteilt. Niklas Luhmann macht dann aus der für Wahrheitsfragen zuständigen Wissenschaft[541] und der für die Schönheit zuständigen Kunst[542] gleich getrennte gesellschaftliche Funktionssysteme, die unterschiedlichen operativen Codes genügen; für die Moral[543] hatte er nur die Position eines frei flottierenden Signifikanten übrig, der sich an alle Kommunikationen der Funktionssysteme beliebig heften kann, um sie mit Achtung bzw. Missachtung zu überziehen.

Ludwig Wittgenstein[544] wiederum war eher ein Vertreter der Einheit, wenn er in seinem Tagebuch am 24. Juli 1916 notiert: »Die Ethik handelt nicht von der Welt. Die Ethik muss eine Bedingung der Welt sein, wie die Logik. Ethik und Ästhetik sind eins.« Jedenfalls haben Andrej Ule und Matthias Varga von Kibéd[545] ihn so interpretiert. *Logik* mit ihren Werten wahr/falsch bezieht sich auf das Bild der Welt, das sich eine Person macht; *Ethik* mit ihren Werten gut/schlecht zeigt die Qualität einer Person und ihrer Handlungen in ihrem Bezug auf diese Welt, und Ästhetik verweist mit ihren Werten schön/hässlich auf ein glücklich bzw. unglücklich machendes Leben. Daraus hatte ich die drei Prüffragen gelingenden Lebens gemacht: 1. Habe ich ein zutreffendes Wissen über die Welt für die sich mir stellenden Herausforderungen des Lebens? 2. Kann ich mein Handeln mir und anderen gegenüber begründen und rechtfertigen? 3. Hat mein Leben eine stimmige Form im Sinne eines lebendigen Ganzen? Die jeweiligen individuellen Antworten sind zwar kein Garant für ein gelungenes Leben, aber doch ein wichtiger Indikator oder Hinweisgeber (siehe S. 25 ff.).

Über die Selbstreflexion anhand der drei Aspekte der Einheit hinaus kann man sie auch auf die ethische Evaluation des intersubjektiven Lebens, auf Kommunikation und Interaktion übertragen: Wie steht es mit der Wahrheit und der subjektiven Wahrhaftigkeit im zwischenmenschlichen Umgang? Sind intersubjektive Kommunikation und Interaktion an einer gemeinsamen Vorstellung des Guten und des Richtigen orientiert? Legt die Kommunikation Wert auf Takt,

Stil und Form als Ausdruck des Schönen? Sogar die Bewertung der Gesellschaft als Ganzer wäre mit Hilfe der drei Aspekte denkbar: Orientiert sich die Politik an wissenschaftlichen Erkenntnissen, z. B. im Kampf gegen den Klimawandel? Ist es ihr Ziel, das Gemeinwohl zu fördern, oder bedient sie Partialinteressen, z. B. der Wirtschaft? Hat die Förderung von Bildung und Kultur den gleichen Stellenwert wie die Subventionierung der Industrie? Und wenn man will, könnte man sogar die interstaatliche Politik entsprechend bewerten. Dies alles sind nur Beispiele, die zeigen sollen, dass das gute Leben ohne eine Orientierung am Wahren, Guten und Schönen nicht wirklich gelingen kann.

In diesem Abschnitt soll es deshalb darum gehen, die Verbindungen aufzuzeigen, die zwischen den *drei Komponenten des gelingenden Lebens* bestehen; es sollen wieder Brücken gebaut werden zwischen Gebieten, die durch die Moderne getrennt wurden. Das geschieht in zwei Schritten. Zunächst wird in den drei Bereichen je eine Doppelstruktur bestimmt, um danach die Bereiche zueinander in exemplarische Beziehung zu setzen, d. h.: Wahrheit zu Ethik, Wahrheit zu Ästhetik, Ethik zu Ästhetik.

Das *Wahre* bzw. *Wahrheit* im heutigen Sinne bezieht sich auf die wissenschaftliche Erforschung und Feststellung sogenannter objektiver Tatbestände, die dennoch prinzipiell durch neue Erkenntnisse falsifizierbar bleiben; Wahrheit hat hier den Charakter intersubjektiv und empirisch bestätigter Hypothesen. Ewige Wahrheiten göttlicher Provenienz haben in der Moderne keine Konjunktur mehr; sie tauchen noch in spirituellen Erlebenswahrheiten auf, wo sie bereits eine Schlagseite zur subjektiven Wahrhaftigkeit haben. Das *Gute* bzw. *Güte* bezieht sich im Alltag, insbesondere im wirtschaftlichen Kontext, auf die Qualität der Dinge, vor allem auf Waren und Dienstleistungen, im ethischen Kontext auf die Qualität von Handlungen. Im geistigen Kosmos bezieht sich Güte auf intellektuelle Redlichkeit und moralische Integrität. Das *Schöne* bzw. Ästhetik verweist auf die Sensibilität und Verfeinerung der sinnlichen Wahrnehmung insgesamt, vor allem aber im engeren Sinne auf den produktiven und rezeptiven Umgang mit bzw. den Genuss von Kunst.

Der Zusammenhang von *Wahrheit und Ethik* war lange suspendiert; seit einigen Jahren zeigt sich allerdings immer deutlicher, dass nicht jede wissenschaftliche Wahrheit förderlich für ein humanes und ökologisches Leben ist.[546] Positiv gewendet wäre es vielmehr nötig, ethische und nicht nur wissenschaftliche, schon gar nicht wirtschaftliche Überlegungen an den Beginn der Forschung zu stellen. Nicht, was sich verwerten bzw. womit sich Geld verdienen lässt, sondern welches Wissen einem gelingenden natürlichen, gesellschaftlichen und individuellen Leben dienlich wäre, wäre die ethisch richtige Fragerichtung zu Beginn der Forschung. Da es auch immer wieder vorkommt, dass wissenschaftliche Daten oder Forschungsergebnisse gefälscht werden, besteht ein unwidersprochen grundsätzlicher Zusammenhang von wissenschaftlicher Wahrheitssuche und Ethik in intellektueller Redlichkeit. Bei Kant[547] ist intellektuelle Redlichkeit überhaupt der Kern des Moralischen.

Im Zusammenhang von *Wahrheit und Ästhetik* sollte die erkenntnisleitende Funktion des Sinnlichen und Emotionalen berücksichtigt oder sogar die Ästhetik als sinnliche Erkenntnis im Sinne eines Alexander Gottlieb Baumgarten[548] der Logik als gleichwertige Erkenntnismöglichkeit zur Seite gestellt werden, wie in der in den vergangenen Jahren wieder populär gewordenen wissenschaftlichen Forschung mit künstlerischen Mitteln.[549] Auf jeden Fall steht nicht infrage, dass sowohl produktive wie auch rezeptive ästhetische Praxis genuine und eigenständige Erkenntnis ermöglichen, die durch logische bzw. rationale Erkenntnis nicht ersetzt werden kann. In der Wissenschaft spielen ästhetische Kriterien deshalb eine nicht zu vernachlässigende Rolle sowohl im Prozess der Forschung als auch bei der späteren Darstellung der Forschungsergebnisse, z. B. bei der Eleganz von Theorien.

Der Zusammenhang von *Ethik und Ästhetik* drückt sich in einer Ästhetik des guten Lebens bzw. einer »Ästhetik der Existenz«[550] aus oder im Beitrag der Kunst für ein gelingendes Leben[551]. Die Ästhetik ist ein Teil der Ethik des gelingenden Lebens, denn sie analysiert und evaluiert Möglichkeiten des Lebens, »die sich ohne weiteres, ›um ihrer selbst willen‹, lohnen. Damit gehört sie zu jenem Bereich der Ethik, in dem nach den Bedingungen oder Bestandteilen eines gelingenden Lebens gefragt wird.«[552]

Aber: Weder das Wahre und das Gute noch das Wahre und Schöne oder das Gute und Schöne sind eins oder verschmelzen;

der Zusammenhang der Komponenten ist nur aus ihrer erhalten bleibenden Differenz zu verstehen. Keine Fusion des Wahren, Guten und Schönen also, denn jeder Bereich hat seine eigene Rationalität. *Rationalität* verweist auf die jeweilige innere Logik und Konstitution der drei Bereiche und im kommunikativen Zusammenhang darauf, dass man – gegebenenfalls auf Nachfrage – in der Lage ist, hinreichend gute Gründe für seine Handlungen anzuführen, die auch andere überzeugen können unter der Voraussetzung, dass sie bereit sind, probeweise den Standpunkt und die Perspektive des Argumentierenden zu übernehmen:

- Die *Rationalität des Wahren* besteht unter modernen Lebensbedingungen darin, die Orientierung des eigenen Lebens – in Bezug auf die jeweilige inhaltliche Thematik – an gegenwärtig hinreichend abgesichertem theoretischen Wissen auszurichten. Dies impliziert die Bereitschaft, seine eigene Wissensbasis immer wieder zu überprüfen, aufgrund neuer Erkenntnisse zu verändern und zu erweitern.
- Die *Rationalität des Guten* besteht vor allem darin, dass sie es ermöglicht, das reflektierte Eigeninteresse zu den reflektierten Eigeninteressen aller anderen in Beziehung zu setzen, mit dem Ziel, dass alle unter weitestgehend gerechten gesellschaftlichen Lebensbedingungen die annähernd gleichen Verwirklichungschancen für ihre Wünsche, Bedürfnisse und Ziele haben.
- Die *Rationalität des Schönen* besteht nun gerade darin, von den eigenen Zielen und instrumentellen Handlungszwecken Abstand zu nehmen, um in der Kontemplation von Natur und/oder Kunst Erfüllung und Glück zu erfahren.

Es muss nicht sein, dass diese *drei Orientierungen eines gelingenden Lebens* immer widerspruchsfrei möglich sind; vielmehr ist es sogar wünschenswert und hilfreich, dass sich die unterschiedlichen Rationalitäten sowohl wechselseitig korrigieren als auch steigern, um gemeinsam zu koevolvieren. Es ist auch nicht wünschenswert, alle seine Lebensbereiche unter *einem* Rationalitätsverständnis zu vereinheitlichen. Welches sollte es auch sein, wenn der Glaube an eine übergeordnete Vernunft nicht mehr tragfähig ist, weil die Position einer übergeordneten ewigen Wahrheit – sei es die der platonischen Ideen oder die der religiösen Götter – verwaist ist? Die Wissenschaft kann diese Position nicht ausfüllen – erstens, weil sie selbst nur die eine Seite der genannten Dreiheit vertritt, und zweitens, weil ihre Erkenntnisse grundsätzlich fallibel sind. Die *Lebendigkeit* unseres Lebens zeigt sich gerade in der Vielfalt und Widersprüchlichkeit unserer verschiedenen Lebensbereiche sowie unserer selten einheitlichen Wünsche, Bedürfnisse, Interessen und Affekte. Sich auf Identität zu trimmen, käme einem Gewaltakt gleich, den man an sich selbst vollzöge. Was allerdings zu fordern ist, das ist erstens, dass wir von unserer Fähigkeit Gebrauch machen, uns bewusst zu unserem Leben in allen seinen Widersprüchen zu verhalten, und zweitens, dass wir bereit sind, unsere Orientierungen zu korrigieren und uns aus überzeugenden Gründen zu verändern.

Die Beschäftigung mit wissenschaftlichen Erkenntnissen ist gut, weil sie dazu beiträgt, sich rational mit den Möglichkeiten, Schwierigkeiten und Grenzen des je eigenen Lebens und den wünschenswerten Formen des Zusammenlebens aller empfindenden Lebewesen zu verständigen. Wohin es führt, wenn wissenschaftliches Wissen im Vergleich mit bloßen subjektiven Meinen nicht mehr zählt, zeigt schon die Auseinandersetzung von Sokrates mit den Sophisten bzw. Platons Unterscheidung von Scheinwissen, bloßem Meinen *(doxa)* und wahrem, gewissermaßen wissenschaftlichem Wissen *(episteme)* in seinem Dialog »Sophistes«[553]. Wie unsäglich es ist, wenn jede Person ihre eigenen »alternativen Fakten« konstruiert, hat uns die Politik von Donald Trump vorgeführt oder erschwert gerade die gesellschaftliche Diskussion mit den Corona-Leugnern. Dass eine ethisch verantwortliche Lebensweise keine ausschließlich private Entscheidung, sondern eine gesellschaftliche Herausforderung und Aufgabe ist, zeigen uns z. B. die wissenschaftlichen Erkenntnisse zum Klimawandel und sollte auch durch dieses Buch belegt werden. »Die Hinwendung zum Schönen ist gut, weil es gut ist, Dinge zu machen und mit Dingen zu tun zu haben, die sich nicht allein um ihrer selbst willen lohnen, sondern zugleich ein sinnliches Bewußtsein dieses Lohnenden eröffnen. ›Das Schöne‹ von dem ich hier vereinfachend spreche, wäre demnach nicht bloß ein sinnliches Scheinen, es wäre ein sinnliches Dasein von etwas Gutem.«[554] Die Wissenschaft liefert die Erkenntnis dessen, was als gutes Leben gelten kann. Bei der Ästhetik als Ethik der Existenz geht es um stimmige Formen gelebter Praxis und damit um Formen des Gelingens. Die Ästhetik als Erkenntnismethode integriert Intuition und Sinnlichkeit als Spurensuche nach dem, was dem guten Leben förderlich oder hinderlich ist. *Wahres Wissen* im oben definierten Sinne intersubjektiv und empirisch bestätigter Hypothesen über das individuell und gesellschaftlich gute Leben, *ethische Orientierung am Guten* als Gerechtigkeit im Sinne der Verwirklichungschancen von Amartya Sen[555] sowie *Schönheit* als Charakteristik einer stimmigen Lebensform, aber auch als sinnlicher Genuss des Lebens, sind wohl zu differenzieren, jedoch nicht voneinander zu trennen. Alle drei bilden die Eckpunkte gelingenden Lebens und Sterbens.

Zum Schluss der Tod – Gelingendes Sterben

Mit den gesellschaftlichen Unsicherheiten, die unser Leben eher äußerlich umgeben und zunehmend bedrohen, war meine Ethik gestartet, um im Verlauf des Fortschreitens der Überlegungen zur Unsicherheit des Lebens an sich als seine eigene Grundbedingung vorzustoßen. Der Tod selbst ist nun im eigentlichen Sinne nicht unsicher, denn er steht ja fest, ist als Teil und Schlusspunkt untrennbar mit dem Leben verbunden; unsicher ist nur, wann und wie er eintritt. Dennoch ist die Frage, wie wir mit dieser Tatsache in unserem Leben umgehen sollen, vielleicht die größte Unsicherheit, mit der wir konfrontiert sind, denn den letzten Akt unseres Lebensdramas können wir nicht proben; er muss beim ersten Mal gelingen, eine zweite Aufführung wird es nicht geben. Wenn uns nicht die Frage nach einem Leben nach dem Tod umtreibt, bleibt als Frage nicht der Tod an sich, sondern nach seiner *Bedeutung für unser Leben* und in diesem Kontext, wie es uns gelingen kann, unser todsicheres Sterben produktiv in unser Leben zu integrieren, denn *das integrierte Verhältnis zum eigenen Tod ist die Bedingung eines gelingenden Lebens.* Damit stehen wir gegen den gesellschaftlichen Trend, denn alle Anstrengungen sind darauf gerichtet, den Tod ungesehen zu machen, wenn man ihn schon nicht ungeschehen machen kann. Byung-Chul Han[556] nennt den Tod darum auch nicht den Schlusspunkt, sondern den *Nullpunkt* des Lebens, von dem wir für unser Denken des

Lebens ausgehen müssen. Dass unser Leben ein Sein zum Tod[557] ist, das ist gewiss. Das Sein zum Tod ist die Bereitschaft des Subjekts zur *größten Unsicherheit.* Was aber bedeutet diese Tatsache für unser Leben? Und wie können wir gelingend sterben? Denn auf das *Wie* haben wir Einfluss – unter der Voraussetzung, dass wir nicht von einem Unfall überrascht werden oder im Koma sterben, sondern – wie man so sagt – einen natürlichen Sterbeprozess erleben dürfen.

Eine *Ethik des Lebens* muss auch eine *Ethik des Sterbens* sein. In der Verantwortungsübernahme für das Leben – das eigene, das des anderen und für das Leben an sich – bildet sich unser *ethisches Selbst.* Diese Verantwortungsübernahme bezieht sich deshalb auch zwingend auf das Sterben. Die Trauer um die eigene Endlichkeit hat noch keine ethische Qualität, die Trauer um den Tod des anderen allerdings schon, denn das Trauern hält ihn durch Angedenken im Leben. Nicht nur das Gedenken der Gestorbenen, sondern bereits die Begleitung von Sterbenden gehört zu unseren größten ethischen Pflichten. Zugleich können wir dabei viel für unser Leben gewinnen. Die Sterbenden machen den Hinterbliebenen ein letztes Geschenk, pflegte mein alter Lehrer immer zu sagen. Das kann ich heute bestätigen, nachdem ich ihn und andere im Sterben begleitet habe. François Jullien[558] verbindet in seiner Reflexion der Bedeutung, die der Tod für das Leben hat, die Begriffe *Präsent* und *Präsens,* denn die Tatsache, dass man den Tod in sein Leben integriert, eröffnet eine neue Form der Gegenwärtigkeit. »Meine Gegenwart ist das, was sich mir zwischen dem heutigen Tag, da ich mir meinen Tod tatsächlich vor Augen führe, und eben dem Tag meines Todes in einem Stück präsentiert – sich mir darbietet.«[559] Die Integration von Tod und Sterben in unser Leben macht unser eigenes Ich weich, offen und demütig. »Paradoxerweise ist es der Tod, der das Leben lebendig hält. […] Vom Tod geht eine Heilkraft aus, die das Leben vor einer Petrifizierung, vor der Leblosigkeit bewahrte.«[560] Ein Leben ohne bedenkende Integration des eigenen Todes wird diesem zum Verwechseln ähnlich.

»Philosophieren heißt sterben lernen« und »Wer die Menschen sterben lehrte, würde sie leben lehren«, hat Michel de Montaigne[561] in seinen »Essais« (1580–1588) geschrieben. Bereits Epikur[562] hatte uns zweitausend Jahre zuvor gemahnt, dass es eine großartige Sache ist, den Tod zu lernen. Er war allerdings auch der Meinung, dass der Tod *an sich* keine Bedeutung für uns hat, da wir ja dann nicht mehr leben würden, wenn er eingetreten ist. Alles, was gut oder schlecht ist, sei nur eine Sache der Wahrnehmung.[563] »Früher wusste man (oder vielleicht man ahnte es), daß man den Tod *in* sich hatte wie eine Frucht den Kern. Die Kinder hatten einen kleinen in sich und die Erwachsenen einen großen. Die Frauen hatten ihn im Schooß und die Männer in der Brust. Den *hatte* man, und das gab einem eine eigentümliche Würde und einen stillen Stolz.« Das schreibt der Dichter Rainer Maria Rilke in seinen »Aufzeichnungen des Malte Laurids Brigge«[564]. Er fragte und antwortete: »Wer giebt heute noch etwas für einen gut ausgearbeiteten Tod? Niemand.«[565] Im griechisch-römischen Altertum waren der gute Tod und die Kunst des Sterbens *(ars moriendi)* noch ein Thema; das nannte sich Euthanasie von griechisch *eu* und *thanatos:* der gute bzw. gelungene Tod.[566] Mit der Moderne wurde das Thema verdrängt. Aber genau darum geht es: Wie müssen wir leben, um lebenssatt und in Würde sterben zu können? Auch in Bezug auf den letzten Atemzug vor dem Tod geht es immer noch um *Leben.* Danach ist Dunkel.

Dass jedes Leben den Tod *in* sich hat, bedeutet zunächst schlicht, dass Leben und Tod nicht zwei getrennte Entitäten sind, Leben ist mit seinem Tod durchsetzt; jedes Leben stirbt von seinem Beginn an – nicht erst am Ende, sondern immer, zu jeder Zeit, in jedem Moment. Die Grundeinheiten des Lebens, die Zellen, wachsen, erneuern sich und sterben ab – unmerklich. Und was ist altern, wenn nicht langsames Sterben? Wenn man jung ist, fällt das nicht sonderlich auf; wenn man allerdings älter wird, bemerkt man es schon: Die Kräfte nehmen ab, das eine oder das andere geht nicht mehr so gut wie früher. Das lässt sich zunächst noch kompensieren, aber eines Tages auch das nicht mehr – bis am Ende nichts mehr geht. Wir sterben auch metaphorisch, indem wir uns täglich von Vergangenem trennen; richtig alt und dem Tode nah sind wir allerdings erst, wenn wir nichts Neues mehr beginnen. Was aber würde es bedeuten, wenn man Rilkes Aussage so interpretiert, dass jeder Mensch *seinen* Tod in sich hat, seinen *eigenen,* seinen ganz *speziellen,* der nur ihm zukommt? Das würde heißen, dass man für seinen Tod verantwortlich ist. Schließen wir das willkürlich veranlasste und fremd verursachte Sterben durch Hungersnot, Katastrophe, Krieg, Mord und Unfall aus, dann ist man durch das Leben gefordert, für seinen guten Tod zu *sorgen* (zur Sorge siehe S. 99 ff.). Es würde heißen, dass man es (zumindest zu großen Teilen) in der Hand hat, ob man in Würde stirbt oder würdelos verendet. In Bezug auf das eigene Sterben ist die Sorge *Vor-Sorge,* und das nicht in einem technischen Sinn, sondern in einem existenziellen. Die einzige Möglichkeit, für ein gelingendes Sterben zu sorgen, ist aber die Art, *wie* man sein Leben *lebt* und wie man sich dem Leben gegenüber *verhält.* Sich dem Tod zu stellen ist »eine Fähigkeit, die eine Voraussetzung des Wachstums, eine Voraussetzung der Selbst-Bewußtheit ist«[567]. Der Tod ist die Auf-gabe des Lebens – im doppelten Sinne des Wortes als Herausforderung, die wir bewältigen müssen, und als Aufgeben, als Loslassen des Lebens.

Für unsere eigene Würde ist die erste, wenn nicht die zentrale Bedingung überhaupt der Respekt vor der Würde jeglichen Lebens. »Wir müssen die bewusste Leidensfähigkeit und auch das Existenzrecht in der Gesamtheit all jener Wesen respektieren, die ein PSM [Phänomenales Selbstmodell] besitzen, das sie zu leidensfähigen Subjekten macht. Und wir sollten prinzipiell keine Wesen töten, von denen wir annehmen müssen, dass sie das Potential zu einem auch subjektiv erlebten Interesse am Fortbestand der eigenen Existenz besitzen. Wenn wir die Leidensfähigkeit nicht-menschlicher Wesen nicht respektieren, können wir auch unsere eigene Leidensfähigkeit nicht wirklich achten. Und wenn wir die Todesangst anderer Bewusstseinssubjekte nicht ernst nehmen, werden wir auch keine würdevolle Einstellung zu unserer eigenen Sterblichkeit finden.«[568] Wir sind damit wieder bei dem summum bonum meiner Ethik angekommen: Pflege des Lebens in jeder Form und Selbsttransformation – dieses Mal mit der letzten Aufgabe: sterben zu *können.*

Dieses *Können* ist allerdings keine Aktivität, sondern eher ein *Lassen,* ein Zulassen, denn angesichts des Todes gibt es nichts zu *tun,* zu *machen.* Im Sterben ist der Mensch kein Akteur, sondern ein *Passeur.*[569] Dem Tod gegenüber ist das Subjekt im wahrsten Wortsinne ein *unterworfenes* (siehe S. 79 ff.). »Wenn man *sich* aber kein *Interesse* mehr entgegenbrächte, wenn das Sein nicht mehr mit dem emphatischen An-sich-*interessiert*-Sein, mit dem Selbst-Sein, bzw.

dem *Selbst-Haben* identisch wäre, wenn das Sein nicht primär ein *Aktiv-Sein* wäre, so verlöre der Tod das *Dramatische.* Er wäre keine Katastrophe. Das Sein ist nicht mit dem auf das Selbst bezogenen *Aktiv-Sein* identisch. Es kann so verfaßt oder so be-*stimmt* sein, daß es ein *Gelassen-Sein* zuläßt.«[570] Hier können wir viel vom Daoismus lernen (siehe S. 127 ff.), indem wir uns als Teil des natürlichen Geschehens begreifen und nicht als dessen Herrscher. Das lebenslange Einüben in ein fluides, transformatorisches Selbst (siehe S. 79 ff.) bereitet uns auf das letzte Zulassen und das endgültige Loslassen vor. Einüben können wir dies z. B. in jedem gelungenen Abschied. Eine wunderschöne, geradezu erfüllende Möglichkeit, das Loslassen zu lernen, sind Liebe und Erotik. »Geliebt wirst du einzig, wo du schwach dich zeigen darfst, ohne Stärke zu provozieren.« Das schrieb Adorno 1944 in seiner »Minima Moralia«[571]. Liebe und Eros funktionieren ebenso wie das Sterben nicht mit einem verhärteten Ich mit dem Anklammern an eine fixe Identität. Daher auch der in der Literatur immer wieder hergestellte Zusammenhang von Eros und Tod.[572] Anne-Marie und Reinhard Tausch[573] bezeichnen große Schmerzen als *Todeswehen.* Wer selbst große Schmerzen erlebt hat, wird bestätigen, dass Loslassen die einzige Möglichkeit ist, die Verkrampfung in den Schmerz zu lindern, um ihn zu ertragen. Die Selbst-*Ständigkeit,* die Standfestigkeit des Selbst, hilft vielleicht oft im Lebenskampf, allerdings nicht im Sterben. »Vor dem Tod steht man nicht auf sicherem Boden.«[574] Das Aufgeben des Zwangs zur *standfesten Identität,* das Sich-Übereignen an die *Nicht-Identität* ist eine zentrale Bedingung gelingenden Sterbens. Nicht mehr Tun, nur noch Loslassen versöhnt das Ich mit dem Tod.

»Todesangst ist umgekehrt proportional zur Lebensbefriedigung«, schreibt der Existenzpsychotherapeut Irvin D. Yalom.[575] Eine weitere Bedingung gelingenden Sterbens könnte deshalb sein, dass wir – soweit es in unserer Macht steht – nur Aufgaben übernehmen, zu denen wir innerlich Ja sagen können, oder dass wir wenigstens, wenn sich bestimmte Aufgaben schon nicht vermeiden lassen, sie auf eine Art und Weise erledigen, die wir ethisch verantworten können. Im Mittelalter hatte man das *sub specie aeternitatis* (unter dem Gesichtspunkt der Ewigkeit) als Prüffrage gottgefälligen Lebens. In der Moderne würde daraus ein »Unter dem Gesichtspunkt meiner eigenen Endlichkeit« werden. Wenn Aufgaben an mich herangetragen wurden oder ich zwischen bedeutsamen Alternativen zu wählen hatte, empfand ich es immer als hilfreich, mich auf dem Sterbebett zu imaginieren und zu fragen: Werde ich dieses Tun oder diese Sache zu den Dingen zählen, die es wert waren, dass ich mein Leben damit verbracht habe? Letztlich geht es auch hierbei wieder um eine Frage des gelingenden Lebens im Gegensatz zum äußerlichen Erfolg. Wenn man älter wird, wird diese Frage dringender. Was Sterbende am meisten bedauern, ist nichtgelebtes Leben bzw. rückblickend zu der Einsicht zu kommen, sein Leben falschen Werten oder rein materiellen Äußerlichkeiten gewidmet zu haben. »Das vorlaufende Freiwerden *für* den Tod befreit von der Verlorenheit in die sich zufällig andrängenden Möglichkeiten.«[576] So interpretiere ich auch Nietzsches[577] ewige Wiederkunft des Gleichen, als der Dämon dem Wanderer die ewige Wiederholung seines Lebens eröffnet, dass er sein Leben noch unzählige Male in der gleichen Reihenfolge mit dem gleichen Schmerz und der gleichen Lust leben müsse. Wäre dies eine Katastrophe oder eine Befreiung? Die Lösung schlägt Nietzsche an anderer Stelle vor: »Meine Lehre sagt: *so* leben, dass du *wünschen* mußt, wieder zu leben, ist die Aufgabe.«[578] Der Zusammenhang zwischen dem richtigen Leben und einem gelingenden Sterben erscheint mir offensichtlich. Das von sich aus zu Ende gelebte, geliebte, gesättigte Leben ist das Ziel. Dann ist man angekommen und kann gehen.

Ein Blick zurück

Das Buch ist jetzt zu Ende. Meine Reise und vielleicht auch Ihre, wenn Sie bis hierhin durchgehalten haben, noch nicht. Ob das Leben insgesamt ein gelungenes ist, entscheidet sich erst im Rückblick. Ein im Ganzen gelungenes Leben wird es vermutlich auch gar nicht geben, es sei denn das einer Heiligen oder eines Heiligen, aber die sind selten geworden in der unheilen modernen Welt. Es ist vielleicht auch gar nicht nötig, dass uns immer alles gelingt. Das wäre schon wieder eine Überforderung, die wir uns nicht selbst aufladen sollten. Es könnte reichen, dass wir bewusst gelebt, bewusst unsere eigenen Entscheidungen getroffen, uns nicht von fremden Mächten fremdbestimmen lassen haben. Jedenfalls nicht zur Gänze, denn ohne dass wir uns auch bestimmen lassen, werden wir uns nicht selbst bestimmen können. Es wird immer Situationen geben, die wir nicht in der Hand haben. Vollständige Selbstbestimmung oder Autonomie, wie das klassische Ideal der Aufklärung es nannte, wird es nicht geben können; sie wäre noch nicht einmal wünschenswert.

Nichts anerkennen zu wollen, was unsere vermeintliche Freiheit einschränkt, ist möglicherweise sogar eines der Krisenzeichen unserer gegenwärtigen gesellschaftlichen Situation. Dass viele egoistische Querköpfe sich in einer Pandemie versammeln, um gegen die Einschränkung ihrer Freiheit, andere mit dem Virus anzustecken, zu demonstrieren, ist noch kein Zeichen von Gemeinsinn. Auf diesen aber käme es an, um in einer unsicheren Welt überleben zu können. Nur eine Weltgemeinschaft wird die Überlebenskrise meistern können. Vor allem im Interesse zukünftiger Generationen müssen wir – als diejenigen, die heute Verantwortung für die Zukunft tragen – bereit sein, zurückzustecken und uns bestimmen zu lassen. Das wäre eine ethische Haltung in einer unsicheren Welt.

Auch ist nicht jedes Bestimmtsein von vornherein negativ. Autonomie gibt es nur im Rahmen einer allgemeinen Interdependenz.

Wir sind nicht nur eingebunden in vielfältige intersubjektive Beziehungen – in der Familie, im Freundeskreis, in der Kommune, in unserem Land, in der Welt –, wo wir, um sein zu können, uns bestimmen lassen müssen und in vielen Fällen gern bestimmen lassen. Wir sind durch unsere eigene Natur auch eingebunden in die gesamte Natur; wir sind Beteiligte am Ganzen und damit schon immer bestimmt, bevor wir über Selbstbestimmung überhaupt nachdenken können. Auf jeden Einzelnen und jede Einzelne kommt es deshalb an, um mit der Unsicherheit, die im Wesentlichen Ausdruck einer globalen Krise ist, umgehen zu können. Mindestens das sollte durch dieses Buch klar geworden sein.

Was diese Reise für Sie gebracht hat, kann ich natürlich nicht wissen. Für mich war sie ein Prozess der Selbstbesinnung. Kein einmaliger, sondern auch wieder nur eine Station auf der Reise meines Lebens. Dass diese Selbstbesinnung während der Covid-Pandemie stattfand, die uns unsere ontologische Unsicherheit schmerzhaft zu Bewusstsein gebracht hat, ist ein Zufall. Denn die ersten Überlegungen zu diesem Buch haben schon vor der Pandemie begonnen. Aber die Pandemie gab im Verlauf des Schreibens immer wieder Anlass innezuhalten und nachzudenken. Mangels Ablenkungsmöglichkeiten hatten wir plötzlich viel Zeit in der ansonsten rastlosen Welt. Als das gewöhnliche Leben weitgehend angehalten wurde und wir vieles vermisst haben, was unser alltägliches Leben ausmacht, konnte auch deutlich werden, was das Leben eigentlich lebenswert macht.

Das für mich größte Problem war der Verlust der Beziehungen zu leiblich anwesenden Freunden. Dafür bekam die Beziehung zur Natur eine ungeahnte Dimension. Der Spaziergang mit der Familie oder gelegentlich mit einzelnen befreundeten Personen (mit Abstand!) in der Natur, und sei es nur der nahe gelegene Stadtwald, wurde zum kulturellen Highlight. Wie viele passionierte Städter und Städterinnen habe ich die Freuden des Landlebens oder – um es philosophischer auszudrücken – das Glück der Naturkontemplation (wieder) entdeckt. Das hat mein Buch sicher beeinflusst. Plötzlich war auch Zeit, über die Zeit nachzudenken, über die eigene Endlichkeit, über die Bedeutung der eigenen Lebenszeit. Der Schaden, der für die junge Generation dadurch entstanden ist, dass man ihnen einen Teil der wichtigen Zeit des Jungseins hat stehlen müssen, ist noch gar nicht zu übersehen. Für uns Ältere mag sich dieser Verlust verschmerzen lassen, vor allem, wenn es gelungen ist, die Zeit zur Selbstreflexion zu nutzen. Wenn wir verstanden haben, dass unsere Lebenszeit zu bedeutsam ist, um sie gedankenlos verstreichen zu lassen, und wenn klar geworden ist, dass wir nur gemeinsam in gelingenden Beziehungen zu anderen Menschen, zu anderen Lebewesen, zur Natur als Ganzer ein Stück Glück erfahren können, dann hat das Buch sein Ziel erreicht. Dann ist Unsicherheit vielleicht kein Problem, sondern eine Chance.

Epilog: Mein Vater

Mein Vater, Jahrgang 1921, war schon mit noch nicht zwanzig Jahren nach einem Notabitur im Krieg. Drei Jahre später war er als Kriegsheld mit Eisernem Kreuz erster Klasse, d. h. als Krüppel, wieder zu Hause. Trotz seiner lebenslangen schweren Behinderungen und Einschränkungen seiner Mobilität liebte er das Leben. Seinen Beruf als Beamter verstand er im Sinne der protestantischen Ethik als Dienst am gesellschaftlichen Gemeinwesen. Die damit verbundene Askese war allerdings seine Sache nicht. Ohne allzu großes Interesse an materiellen Dingen wusste er doch das Leben zu genießen.

Mittlerweile Witwer und alt geworden, bat er mich eines Tages zu einem Gespräch. Er eröffnete es mit der Übergabe eines schmalen Ordners mit den letzten Aufgaben, die ich nach seinem Tod für ihn zu erledigen hatte. Das war nicht sehr viel; er hatte als ordentlicher Beamter und verantwortlicher Vater gut vorgesorgt. Die eigentliche Vorsorge begann allerdings erst jetzt. Aus dem Gespräch wurde eine Serie. Fast jede Woche trafen wir uns und gingen sein ganzes Leben durch: den Krieg, das Töten, das Leben, die Arbeit, seine Ehe, die Liebe, seine Freundschaften und unser beider Verhältnis als Vater und Sohn. Unterbrochen wurden die Gespräche durch Besuche bei Freunden und an Orten, von denen er sich verabschieden wollte. Ich durfte ihn begleiten, war sein Fahrer, denn Autofahren konnte er schon nicht mehr. Aber ich war nicht *nur* sein Fahrer, ich war in gewisser Weise sein Schüler.

Nach etwa eineinhalb Jahren begrüßte er mich zum Gespräch mit den Worten: »Ich bin jetzt fertig; jetzt kann ich gehen!« Etwa drei Wochen später wollte er sich nach dem Frühstück noch einmal hinlegen. Er fühle sich sehr schwach. Aufgestanden ist er nicht mehr. Aber für mich ist er immer noch da. Ihm widme ich dieses Buch.

Anmerkungen

1 Proust 2010, S. 3752.
2 Foucault 1986c, S. 30.
3 Foucault 1993, S. 15.
4 Beck 1986.
5 von Foerster 1993.
6 Marx 1974a.
7 Luhmann 1974, S. 208.
8 Horkheimer, Adorno 1990.
9 Nietzsche 1980a, S. 357.
10 Ehrenberg 2005.
11 Krämer 1995, S. 127.
12 Heisenberg 1976.
13 Capra, Luisi 2014, S. 362 f.
14 von Foerster 1993; von Foerster, Bröcker 2014.
15 Descartes 1965.
16 Varela, Thompson, Rosch 2016, S. 181 f.
17 Apel 1999.
18 Freud 1972.
19 Manson 2016, S. 96.
20 Varela, Thompson, Rosch 2016, S. 293.
21 Capra, Luisi 2014.
22 Lovelock 1992.
23 Kane 2005 S. 65 f.
24 Heidegger 2001.
25 Capra, Luisi 2014, S. 402.
26 Zech, Dehn 2017, S. 139 ff.
27 Schiller 1961, S. 372 f., Hervorh. entfernt.
28 Himanen 2001, S. 97.
29 Himanen 2001, S. 101.
30 Kane 2005, S. 273.
31 Wallerstein in Kane 2005, S. 224.
32 Kane 2005, S. 109.
33 Zech 2002.
34 Maturana 1985.
35 Luhmann 1991.
36 Varela, Thompson, Rosch 2016.

37 Gardner 2011, S. 75.
38 Gardner 2011, S. 75.
39 Lévinas 2008.
40 Lévinas 2008, S. 71.
41 Lévinas 2008, S. 72.
42 Lévinas 2008, S. 65.
43 Buber 1995.
44 Manson 2016, S. 93 f.
45 Aristoteles 1995.
46 Platon 2004a.
47 MacIntyre 2006.
48 Bentham 2016.
49 Kant 1974a.
50 Jonas 2003.
51 Epikur 2005.
52 Seel 1999.
53 Dalai Lama 2011, S. 63.
54 Dalai Lama 2011, S. 56 f.
55 Dalai Lama 2011, S. 57 f.
56 Varela 1994, S. 36 f.
57 Varela 1994, S. 40.
58 Foucault 2007, S. 259.
59 Platon 2004a.
60 Gardner 2011, S. 82.
61 Gardner 2011, S. 82.
62 Wittgenstein 1990a.
63 Ule, Varga von Kibéd o. J., S. 1.
64 Ule, Varga von Kibéd o. J., S. 3–13.
65 Ule, Varga von Kibéd o. J., S. 7.
66 Weber 2006b.
67 Capra, Luisi 2014, S. 280.
68 Schiller 1961.
69 Foucault 2007.
70 Varela, Thompson, Rosch 2016, S. 183.
71 Fuchs, Mahler 2000.
72 Weick, Sutcliffe 2015.
73 Brückner 2018, S. 249 f.
74 Manson 2016, S. 83.
75 Adorno 1969, S. 30.
76 Adorno 1969, S. 33.
77 Butler 2007, S. 146.
78 Dörre, Lessenich, Rosa 2012.
79 Sandel 2020.
80 Sen 1993.
81 Adorno 1996, S. 130.

82 Arlt, Zech 2015.
83 Duden 2001, S. 46.
84 Aristoteles 1995; Cicero 2007.
85 Aristoteles 1995, S. 249/1177b.
86 Brunner, Conze, Koselleck 1974, S. 162.
87 Die Bibel 1964, 2. Thessalonicher 10.
88 Brunner, Conze, Koselleck 1974, S. 165.
89 Weber 2006a.
90 Papst Johannes Paul II. 1981, S. 13.
91 Weber 2006a, S. 40.
92 MacIntyre 1991, S. 48.
93 Zech 2016.
94 Suzman 2021, S. 30.
95 Brunner, Conze, Koselleck 1974, S. 154 ff.
96 Sandel 2012, S. 11.
97 Rand 1964, S. 11.
98 Rand 1966, S. 21.
99 Rand 1966, S. 26.
100 Rand 1966, S. 27.
101 Rand 1964, S. 20.
102 Rand 1964, S. 30.
103 Rand 1964, S. 31.
104 Rand 1964, S. 12.
105 Rand 1964, S. 10.
106 Rand 1964, S. 19.
107 Rand 1964, S. 21.
108 Rand 1964, S. 23.
109 Rand 1964, S. 27.
110 Rand 1964, S. 29.
111 Klein 2007.
112 Sandel 2020, S. 189.
113 Sandel 2012, S. 10.
114 Sandel 2012, S. 69.
115 Rousseau 2016, S. 125.
116 Sandel 2012, S. 15.
117 Sandel 2020.
118 Weber 2006a.
119 Sandel 2020, S. 56.
120 Sandel 2020.
121 Sandel 2020, S. 26.
122 Rand 1964, S. 23.
123 Sandel 2020, S. 41.
124 Spiegel Online vom 19.03.2021.
125 Sandel 2020, S. 158.
126 Sandel 2020, S. 177 ff.

127 Sandel 2020, S. 180.
128 Keynes 2007.
129 Suzman 2021, S. 14, S. 104.
130 Suzman 2021, S. 104.
131 Suzman 2021, S. 210.
132 Sandel 2020, S. 178.
133 Himanen 2001.
134 Kane 2005.
135 Butler 2007, S. 138 f.
136 Butler 2007, S. 178.
137 Prigogine, Stengers 1983, S. 232.
138 Spiegel Online vom 02.12.2020.
139 Dalai Lama 2011.
140 Tomasello 2016.
141 Jonas 2003.
142 Kane 2005.
143 Weber 2006b.
144 Bennett 2001, S. 187 ff.
145 Bennett 2001, S. 4.
146 Weber 2006b.
147 Blumenberg 1996.
148 Critchley 2004, 2008.
149 Bennett 2001, S. 160.
150 Bennett 2001, S. 111.
151 Kant 1977, S. 826.
152 Adorno 1973, S. 295, S. 293.
153 Fuchs, Mahler 2000.
154 Busch 2020.
155 Bennett 2001, S. 27.
156 Haraway 2018.
157 Barad 2007, 2012.
158 Bennett 2010.
159 Lukrez 1957.
160 Epikur 2005.
161 Lukrez 1957, S. 14.
162 Lukrez 1957, S. 100.
163 Lukrez 1957, S. 58.
164 Lukrez 1957, S. 121.
165 Lukrez 1957, S. 125.
166 Lukrez 1957, S. 206.
167 Lukrez 1957, S. 17.
168 Lukrez 1957, S. 19.
169 Lukrez 1957, S. 370.
170 Lukrez 1957, S. 200.
171 Epikur 2005, S. 166 ff.

172 Epikur 2005, S. 120.
173 Epikur 2005, S. 118.
174 Epikur 2005, S. 118.
175 Lukrez 1957, S. 55.
176 Lukrez 1957, S. 128.
177 Prigogine, Stengers 1983.
178 Prigogine, Stengers 1983, S. 136.
179 Prigogine, Stengers 1983, S. 149 ff.
180 Prigogine, Stengers 1983, S. 152.
181 Prigogine, Stengers 1983, S. 204.
182 Prigogine, Stengers 1983, S. 150.
183 Dürr 2020, S. 44.
184 Dürr 2020, S. 45 f.
185 Fischer 2014, S. 36.
186 Barad 2007, 2012.
187 Heisenberg 1976.
188 Fischer 2010, S. 124.
189 Fischer 2010, S. 278.
190 Dürr 2020, S. 68.
191 Dürr 2020, S. 86 f.
192 Dürr 2020, S. 46.
193 Dürr 2020, S. 75.
194 Dürr 2020, S. 23 f.
195 Bennett 2010.
196 Barad 2007.
197 Bennett 2010, S. 69.
198 Latour 2019.
199 Latour 2019, S. 11.
200 Bennett 2010, S. 70.
201 Bennett 2010, S. 31.
202 Zech, Dehn 2017, S. 13 ff.
203 Bennett 2010, S. 43 f.
204 Dürr 2020, S. 46.
205 Descartes 1965.
206 Heisenberg 1976.
207 Dürr 2020, S. 23 f.
208 Bennett 2010.
209 Fischer 2010, S. 276.
210 Jonas 1994, S. 399 ff.
211 Heidegger 2001.
212 Jonas 1994, S. 402.
213 Jonas 1994.
214 Hazen 2007.
215 Hazen 2007, S. 68.
216 Prigogine, Stengers 1983, S. 91.

217 Prigogine, Stengers 1983, S. 197.
218 Maturana, Varela 1991, S. 55 f.
219 Capra, Luisi 2014, S. 259.
220 Jonas 1994, S. 122 ff.
221 Capra 2015, S. 229.
222 Lukrez 1957.
223 Dürr 2020.
224 Barad 2007, 2012; Bennett 2010.
225 Bennett 2010, S. 42.
226 Fritsche 2015, S. 1.
227 Fritsche 2015, S. 1.
228 Fritsche 2015, S. 3.
229 Fritsche 2015, S. 9 ff.
230 Bateson, Bateson 1993, S. 19.
231 Bateson 1984, S. 19.
232 Bateson 1984, S. 19.
233 Bateson 1984, S. 113 ff., S. 260 f.
234 Bateson 1984, S. 114.
235 Lovelock 1992.
236 Lovelock 1992, S. 12.
237 Lovelock 1992, S. 10.
238 Lovelock 1992, S. 29.
239 Lovelock 1992, S. 68.
240 Lovelock 1992, S. 62.
241 Jonas 1994, S. 401 f.
242 Naess 2013, S. 55 f.
243 Naess 2013, S. 43, S. 273 f.
244 https://www.geo.de/natur/nachhaltigkeit/15997-rtkl-neuseeland-maori-fluss-erhaelt-rechte-als-person (Zugriff 02.03.2021).
245 Naess 2013, S. 144 ff.
246 Naess 2013, S. 145.
247 Naess 2013, S. 146.
248 Naess 2013, S. 329.
249 Sivananda 1998, S. 139, Hervorh. entfernt.
250 Schlegel, Kozljanič 2018, S. 9–57.
251 Albert 2017, S. 60.
252 Albert 2017, S. 97.
253 Bergson zit. nach Albert, Jain 2000, S. 197.
254 Kant 1974d, S. 677.
255 Fichte 1800/1976.
256 Blumenberg 2006.
257 Hölderlin 1986, S. 161.
258 Bennett 2010.
259 Luhmann 1995a.
260 Seyfert 2019.

261 Seyfert 2019, S. 104.
262 Seyfert 2019, S. 22.
263 Seyfert 2019, S. 20 f.
264 Seyfert 2019, S. 25.
265 Seyfert 2019, S. 29.
266 Rimbaud 2010, S. 25 f.
267 Varela, Thompson, Rosch 2016, S. 181 f.
268 Metzinger 2014.
269 Metzinger 2014, S. 8.
270 Metzinger 2014, S. 15.
271 Metzinger 2014, S. 15.
272 Platon 2004a, S. 268 ff., 514 St. ff.
273 Metzinger 2014, S. 195.
274 Metzinger 2014, S. 15.
275 Fuchs 2010.
276 Fuchs 2010, S. 14 f.
277 Fuchs 2010, S. 72.
278 Nietzsche 1980b, S. 263.
279 Fuchs 2010, S. 60.
280 Fuchs 2010, S. 84.
281 Butler 2001.
282 Gadamer 1990.
283 Seel 2002, S. 288 ff.
284 Holzkamp 1983.
285 Bröckling 2017.
286 Jullien 2018, S. 17 ff.
287 Luhmann 1991.
288 Foucault 1986b, S. 9–45.
289 Horkheimer, Adorno 1990, S. 40.
290 Butler 2007, S. 58 f.
291 Bateson, Bateson 1993, S. 117 ff.
292 Metzinger 2014, S. 245.
293 Weber 2014, S. 8.
294 Weber 2014, S. 45.
295 Weber 2014, S. 111.
296 Weber 2014, S. 122.
297 Jonas 1994.
298 Maturana, Varela 1991.
299 Bateson 1984.
300 Capra 2015, S. 229.
301 Holzkamp 1983, S. 394 ff.
302 Capra 2015, S. 230.
303 Bateson 1984.
304 Capra 2015, S. 255.
305 Varela, Thompson, Rosch 1995, S. 280.

306 Lutterer 2000, S. 204 f.
307 Capra 2015, S. 231.
308 Capra 2015, S. 256.
309 Capra 2015, S. 260.
310 Holzkamp 1983, S. 367 ff.
311 Metzinger 2014, S. 277.
312 Metzinger 2014, S. 35.
313 Metzinger 2014, S. 278.
314 Metzinger 2014, S. 286.
315 Metzinger 2014, S. 288.
316 Pelluchon 2019, S. 30.
317 Prigogine, Stengers 1983; Prigogine 1997.
318 Marx 1974a.
319 Arlt 2021.
320 Heidegger 2001; Sartre 2014.
321 Heidegger 2001, S. 189.
322 Heidegger 2001, S. 196.
323 Heidegger 2001, S. 199.
324 Heidegger 2001, S. 195 f.
325 Heidegger 2001, S. 199.
326 Heidegger 2001, S. 181.
327 Heidegger 2001, S. 194.
328 Heidegger 2001, S. 121.
329 Foucault 1986b.
330 Holme 2018, S. 26.
331 Foucault 1986b, S. 53–94.
332 Foucault 1986b, S. 58.
333 Foucault 1986b, S. 92 f.
334 Foucault 1986b, S. 90 f.
335 Foucault 1986b, S. 62.
336 Foucault 1986b, S. 66 f.
337 Foucault 1986b, S. 76.
338 Foucault 1986b, S. 66.
339 Foucault 1986b, S. 75 ff.
340 Foucault 1986b, S. 72 ff.
341 Foucault 1986b, S. 81.
342 Foucault 1986b, S. 84.
343 Foucault 1986b, S. 86.
344 Foucault 2007, S. 256 ff.
345 Foucault 2007, S. 257.
346 Foucault 2007, S. 260.
347 Foucault 2007, S. 269.
348 Foucault 2007, S. 276.
349 Foucault 2007, S. 260.
350 Foucault 2007, S. 62.

351 Foucault 1986a, S. 37 ff.; 2007, S. 202 ff.
352 Arendt 1981.
353 Arendt 1981, S. 65.
354 Arendt 1981, S. 249.
355 Arendt 1981, S. 171.
356 Arendt 1981.
357 Arendt 2017a, S. 93.
358 Arendt 2017a, S. 24., Hervorh. R. Z.
359 Arendt 2016, S. 296.
360 Arendt 2016, S. 154 f.
361 Geier 2012, S. 244.
362 Arendt 2016, S. 299.
363 Arendt 2017b, S. 155.
364 Haraway 2018.
365 Barad 2007.
366 Bennett 2010.
367 Puig de la Bellacasa 2017.
368 Barad 2007.
369 Bennett 2010.
370 Bennett 2010, S. 69.
371 Puig de la Bellacasa 2017.
372 Puig de la Bellacasa 2017, S. 4.
373 Puig de la Bellacasa 2017, S. 6.
374 Puig de la Bellacasa 2017, S. 22.
375 Puig de la Bellacasa 2017, S. 121.
376 Puig de la Bellacasa 2017, S. 192.
377 Puig de la Bellacasa 2017, S. 149.
378 Puig de la Bellacasa 2017, S. 145.
379 Puig de la Bellacasa 2017, S. 148.
380 Puig de la Bellacasa 2017, S. 201.
381 Platon 2004b, S. 41, 653 St.
382 Schiller 1961.
383 Kant 1974c; 1974d.
384 Schiller 1961, S. 336.
385 Schiller 1961, S. 367.
386 Schiller 1961, S. 370.
387 Schiller 1961, S. 372 f.
388 Schiller 1961, S. 373.
389 Schiller 1961, S. 423.
390 Schiller 1961, S. 422.
391 Huizinga 1938/2004.
392 Huizinga 1938/2004, S. 189.
393 Huizinga 1938/2004, S. 15 ff.
394 Huizinga 1938/2004, S. 22, Hervorh. entfernt.
395 Huizinga 1938/2004, S. 49 f.

396 Huizinga 1938/2004, S. 19, S. 51, S. 58, S. 62.
397 Huizinga 1938/2004, S. 20.
398 Huizinga 1938/2004, S. 215.
399 Huizinga 1938/2004, S. 217.
400 Schiller 1961, S. 373.
401 Hüther, Quarch 2018.
402 Hüther, Quarch 2018, S. 14.
403 Hüther, Quarch 2018, S. 26.
404 Hüther, Quarch 2018, S. 31 f.
405 Hüther, Quarch 2018, S. 40.
406 Hüther, Quarch 2018, S. 9 ff.
407 Hüther, Quarch 2018, S. 13.
408 Hüther, Quarch 2018, S. 16.
409 Hüther, Quarch 2018, S. 55, S. 78.
410 Hüther, Quarch 2018, S. 121, Hervorh. entfernt.
411 Hüther, Quarch 2018, S. 122.
412 Hüther, Quarch 2018, S. 123 f.
413 Hüther, Quarch 2018, S. 168.
414 Hüther, Quarch 2018, S. 176.
415 Fink 2010a, S. 195 ff.
416 Fink 2010a, S. 220.
417 Fink 2010a, S. 197.
418 Fink 2010a, S. 212.
419 Fink 2010b, S. 248.
420 Fink 2010c, S. 12.
421 Fink 2010c, S. 19.
422 Fink 2010c, S. 21 f.
423 Fink 2010c, S. 28.
424 Aristoteles 1995.
425 Fink 2010a, S. 212.
426 Fink 2010a, S. 210.
427 Fink 2010a, S. 213.
428 Fink 2010a, S. 223.
429 Fink 2010a, S. 28.
430 Lévi-Strauss 2016, S. 29 ff.; Zech 1995.
431 Heidegger 2001, S. 235 ff.
432 Zech, Dehn 2017, S. 13 ff.; Dehn, Zech 2021, S. 22 ff.
433 Schulze 2006, S. 182.
434 Duden 2001, S. 264.
435 Duden 2001, S. 230.
436 Rosa 2016, S. 274.
437 Luhmann 1991, S. 112 ff.
438 Laudse 1994, S. 52.
439 Zhuangzi 1998.
440 Laudse 1994.

441 Laudse 1994, S. 225.
442 Billeter 2015, S. 63.
443 Laudse 1994, S. 61.
444 Möller 2010, S. 39.
445 Möller 2010, S. 48.
446 Laudse 1994, S. 58.
447 Möller 2010, S. 139.
448 Möller 2010, S. 145.
449 Möller 2010, S. 147.
450 Zhuangzi 1998, S. 88 f.
451 Möller 2010, S. 150.
452 Möller 2010, S. 151.
453 Möller 2010, S. 149.
454 Csikszentmihalyi 1999.
455 Zhuangzi 1998, S. 267 f.
456 Billeter 2015, S. 18 f.
457 Wohlfart 2005, S. 96.
458 Wohlfart 2005, S. 99.
459 Wohlfart 2005, S. 110.
460 Wohlfart 2005, S. 147.
461 Wohlfart 2005, S. 156.
462 Wohlfart 2005, S. 160.
463 Wohlfart 2005, S. 222.
464 Wohlfart 2005, S. 223.
465 Wohlfart 2005, S. 245.
466 Zhuangzi 1998, S. 171.
467 Zhuangzi 1998, S. 64.
468 Zhuangzi 1998, S. 242 f.
469 Laudse 1994, S. 57.
470 Diels 1922, S. 296.
471 Platon 2004c, S. 116 ff., 431 St.
472 Diogenes Laertius 1990, S. 89.
473 Platon 2004a.
474 Kant 1977, S. 274.
475 Seel 1999, S. 65.
476 Gomperz 1996, S. 202.
477 Platon 2004a, S. 51 ff., 20 St.
478 Taylor 2016, S. 85.
479 Spencer-Brown 2004.
480 Taylor 2016, S. 94.
481 Adorno 2016, S. 363 ff.
482 Adorno 2009, S. 204.
483 Platon 2004a, S. 47 ff., 357 St.
484 Aristoteles 1995, S. 102, 1129b, Hervorh. entfernt.
485 Aristoteles 1995, S. 2, 1094a.

486 Aristoteles 1995, S. 135, 1140a.
487 Aristoteles 1995, S. 7, 1096a.
488 Aristoteles 1995, S. 14, 1098b; S. 176, 1153b.
489 Aristoteles 1995, S. 34, 1106a.
490 Aristoteles 1995, S. 227, 1170a.
491 Aristoteles 1995, S. 58, 1114b.
492 Seel 1999.
493 Seel 1999, S. 10 f.
494 Honneth 1992.
495 Seel 1999, S. 83 ff.
496 Aristoteles 1995.
497 Skidelsky, Skidelsky 2013.
498 Sen 1993.
499 Adorno 1982.
500 Horkheimer, Adorno 1990.
501 Adorno 1982, S. 192.
502 Adorno 1996, S. 249 ff.
503 Adorno 1996, S. 262.
504 Seel 2004, S. 36.
505 Rosa 2016, S. 59.
506 Dworkin 2012, S. 332 ff.
507 Seel 1999, S. 126 f.
508 Adorno 1970.
509 Rosa 2016, S. 482.
510 Seel 1999, S. 216.
511 Schmid 1999, S. 77 f.
512 Seel 2006, S. 27 ff.
513 Adorno 1974, S. 287.
514 Sandel 2020.
515 Menke 2013, S. 13.
516 Holzkamp 1983, S. 243.
517 Holzkamp 1983.
518 Platon 2004c, S. 119, 433 St.
519 Menke 2013, S. 43.
520 Nietzsche 1980a, S. 33.
521 Lehnerer 1994, S. 72.
522 Seel 1996a.
523 Hegel 1986, S. 60.
524 Seel 1996a.
525 Bloch 1976, S. 149, S. 235, S. 277.
526 Bloch 1976, S. 277.
527 Marx 1974b, S. 537 f.
528 Seel 1996b, S. 115.
529 Lehnerer 1994, S. 140.
530 Rauterberg 2015, S. 204.

531 Seel 1996b, S. 18.
532 Rauterberg 2015, S. 176.
533 Rauterberg 2015, S. 191 f.
534 Adorno 1973, S. 205.
535 Duden 2001, S. 264.
536 Metzinger 2014, S. 226.
537 Capra, Luisi 2014, S. 280.
538 Platon 2004a, S. 259, 506 St.
539 Platon 2004a, S. 264, 509 St.
540 Weber 2006b.
541 Luhmann 1992.
542 Luhmann 1995b.
543 Luhmann 2008.
544 Wittgenstein 1990b, S. 172.
545 Ule, Varga von Kibéd o. J.
546 Lenk 1991.
547 Kant 1974b.
548 Baumgarten 1983.
549 Kämpf-Jansen 2002; Zech, Kratz 2011.
550 Foucault 2007.
551 Rauterberg 2015.
552 Seel 1996b, S. 129.
553 Platon 2004d.
554 Seel 1996b, S. 15.
555 Sen 1993.
556 Han 1998, S. 7.
557 Heidegger 2001, S. 235 ff.
558 Jullien 2020.
559 Jullien 2020, S. 25.
560 Han 1998, S. 20.
561 de Montaigne 1998, S. 45 ff., S. 49.
562 Epikur 2005, S. 14.
563 Epikur 2005, S. 137.
564 Rilke 1999, S. 14.
565 Rilke 1999, S. 13.
566 Imhof 1991.
567 May 1988, S. 101.
568 Metzinger 2014, S. 265.
569 Seyfert 2019.
570 Han 1998, S. 48.
571 Adorno 1984, S. 255.
572 Bataille 1986.
573 Tausch, Tausch 1991, S. 236.
574 Han 1998, S. 81.
575 Yalom 2010, S. 244, Hervorh. entfernt.

576 Heidegger 2001, S. 264.
577 Nietzsche 1980c, S. 570.
578 Nietzsche 1980d, S. 505.

Literatur

Adorno, Theodor W. (1970). Noten zur Literatur II. Frankfurt a. M.: Suhrkamp.

Adorno, Theodor W. (1973). Ästhetische Theorie. Frankfurt a. M.: Suhrkamp.

Adorno, Theodor W. (1974). Philosophische Terminologie. Band 2. Frankfurt a. M.: Suhrkamp.

Adorno, Theodor W. (1982). Negative Dialektik (3. Aufl.). Frankfurt a. M.: Suhrkamp.

Adorno, Theodor W. (1984). Minima Moralia. Reflexionen aus dem beschädigten Leben. Frankfurt a. M.: Suhrkamp.

Adorno, Theodor W. (1996). Probleme der Moralphilosophie. Frankfurt a. M.: Suhrkamp.

Adorno, Theodor W. (2009). Ästhetik (1958/59). Frankfurt a. M.: Suhrkamp.

Adorno, Theodor W. (2016). Zur Lehre von der Geschichte und der Freiheit (4. Aufl.). Frankfurt a. M.: Suhrkamp.

Albert, Karl (2017). Lebensphilosophie. Von den Anfängen bei Nietzsche bis zu ihrer Kritik bei Lukács. Freiburg/München: Karl Alber.

Albert, Karl; Jain, Elenor (2000). Philosophie als Form des Lebens. Zur ontologischen Erneuerung der Lebensphilosophie. Freiburg/München: Karl Alber.

Apel, Karl Otto (1999). Transformation der Philosophie: Band II. Das Apriori der Kommunikationsgemeinschaft. Frankfurt a. M.: Suhrkamp.

Arendt, Hannah (1981). Vita aktiva oder Vom tätigen Leben. München/Zürich: Piper.

Arendt, Hannah (2016). Zwischen Vergangenheit und Zukunft. Übungen im politischen Denken I (4. Aufl.). München: Piper.

Arendt, Hannah (2017a). Was ist Politik? (6. Aufl.). München/Berlin: Piper.

Arendt, Hannah (2017b). Das Urteilen. Texte zu Kants Politischer Philosophie. Dritter Teil zu »Vom Leben des Geistes« (4. Aufl.). München: Piper.

Aristoteles (1995). Nikomachische Ethik. Philosophische Schriften in sechs Bänden, Band 3. Hamburg: Felix Meiner.

Arlt, Hans-Jürgen (2017). Arbeit und Freiheit. Eine Paradoxie der Moderne. Wiesbaden: Springer VS.

Arlt, Hans-Jürgen (2021). Arbeit und Krise. Erzählungen und Realitäten der Moderne. Wiesbaden: Springer.

Barad, Karen (2007). Meeting the universe halfway. Quantum physics and the entanglement of matter and meaning. 2nd printing. Durham & London: Duke University Press.

Barad, Karen (2012). Agentieller Realismus. Über die Bedeutung materiell-diskursiver Praktiken. Berlin: Suhrkamp.

Bataille, George (1986). Der heilige Eros. Frankfurt a. M.: Ullstein.
Bateson, Gregory (1984). Geist und Natur. Eine notwendige Einheit (4. Aufl.). Frankfurt a. M.: Suhrkamp.
Bateson, Gregory; Bateson, Mary Catherine (1993). Wo Engel zögern. Unterwegs zu einer Epistemologie des Heiligen. Frankfurt a. M.: Suhrkamp.
Baumgarten, Alexander Gottlieb (1983). Theoretische Ästhetik. Die grundlegenden Abschnitte aus der »Aesthetica« (1750/58). Hamburg: Meiner.
Beck, Ulrich (1986). Risikogesellschaft. Auf dem Weg in eine andere Moderne. Frankfurt a. M.: Suhrkamp.
Bennett, Jane (2001). The enchantment of modern life. Attachments, crossings, and ethics. Princeton: Princeton University Press (ebook).
Bennett, Jane (2010). Vibrant matter. A political ecology of things. Durham & London: Duke University Press (ebook).
Bentham, Jeremy (2016). Eine Einführung in die Prinzipien der Moral und Gesetzgebung. Saldenburg: Senging.
Bibel, Die (1964). Die ganze Heilige Schrift des Alten und Neuen Testaments. Köln: Naumann & Göbel.
Billeter, Jean François (2015). Das Wirken in den Dingen. Vier Vorlesungen über den Zhuangzi. Berlin: Matthes & Seitz (ebook).
Bloch, Ernst (1976). Das Prinzip Hoffnung. Drei Bände (3. Aufl.). Frankfurt a. M.: Suhrkamp.
Blumenberg, Hans (1996). Die Legitimität der Neuzeit (9. Aufl.). Frankfurt a. M.: Suhrkamp.
Blumenberg, Hans (2006). Beschreibung des Menschen. Frankfurt a. M.: Suhrkamp.
Bröckling, Ulrich (2017). Gute Hirten führen sanft. Über Menschenregierungskünste. Frankfurt a. M.: Suhrkamp.
Brückner, Fabian (2018). Als Team achtsam werden. Das *MindSet Achtsames Organisieren* für zuverlässige Hilfepraxis im Rauhen Haus. In M. Böwer, J. Kotthaus (Hrsg.), Praxisbuch Kinderschutz. Professionelle Herausforderungen bewältigen (S. 243–260). Weinheim: Beltz Juventa.
Brunner, Otto; Conze, Werner; Koselleck, Reinhart (Hrsg.) (1974). Geschichtliche Grundbegriffe. Historisches Lexikon zur politisch-sozialen Sprache in Deutschland. Stuttgart: Klett.
Buber, Martin (1995). Ich und Du. Stuttgart: Reclam.
Busch, Christian (2020). The serendipity mindset. The art and science of creating good luck. New York: Riverhead Books (ebook).
Butler, Judith (2001). Psyche und Macht. Das Subjekt der Unterwerfung. Frankfurt a. M.: Suhrkamp.
Butler, Judith (2007). Kritik der ethischen Gewalt. Frankfurt a. M.: Suhrkamp.
Capra, Fritjof (2015). Lebensnetz. Ein neues Verständnis der lebendigen Welt. Frankfurt a. M.: Fischer (ebook).
Capra, Fritjof; Luisi, Luigi (2014). The systems view of life. A unifying vision. Cambridge: Cambridge University Press (ebook).

Cicero, Marcus Tullius (2007). De officiis. Vom Pflichtgemäßen Handeln. Stuttgart: Reclam.
Critchley, Simon (2004). Very little … Almost nothing. Death, philosophy, literature (2nd ed.). London/New York: Routledge.
Critchley, Simon (2008). Unendlich fordernd. Ethik der Verpflichtung, Politik des Widerstands. Zürich/Berlin: diaphanes.
Csikszentmihalyi, Mihaly (1999). Das Flow-Erlebnis. Jenseits von Angst und Langeweile im Tun aufgehen (7. Aufl.). Stuttgart: Klett-Cotta.
Dalai Lama (2011). Beyond religion. Ethics for a whole world. Boston/New York: Houghton Mifflin Harcourt (ebook).
Descartes, René (1965). Die Prinzipien der Philosophie (7. Aufl.). Hamburg: Meiner.
Diels, Hermann (1922). Fragmente der Vorsokratiker. Erster Band (4. Aufl.). Berlin: Weidmannsche Verlagsbuchhandlung.
Diogenes Laertius (1990). Leben und Meinungen berühmter Philosophen (3. Aufl.). Hamburg: Meiner.
Dörre, Klaus; Lessenich, Stephan; Rosa, Hartmut (2012). Soziologie – Kapitalismus – Kritik. Eine Debatte (4. Aufl.). Frankfurt a. M.: Suhrkamp.
Duden (2001). Das Herkunftswörterbuch (3., völlig neu bearb. und erw. Aufl.). Mannheim u. a.: Dudenverlag.
Dürr, Hans-Peter (2020). Geist, Kosmos und Physik. Gedanken über die Einheit des Lebens. Amerang: Crotona (ebook).
Dworkin, Ronald (2012). Gerechtigkeit für Igel. Berlin: Suhrkamp.
Ehrenberg, Alain (2005). Das erschöpfte Selbst: Depression und Gesellschaft in der Gegenwart. Frankfurt a. M.: Suhrkamp.
Epikur (2005). Wege zum Glück. Ostfildern: Patmos.
Fichte, Johann Gottlieb (1976). Die Bestimmung des Menschen. Stuttgart: Reclam.
Fischer, Ernst Peter (2010). Die Hintertreppe zum Quantensprung. Die Erforschung der kleinsten Teilchen. Von Max Planck bis Anton Zeilinger. München: F. A. Herbig.
Fischer, Ernst Peter (2014). Die verzauberte Welt. Eine andere Geschichte der Naturwissenschaften. München: Siedler (ebook).
Fink, Eugen (2010). Spiel als Weltsymbol. Gesamtausgabe Bd. 7. Freiburg/München: Verlag Karl Alber.
Fink, Eugen (2010a). Spiel als Weltsymbol. In E. Fink, Gesamtausgabe Bd. 7 (S. 30–224). Freiburg/München: Verlag Karl Alber.
Fink, Eugen (2010b). Die Weltbedeutung des Spiels. In E. Fink, Gesamtausgabe Bd. 7 (S. 243–258). Freiburg/München: Verlag Karl Alber.
Fink, Eugen (2010c). Oase des Glücks. In E. Fink, Gesamtausgabe Bd. 7 (S. 11–29). Freiburg/München: Verlag Karl Alber.
Foerster, Heinz von (1993). KybernEthik. Berlin: Merve.
Foerster, Heinz von; Bröcker, Monika (2014). Teil der Welt. Fraktale einer Ethik – oder: Heinz von Foersters Tanz mit der Welt (3., unveränd. Aufl.). Heidelberg: Carl-Auer.

Foucault, Michel (1986a). Der Gebrauch der Lüste. Sexualität und Wahrheit. Zweiter Band. Frankfurt a. M.: Suhrkamp.
Foucault, Michel (1986b). Die Sorge um sich. Sexualität und Wahrheit. Dritter Band. Frankfurt a. M.: Suhrkamp.
Foucault, Michel (1986c). Archäologie des Wissens (2. Aufl.). Frankfurt a. M.: Suhrkamp.
Foucault, Michel (1987). Das Subjekt und die Macht. In H. L. Dreyfus, P. Rabinow, Michel Foucault. Jenseits von Strukturalismus und Hermeneutik. Frankfurt a. M.: Athenäum.
Foucault, Michel (1993). Wahrheit, Macht, Selbst. Ein Gespräch zwischen Rux Martin und Michel Foucault. In M. Foucault, R. Martin, L. H. Martin, W. E. Paden, K. S. Rothwell, H. Gutman, P. H. Hutton (Hrsg.), Technologien des Selbst (S. 15–23). Frankfurt a. M.: S. Fischer.
Foucault, Michel (2007). Ästhetik der Existenz. Schriften zur Lebenskunst. Frankfurt a. M.: Suhrkamp.
Freud, Sigmund (1972). Eine Schwierigkeit der Psychoanalyse. In S. Freud, Gesammelte Werke. Band XII. (4. Aufl.; S. 1–12). Frankfurt a. M.: S. Fischer.
Fritsche, Olaf (2015). Biologie für Einsteiger. Prinzipien des Lebens verstehen (2., neu bearb. Aufl.). Berlin/Heidelberg: Springer.
Fuchs, Peter (2010). Das System Selbst. Eine Studie zur Frage: Wer liebt wen, wenn jemand sagt: »Ich liebe dich!«? Weilerswist: Velbrück.
Fuchs, Peter; Mahler, Enrico (2000). Form und Funktion von Beratung. Soziale Systeme, 6 (2), 349–368.
Gadamer, Hans-Georg (1990). Hermeneutik I. Wahrheit und Methode. Grundzüge einer philosophischen Hermeneutik. In H.-G. Gadamer, Gesammelte Werke Band 1 (6. Aufl.). Tübingen: Mohr.
Gardner, Howard (2011). Truth, beauty, and goodness reframed. Educating for the virtues in the twenty-first century. New York: Basic Books (ebook).
Geier, Manfred (2012). Aufklärung. Das europäische Projekt. Reinbek bei Hamburg: Rowohlt (ebook).
Gomperz, Theodor (1996). Griechische Denker. Eine Geschichte der antiken Philosophie. Dritter Band (Reprint der 4. Aufl.). Frankfurt a. M.: Eichborn.
Han, Byung-Chul (1998). Todesarten. Philosophische Untersuchungen zum Tod. München: Wilhelm Fink.
Haraway, Donna J. (2018). Unruhig bleiben. Die Verwandtschaft der Arten im Chthuluzän. Frankfurt a. M./New York: Campus.
Hazen, Robert (2007). Was ist Leben? Spektrum der Wissenschaft, Oktober 2007, 66–70.
Hegel, Georg Wilhelm Friedrich (1986). Vorlesungen über die Ästhetik III. In G. W. F. Hegel, Werke. Bd. 15. Frankfurt a. M.: Suhrkamp.
Heidegger, Martin (2001). Sein und Zeit (18. Aufl.) Tübingen: Niemeyer.
Heisenberg, Werner (1976). Das Naturbild der heutigen Physik. Reinbek bei Hamburg: Rowohlt.
Himanen, Pekka (2001). The hacker ethic and the spirit of the information age. Random House eBooks.

Hölderlin, Friedrich (1986). Der Gang aufs Land. An Landauer. In F. Hölderlin, Werke, Band 1 (2. Aufl.). Frankfurt a. M.: Insel.
Holme, Hannah (2018). Die Sorge um sich – die Sorge um die Welt. Martin Heidegger, Michel Foucault und Hannah Arendt. Frankfurt a. M./New York: Campus.
Holzkamp, Klaus (1983). Grundlegung der Psychologie. Frankfurt a. M./New York: Campus.
Honneth, Axel (1992). Kampf um Anerkennung. Zur moralischen Grammatik sozialer Konflikte. Frankfurt a. M.: Suhrkamp.
Horkheimer, Max; Adorno, Theodor W. (1990). Dialektik der Aufklärung. Frankfurt a. M.: Fischer.
Hüther, Gerald; Quarch, Christoph (2018). Rettet das Spiel. Weil Leben mehr als funktionieren ist. München: btb.
Huizinga, Johan (2004). Homo ludens. Vom Ursprung der Kultur im Spiel (19. Aufl.). Reinbek bei Hamburg: Rowohlt.
Imhof, Arthur E. (1991). Ars moriendi. Die Kunst des Sterbens einst und heute. Wien/ Köln: Böhlau.
Jonas, Hans (1994). Das Prinzip Leben. Ansätze zu einer philosophischen Biologie. Frankfurt a. M.: Suhrkamp.
Jonas, Hans (2003). Das Prinzip Verantwortung: Versuch einer Ethik für die technologische Zivilisation. Frankfurt a. M.: Suhrkamp.
Jullien, François (2018). Vom Sein zum Leben. Euro-chinesisches Lexikon des Denkens. Berlin: Matthes & Seitz (ebook).
Jullien, François (2020). Ein zweites Leben. Wien: Passagen (ebook).
Kämpf-Jansen, Helga (2002). Ästhetische Forschung. Wege durch Alltag, Kunst und Wissenschaft. Zu einem innovativen Konzept ästhetischer Bildung. Köln: Salon.
Kane, Pat (2005). The play ethic. A manifesto for a different way of living. London: Macmillan (ebook).
Kant, Immanuel (1974a). Kritik der praktischen Vernunft. Grundlegung zur Metaphysik der Sitten. In I. Kant, Werkausgabe Band VII, hrsg. v. Wilhelm Weischedel. Frankfurt a. M.: Suhrkamp.
Kant, Immanuel (1974b). Grundlegung zur Metaphysik der Sitten. In I. Kant, Werkausgabe Band VII, hrsg. v. Wilhelm Weischedel (S. 7–102). Frankfurt a. M.: Suhrkamp.
Kant, Immanuel (1974c). Kritik der reinen Vernunft 1. In I. Kant, Werkausgabe Band III, hrsg. v. Wilhelm Weischedel. Frankfurt a. M.: Suhrkamp.
Kant, Immanuel (1974d). Kritik der reinen Vernunft 2. In I. Kant, Werkausgabe Band IV, hrsg. v. Wilhelm Weischedel. Frankfurt a. M.: Suhrkamp.
Kant, Immanuel (1977). Was heißt: Sich im Denken orientieren? In I. Kant, Werkausgabe Band V, hrsg. v. Wilhelm Weischedel (S. 265–283). Frankfurt a. M.: Suhrkamp.
Keynes, John Maynard (2007). Wirtschaftliche Möglichkeiten für unsere Enkelkinder. In N. Reuter, Wachstumseuphorie und Verteilungsrealität. Wirt-

schaftspolitische Leitbilder zwischen Gestern und Morgen. Mit Texten zum Thema von John Maynard Keynes und Wassily W. Leontief (2., vollst. überarb. und aktual. Aufl.; S. 135–147). Marburg: Metropolis.

Klein, Naomi (2007). Die Schockstrategie. Der Aufstieg des Katastrophenkapitalismus. Frankfurt a. M.: S. Fischer.

Krämer, Hans (1995). Integrative Ethik. Frankfurt a. M.: Suhrkamp.

Laudse (Lao-tse) (1994). Daudedsching (Tao-te-king) (6. Aufl.). Vollständige Ausgabe. Aus dem Chinesischen übertragen und mit einer Einführung, Anmerkungen sowie einem Literaturverzeichnis herausgegeben von Ernst Schwarz. Müchen: dtv.

Latour, Bruno (2019). Wir sind nie modern gewesen. Versuch einer symmetrischen Anthropologie (7. Aufl.). Berlin: Suhrkamp.

Lehnerer, Thomas (1994). Methode der Kunst. Würzburg: Königshausen & Neumann.

Lenk, Hans (1991). Zwischen Wissenschaft und Ethik (2. Aufl.). Frankfurt a. M.: Suhrkamp.

Lévinas, Emmanuel (2008). Ethik und Unendliches. Gespräche mit Philippe Nemo (4. Aufl.). Wien: Passagen.

Lévi-Strauss, Claude (2016). Das wilde Denken (17. Aufl.). Frankfurt a. M.: Suhrkamp.

Lovelock, James (1992). Gaia. Die Erde ist ein Lebewesen (2. Aufl.). Bern u. a.: Scherz.

Luhmann, Niklas (1974). Wirtschaft als soziales System. In N. Luhmann, Soziologische Aufklärung. Aufsätze zur Theorie sozialer Systeme. Bd. 1 (4. Aufl.; S. 204–231). Opladen: Westdeutscher Verlag.

Luhmann, Niklas (1991). Soziale Systeme. Grundriß einer allgemeinen Theorie. (4. Aufl.). Frankfurt a. M.: Suhrkamp.

Luhmann, Niklas (1992). Die Wissenschaft der Gesellschaft. Frankfurt a. M.: Suhrkamp.

Luhmann, Niklas (1995a). Soziologische Aufklärung 6. Die Soziologie und der Mensch. Opladen: Westdeutscher Verlag.

Luhmann, Niklas (1995b). Die Kunst der Gesellschaft. Frankfurt a. M.: Suhrkamp.

Luhmann, Niklas (2008). Die Moral der Gesellschaft. Frankfurt a. M.: Suhrkamp.

Lukrez (1957). Über die Natur der Dinge. Berlin: Contumax (ebook auf der Textgrundlage der Übersetzung von Hermann Diels, Berlin 1957: Aufbauverlag).

Lutterer, Wolfram (2000). Auf den Spuren ökologischen Bewußtseins. Eine Analyse des Gesamtwerks von Gregory Bateson. Norderstedt: BoD.

MacIntyre, Alasdair (1991). Geschichte der Ethik im Überblick. Frankfurt a. M.: Hain.

MacIntyre, Alasdair (2006). Der Verlust der Tugend. Zur moralischen Krise der Gegenwart. Erweiterte Neuausgabe. Frankfurt a. M./New York: Campus.

Manson, Mark (2016). The subtle art of not giving a f*ck. A counterintuitive approach to living a good life. Sydney u. a.: Harper (ebook).

Marx, Karl (1974a). Das Kapital. Kritik der politischen Ökonomie. Erster Band. In MEW 23. Berlin: Dietz.

Marx, Karl (1974). Ökonomisch-philosophische Manuskripte aus dem Jahre 1844. In MEW Ergänzungsband, Erster Teil (S. 465–588). Berlin: Dietz.

Maturana, Humberto R. (1985). Erkennen. Die Organisation der Verkörperung von Wirklichkeit (2., durchges. Aufl.). Braunschweig/Wiesbaden: Friedr. Vieweg & Sohn.

Maturana, Humberto R.; Varela, Francisco J. (1991). Der Baum der Erkenntnis. Die biologischen Wurzeln des menschlichen Erkennens (3. Aufl.). München: Goldmann.

May, Rollo (1988). Liebe und Wille. Bergisch Gladbach: EHP.

Menke, Christoph (2013). Die Kraft der Kunst. Berlin: Suhrkamp.

Metzinger, Thomas (2014). Der Ego-Tunnel. Eine Philosophie des Selbst: Von der Hirnforschung zur Bewusstseinsethik. München: Piper (ebook).

Möller, Hans-Georg (2010). In der Mitte des Kreises. Daoistisches Denken. Berlin: Verlag der Weltreligionen.

Montaigne, Michel de (1998). Essais. Erste moderne Gesamtübersetzung von Hans Stilett. Frankfurt a. M.: Eichborn.

Naess, Arne (2013). Die Zukunft in unseren Händen. Eine tiefenökologische Philosophie. Wuppertal: Peter Hammer.

Nietzsche, Friedrich (1980a). Zur Genealogie der Moral. In F. Nietzsche, Sämtliche Werke. Kritische Studienausgabe in 15 Bänden, hrsg. v. Giorgio Colli und Mazzino Montinari, Band 5 (S. 245–412). München u. a.: dtv, de Gruyter.

Nietzsche, Friedrich (1980b). Ecce homo. Wie man wird, was man ist. In F. Nietzsche, Sämtliche Werke. Kritische Studienausgabe in 15 Bänden, hrsg. v. Giorgio Colli und Mazzino Montinari, Band 6 (S. 255–356). München u. a.: dtv, de Gruyter.

Nietzsche, Friedrich (1980c). Die Fröhliche Wissenschaft. In F. Nietzsche, Sämtliche Werke. Kritische Studienausgabe in 15 Bänden, hrsg. v. Giorgio Colli und Mazzino Montinari, Band 3 (S. 343–651). München u. a.: dtv, de Gruyter.

Nietzsche, Friedrich (1980d). Nachgelassene Fragmente 1880–1882. In F. Nietzsche, Sämtliche Werke. Kritische Studienausgabe in 15 Bänden, hrsg. v. Giorgio Colli und Mazzino Montinari, Band 9. München u. a.: dtv, de Gruyter.

Papst Johannes Paul II. (1981). Enzyklika LABOREM EXERCENS. Über die menschliche Arbeit. Bonn: Sekretariat der Deutschen Bischofskonferenz. https://www.dbk-shop.de/de/publikationen/verlautbarungen-apostolischen-stuhls/papst-johannes-paul-ii-enzyklika-laborem-exercens.html (Zugriff 20.03.2021).

Pelluchon, Corine (2019). Ethik der Wertschätzung. Tugenden für eine ungewisse Welt. Darmstadt: wbg.

Platon (2004a). Der Staat. In Platon, Sämtliche Dialoge, hrsg. von Otto Apelt. Band V. Hamburg: Meiner.

Platon (2004b). Gesetze. In Platon, Sämtliche Dialoge, hrsg. von Otto Apelt. Band VII. Hamburg: Meiner.

Platon (2004c). Kratylos. In Platon, Sämtliche Dialoge, hrsg. von Otto Apelt. Band II. Hamburg: Meiner.

Platon (2004d). Sophistes. In Platon, Sämtliche Dialoge, hrsg. von Otto Apelt. Band VI. Hamburg: Meiner.
Prigogine, Ilya (1997). The end of certainty. Time, chaos, and the new law of nature. New York u. a.: The Free Press.
Prigogine, Ilya; Stengers, Isabelle (1983). Dialog mit der Natur. Neue Wege naturwissenschaftlichen Denkens (4. Aufl.). München/Zürich: Piper & Co.
Proust, Marcel (2010). Auf der Suche nach der verlorenen Zeit. Berlin: Suhrkamp (ebook).
Puig de la Bellacasa, María (2017). Matters of care. Speculative ethics in more than human worlds. Minneapolis/London: University of Minnesota Press.
Rand, Ayn (1964). The vertue of selfishness. A new concept of egoism. New York: Signet.
Rand, Ayn (1966). Capitalism. The unknown ideal. New York: Signet (Pinguin ebook).
Rauterberg, Hanno (2015). Die Kunst und das gute Leben. Über die Ethik der Ästhetik (2. Aufl.). Berlin: Suhrkamp.
Rilke, Rainer Maria (1999). Die Aufzeichnungen des Malte Laurids Brigge. Frankfurt a. M./Leipzig: Insel.
Rimbaud, Arthur (2010). Prosa über die Zukunft der Dichtung. Die Seher-Briefe. Berlin: Matthes & Seitz.
Rosa, Hartmut (2016). Resonanz. Eine Soziologie der Weltbeziehungen. Berlin: Suhrkamp.
Rousseau, Jean-Jacques (2016). Der Gesellschaftsvertrag oder die Grundsätze des Staatsrechts. Hamburg: Nikol.
Sandel, Michael J. (2012). Was man für Geld nicht kaufen kann. Die moralischen Grenzen des Marktes. Berlin: Ullstein (ebook).
Sandel, Michael J. (2020). The tyranny of merit. What's become of the common good? New York: Farrar, Straus and Giroux (Penguin ebook).
Sartre, Jean-Paul (2014). Der Existenzialismus ist ein Humanismus und andere philosophische Essays 1943–1946 (7. Aufl.). Reinbek bei Hamburg: Rowohlt.
Schiller, Friedrich (1961). Über die ästhetische Erziehung des Menschen in einer Reihe von Briefen. In F. Schiller, Gesammelte Werke in fünf Bänden, hrsg. v. Reinhold Netolitzky, 5. Band (S. 319–429). Darmstadt: Bertelsmann Lesering.
Schlegel, Friedrich; Kozljanič, Robert, Josef (2018). Philosophie des Lebens. Eine Manifestation. München: Albunea.
Schmid, Wilhelm (1999). Philosophie als Lebenskunst. Eine Grundlegung (4., korr. Aufl.). Frankfurt a. M.: Suhrkamp.
Schulze, Gerhard (2006). Die Sünde. Das schöne Leben und seine Feinde. München/Wien: Hanser.
Seel, Martin (1996a). Ästhetik der Natur (3. Aufl.). Frankfurt a. M.: Suhrkamp.
Seel, Martin (1996b). Ethisch-ästhetische Studien. Frankfurt a. M.: Suhrkamp.
Seel, Martin (1999). Versuch über die Form des Glücks. Frankfurt a. M.: Suhrkamp.
Seel, Martin (2002). Sich bestimmen lassen. Studien zur theoretischen und praktischen Philosophie. Frankfurt a. M.: Suhrkamp.

Seel, Martin (2004). Adornos Philosophie der Kontemplation. Frankfurt a. M.: Suhrkamp.

Seel, Martin (2006). Paradoxien der Erfüllung. Philosophische Essays. Frankfurt a. M.: Fischer.

Sen, Amartya (1993). Capability and well-being. In M. Nussbaum, A. Sen (Eds.), The quality of life (pp. 30–53). Oxford: University Press.

Seyfert, Robert (2019). Beziehungsweisen. Elemente einer relationalen Soziologie. Weilerswist: Velbrück.

Sivananda, Swami (1998). Bhagavad Gita. Lautersheim: Mangalam Verlag S. Schang.

Skidelsky, Robert; Skidelsky, Edward (2013). Wie viel ist genug? Vom Wachstumswahn zu einer Ökonomie des guten Lebens. München: Antje Kunstmann GmbH.

Spencer-Brown, George (2004). Laws of Form – Gesetze der Form. Leipzig: Bohmeier.

Spiegel Online vom 02.12.2020. Die Deutschen verlieren die Zuversicht. https://www.spiegel.de/wirtschaft/soziales/generation-mitte-umfrage-deutschland-verliert-die-hoffnung-a-9bf2c5ad-9518–4f28-ba5d-fdbcddc9e4e8?sara_ecid=soci_upd_wbMbjhOSvViISjc8RPU89NcCvtlFcJ (Zugriff 02.03.2021).

Spiegel Online vom 19.03.2021. Junge Investmentbanker klagen über 100-Stunden-Wochen. https://www.spiegel.de/wirtschaft/unternehmen/goldman-sachs-mitarbeiter-klagen-ueber-100-stunden-plus-wochen-a-458f0374-ea2d-4d48-a6e9-cdc8b137883b (Zugriff 20.03.2021).

Suzman, James (2021). Sie nannten es Arbeit. Eine andere Geschichte der Menschheit. München: C.H.Beck (ebook).

Tausch, Anne-Marie; Tausch, Reinhard (1991). Sanftes Sterben. Was der Tod für das Leben bedeutet. Reinbek bei Hamburg: Rowohlt.

Taylor, Charles (2016). Quellen des Selbst. Die Entstehung der neuzeitlichen Identität (9. Aufl.). Frankfurt a. M.: Suhrkamp.

Tomasello, Michael (2016). Eine Naturgeschichte der menschlichen Moral. Berlin: Suhrkamp.

Ule, Andrej; Varga von Kibéd, Matthias (o. J.). The unity of logic, ethics, and aesthetics as transcendental unity of the Tractatus (unveröffentlichtes Manuskript).

Varela, Francisco (1994). Ethisches Können. Frankfurt a. M.: Campus.

Varela, Francisco; Thompson, Evan; Rosch, Eleanor (2016). The embodied mind. Cognitive science and human experience (2nd ed.). Cambridge/London: The MIT Press (ebook).

Weber, Andreas (2014). Lebendigkeit. Eine erotische Ökologie. München: Kösel (ebook).

Weber, Max (2006a). Die protestantische Ethik und der Geist des Kapitalismus. In M. Weber, Religion und Gesellschaft (S. 23–183). Frankfurt a. M.: Zweitausendeins.

Weber, Max (2006b). Wissenschaft als Beruf. In M. Weber, Politik und Gesellschaft (S. 1016–1040). Frankfurt a. M: Zweitausendeins.

Weick, Karl E., Sutcliffe, Kathleen M. (2015) Managing the unexpected. Sustained performance in a complex world (3rd ed.). Hoboken: Wiley & Sons, Inc.

Wittgenstein, Ludwig (1990a). Tractatus logico-philosophicus. In L. Wittgenstein, Werkausgabe, Band 1 (7. Aufl.; S. 7–85). Frankfurt a. M.: Suhrkamp.

Wittgenstein, Ludwig (1990b). Tagebücher 1914–1916. In L. Wittgenstein, Werkausgabe, Band 1 (7. Aufl.; S. 87–187). Frankfurt a. M.: Suhrkamp.

Wohlfart, Günter (2005). Die Kunst des Lebens. Skurrile Skizzen zu einem eurodaoistischen Ethos ohne Moral. Berlin: Parega.

Yalom, Irvin D. (2010). Existenzielle Psychotherapie (5. Aufl.). Bergisch Gladbach: EPH.

Zech, Rainer (1995). Kultureller Wandel und politische Handlungsfähigkeit. Zeitschrift für Politische Psychologie, 1+2, 59–68.

Zech, Rainer (2002). Zukunftskompetenz. In K. Götz (Hrsg.), Bildungsarbeit der Zukunft (S. 147–160). München: Mehring.

Zech, Rainer (2016). Kapitalismus – Macht – Sinn. In F. von Ameln, P. Heintel, Macht in Organisationen. Denkwerkzeuge für Führung, Beratung und Change Management (S. 180–184). Stuttgart: Schäffer-Poeschel.

Zech, Rainer (2020). Expect the Unexpected. Umrisse einer Ethik für unsichere Zeiten. Gruppe. Interaktion. Organisation. Zeitschrift für Angewandte Organisationspsychologie (GIO), 51 (4), 35–42.

Zech, Rainer; Dehn, Claudia (2017). Qualität als Gelingen. Grundlegung einer Qualitätsentwicklung in Bildung, Beratung und Sozialer Dienstleistung. Göttingen: Vandenhoeck & Ruprecht.

Zech, Rainer; Kratz, Guido (2011). Wissenschaft als Kunst, Kunst als Forschung. Erkundungen im Grenzland. Ästhetische Kommunikation, 42 (154/155), 115–122.

Zhuangzi (1998). Das klassische Buch daoistischer Weisheit. Herausgegeben und kommentiert von Victor H. Mair (aus dem Amerikanischen von Stephan Schuhmacher). Frankfurt a. M.: Wolfgang Krüger Verlag.